21 世纪高职高专规划教材 ◆ 金融保险系列

金融企业会计

JINRONG QIYE KUAIJI

主　编　丁贵英
参　编　白仙红　赵　翔　王新玲
　　　　王瑞梅　荆睿峡

中国人民大学出版社
·北京·

高等职业教育金融管理专业
山西省高水平重点专业　模块化-工学结合系列教材

编委会

前　言

“职教二十条”的发布，使我国高等职业教育金融管理专业教学改革进一步深化。随着会计准则及应用指南的实施与不断修订，金融企业会计管理工作日趋规范和成熟。金融形势的发展对相关从业人员的知识水平和专业素质提出了更高的要求，从而也为教学活动提出了更高的目标。为此我们编写了这本《金融企业会计》教材。本教材立足会计，反映金融经济活动，积极探讨金融企业会计现代化和会计改革问题，注重实务操作，不仅可以作为高等职业教育金融管理专业及相关专业的教材，还可以作为相关从业人员学习和培训的参考资料。

本书为了适应金融业发展变化和会计制度改革的需要，在整体设计上力争体现职业性、实践性和开放性；在内容安排上坚持政治性、科学性、先进性、前瞻性。力求做到：业务知识够用，核算方法实用，案例分析有用，整体内容好用，展现形式通用。本书将教学内容分为金融企业会计认知、商业银行会计核算、证券公司会计核算、保险公司会计核算、金融企业共性业务核算五个模块，全面阐述了金融企业会计核算的特点、方法及各种专业业务的会计核算和常见的共性业务核算。本书内容的重点是商业银行会计核算、证券公司会计核算和保险公司会计核算。

本书在编写过程中力求突出培养素质高、能力强、上岗快的技能型人才的目的，在每个任务中都设计了“案例导入”“任务分析”“想一想”等板块，并通过具体的案例来讲解会计核算的方法。此外，对于一些知识性内容以二维码形式呈现，力求做到全面、实用、精炼。

本书内容安排大致如下：

模块	项目
模块一　金融企业会计认知	任务一　金融企业业务核算
模块二　商业银行会计核算	任务二　存款业务核算 任务三　贷款业务核算 任务四　支付结算业务核算 任务五　金融机构往来业务核算 任务六　外汇业务核算

续表

模块	项目
模块三　证券公司会计核算	任务七　证券公司业务核算
模块四　保险公司会计核算	任务八　保险公司业务核算
模块五　金融企业共性业务核算	任务九　资产业务核算 任务十　负债业务核算 任务十一　所有者权益业务核算 任务十二　损益业务核算 任务十三　年度决算和财务报告编制

本教材由山西省财政税务专科学校丁贵英副教授担任主编，由其负责对全书进行总纂，同时负责编写任务一至任务四、任务七；山西财贸职业技术学院王新玲老师负责编写任务五、任务六；山西财政税务专科学校赵翔老师负责编写任务八；山西财政税务专科学校荆睿峡老师负责编写任务九；山西金融职业学院王瑞梅老师负责编写任务十；山西财政税务专科学校白仙红老师负责编写任务十一至任务十三。

在本教材编写的过程中，我们得到了山西省相关业内人士的帮助和支持，在此致以衷心的感谢。限于作者水平，书中不足之处在所难免，恳请广大读者批评指正。

编者

目 录

模块一

金融企业会计认知

学习目标

- 知识目标

了解金融企业和金融企业会计的含义及核算方法内容；

熟悉金融企业会计信息质量要求和金融企业会计的对象和特点；

掌握金融企业会计核算方法的使用特点。

- 技能目标

能够准确判断金融企业会计的各类业务；

会恰当运用各类会计处理方法并开展会计核算工作。

案例导入

华睿集团公司拟成立华睿银行、华睿证券、华睿保险，请问你认为应该为华睿银行、华睿证券、华睿保险财务部聘用具备哪些素质的财务人员？应该如何开展三个分支机构财务部工作？

任务一 金融企业业务核算

【任务分析】本任务的主要目标是了解金融企业的特点，在此基础上认识金融企业会计的特点，进而明确金融企业会计核算的内容及信息质量要求，并熟悉会计核算方法。

一、金融企业认知

（一）金融机构和金融企业的含义

1. 金融机构

金融机构是指从事金融服务业有关业务的金融中介机构，为金融体系的一部分。我国现行的金融机构体系包括金融监管机构、银行和非银行金融机构。

我国金融监管机构由中国人民银行、中国银行保险监督管理委员会、中国证券监督管理委员会组成，对各类金融机构在金融业分业经营的条件下实行分业监管。

银行是金融机构最典型的形态，在整个金融机构体系中占有支配性地位。我国的银行包括政策性银行、专业银行、商业银行等。

非银行金融机构主要包括证券公司、期货公司、保险公司、信托投资公司、租赁公司、资产管理公司、基金管理公司、财务公司、信用社等金融机构。具体见图1-1。

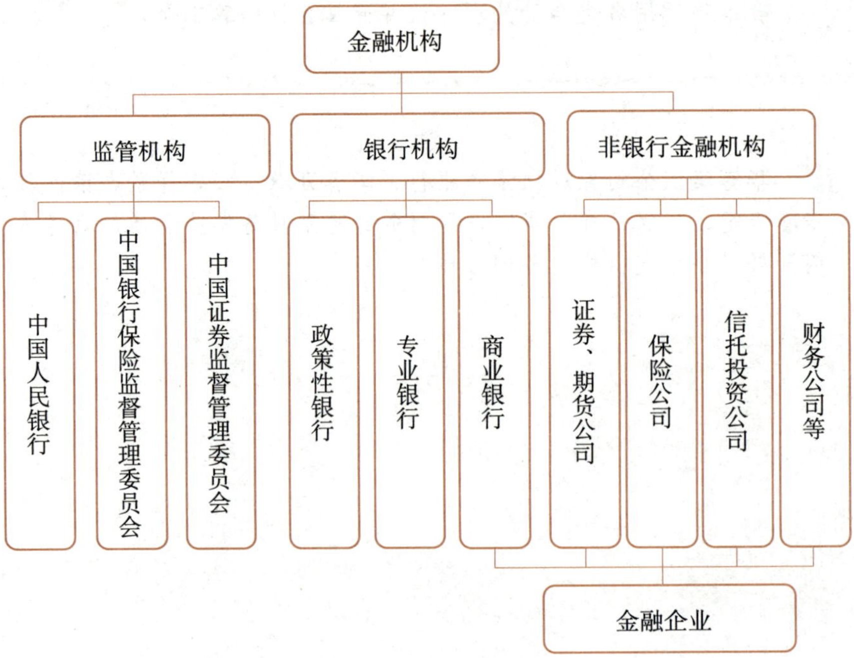

图1-1 金融机构体系图

2. 金融企业

金融企业是以追求利润为经营目标，按照市场经济规律进行经营活动的商业性金融机构。

金融企业是一个特定的企业范畴，是指经营货币信用业务、从事资金融通、追求盈利的经济实体，具体包括商业银行、保险公司、证券公司、信托投资公司、租赁公司等。其中商业银行、证券公司、保险公司构成了我国金融业的三大支柱。

（二）金融企业的特点

如前所述，金融企业是一个特定的经济实体，其特点主要表现为以下几个方面。

1. 资产的货币性

金融企业是经营货币信用的特殊企业，其资产主要表现为货币性资产。

2. 运作的风险性

金融企业由于其经营活动的特殊性，会产生特殊的风险，即信用风险、经营风险、公信力风险和竞争风险等。

3. 经营的收益性

金融企业在经营过程中自身不需投入很多的自有资本即可进行经营，并可获取可观的收益，资本的财务杠杆率非常高。

4. 业务的依赖性

金融企业经营货币信用和金融服务，对政策、市场的依赖程度较大。

5. 监管的特殊性

金融企业经营业务的特殊性决定了其一方面要接受行业监督管理委员会的监管，另一方面还要接受中介机构和社会的监管。

二、金融企业会计特征认知

（一）金融企业会计的含义和内容

1. 金融企业会计的含义

金融企业会计是以货币计量为主，运用会计的专门方法，对金融企业的经营活动过程进行连续、系统、全面、完整的核算和监督，为金融企业经营者及有关方面提供财务状况、经营成果以及现金流量等会计信息，反映金融企业管理层受托责任履行情况，并有助于会计报告使用者做出经济决策的一门专业会计。

2. 金融企业会计的内容

如前所述，我国金融企业具有多样性的特点：既有商业银行，又有证券公司、保险公司、信托公司等。所以金融企业会计是根据上述各类不同企业会计的特点，综合、概括地总结各类金融企业会计的共性，按照会计的基本原理、基本原则、基本方法，遵循相关的法律、法规，运用到金融机构的一门行业会计，其构成如图 1－2 所示。

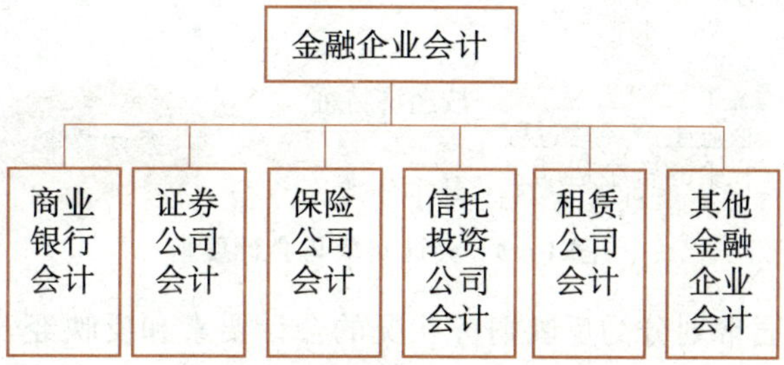

图 1－2　金融企业会计构成图

（二）金融企业会计的特点

金融企业会计是财务会计体系中的一个专业会计子系统，金融企业的性质和特征决定了金融企业会计具有以下特征。

1. 核算内容上的社会性

金融企业是国民经济的综合部门，俗称国民经济的“晴雨表”，与国民经济各部门、各企业、各单位有着密切联系，这就决定了金融企业会计核算必须面向社会、面向客户，全民反映国民经济活动。

2. 业务处理与会计核算上的同一性

工商业经济活动在多数情况下表现为业务活动和财务活动相分离，且表现出先后关系。而金融企业则不然，尤其是商业银行，在处理各项业务的同时也要进行会计核算和监督，业务处理与会计处理同步进行。

3. 在内部管理和账务处理上的严密性

金融企业的特殊性要求其会计核算必须准确、及时、完整、安全，同时要有规范的内部控制制度、严密的账务组织程序、安全的运行体系，从业务处理到凭证、印章、密押的管理等，都要严密组织、严格把控。

4. 在信息处理上的及时性

由于网络技术和现代化处理手段广泛采用，使得会计信息也需要及时、迅速、准确。以便供投资者和有关部门采纳、分析和利用，为决策服务。

三、金融企业会计对象认知

（一）金融企业会计对象的含义

会计对象，即会计的对象，是指会计所核算和监督的内容，包括在社会再生产过程中能以货币形式表现的资金及资金运动。

金融企业会计对象是指金融企业资金运动过程中用货币形式表现的各种经济活动，即金融企业的资金来源和运用，其也构成了金融企业会计所反映和监督的内容。

（二）金融企业会计要素内容

金融企业会计要素是对会计对象所做的基本分类，是会计核算对象的具体化。它包括资产、负债、所有者权益、收入、费用和利润 6 项。会计对象与会计要素的关系见图 1-3。

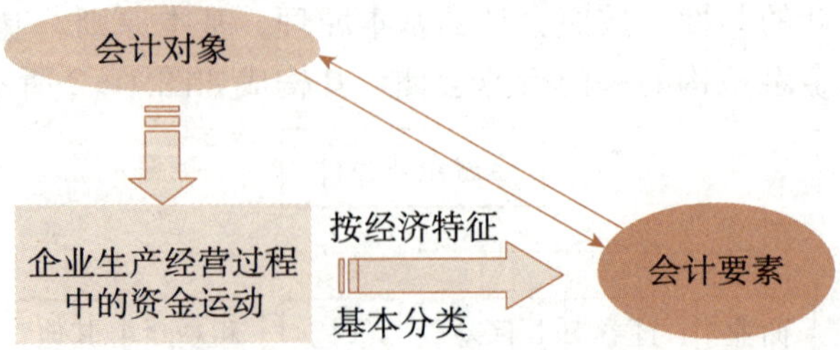

图 1-3 会计对象与会计要素

这 6 项会计要素通常划分为反映财务状况的会计要素和反映经营成果的会计要素两大类。会计要素构成见图 1-4。

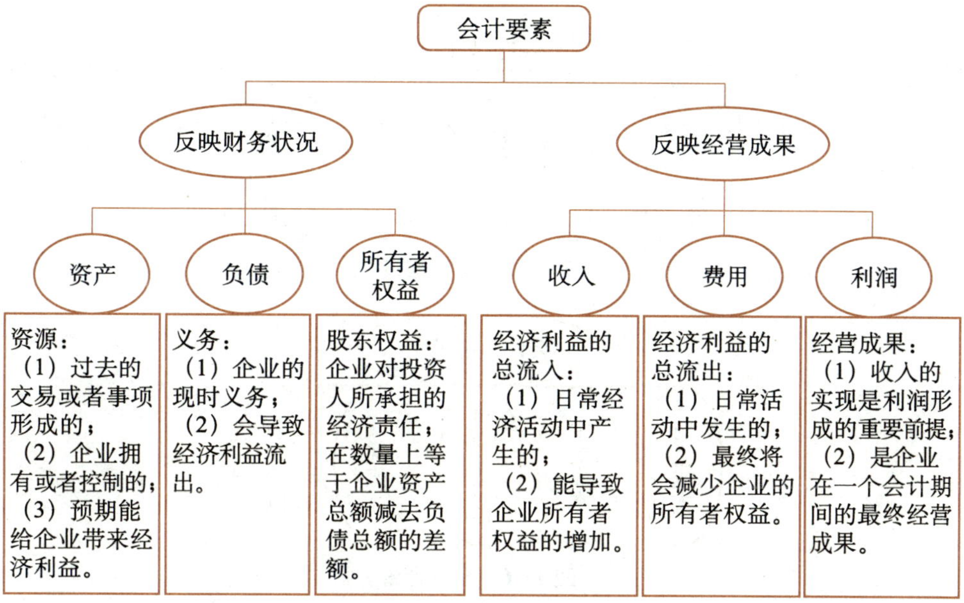

图 1-4 会计要素构成

资产、负债、所有者权益在数量上的关系为：

资产＝负债＋所有者权益

这一等式也叫会计平衡公式，是设置账户、复式记账、编制资产负债表、进行试算平衡的理论基础。

反映收入、费用、利润数量关系的会计等式可表示为：

收入－费用＝利润

这一等式反映了金融企业在某一特定时期的经营成果。它是企业确定利润、设置损益类账户和编制利润表的理论基础。

四、金融企业会计信息质量要求认知

（一）金融企业会计假设

金融企业会计假设又叫会计核算的基本前提，是指为了保证会计工作的正常进行和会计计量，对会计核算的范围、内容、基本程序和方法所做的限定，是对会计核算所处的时间、空间环境做出的合理设定。

一般会计假设具体包括会计主体假设、持续经营假设、会计分期假设、货币计量假设，如图 1-5 所示。

（二）金融企业会计计量属性

根据《企业会计准则——基本准则》的规定，金融企业应当以权责发生制为基础进行会计确认、计量和报告，并将符合确认条件的会计要素登记入账并列报于会计报表及其附注时，应当按照规定的会计计量属性进行计量，确定其金额。会计计量属性主要包括：历史成本、重置成本、可变现净值、现值、公允价值，见图 1-6。

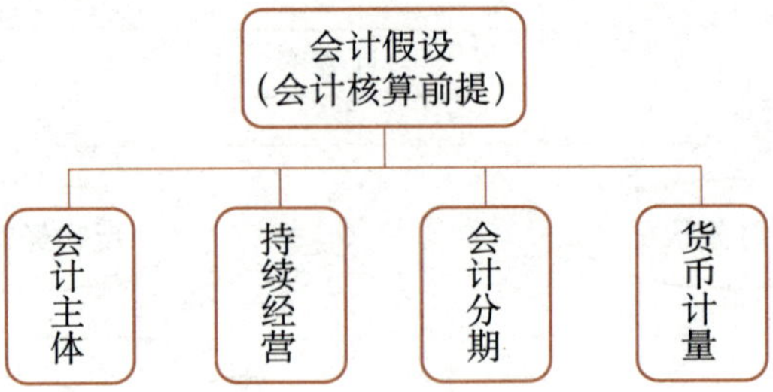

图 1－5　会计假设

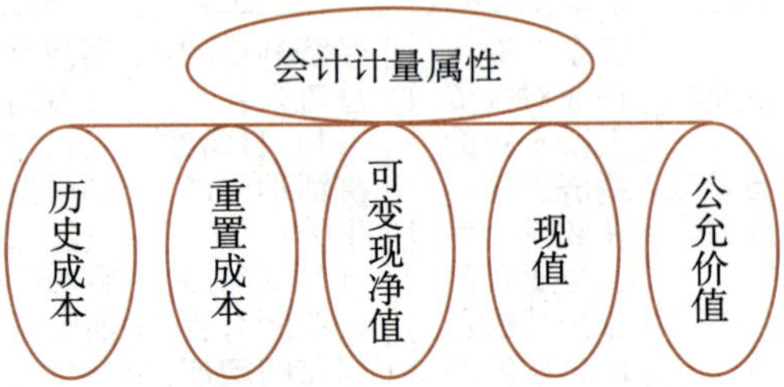

图 1－6　会计计量

（三）金融企业会计信息质量要求

金融企业会计的具体目标是满足信息使用者对会计信息的需要。根据《企业会计准则——基本准则》的规定，金融企业会计信息质量要求包括真实性、相关性、明晰性、可比性、实质重于形式、重要性、谨慎性、及时性，如图 1－7 所示。

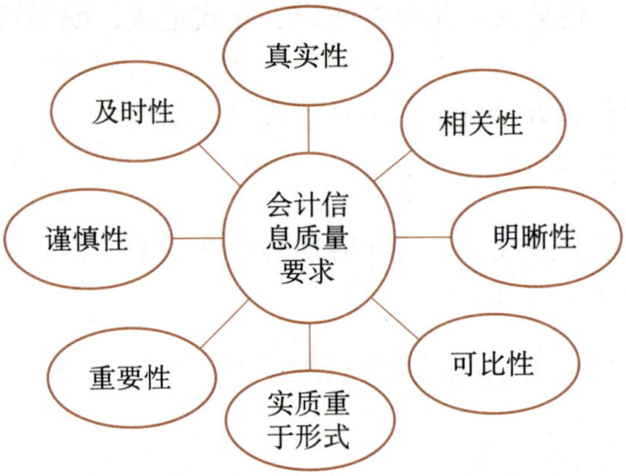

图 1－7　会计信息质量要求的层级

五、金融企业会计核算方法认知

（一）金融企业会计核算方法的含义

金融企业会计核算方法是指对金融企业已经发生的经济活动进行连续、系统、全面反映和监督所采用的方法，包括设置账户、复式记账、填制和审核凭证、登记账簿、成本核算、财产清查、编制会计报表。

（二）金融企业账户设置

1. 会计科目设置

（1）会计科目的含义。会计科目是指按照经济业务的内容和经济管理的要求，对会计要素所做的科学分类名称。会计对象、会计要素和会计科目的关系如图 1－8 所示。

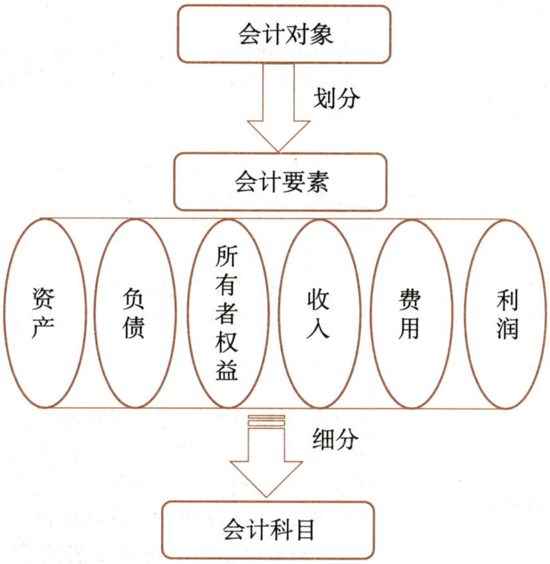

图 1－8　会计对象、要素与科目关系图

（2）金融企业会计科目的分类。金融企业会计科目从不同角度划分有不同类型，具体见表 1－1。《会计准则应用指南》从经济内容方面规定了各类企业的会计科目，主要会计科目见表 1－2。

表 1－1　会计科目分类表

分类标准	类型	内容
1. 反映的经济内容	资产类科目	反映金融企业资金的占用和分布，包括各种财产、债权和其他权利类科目，如交易性金融资产、存放中央银行款项、贷款、结算备付金、固定资产、代理业务资产等科目。
	负债类科目	反映金融企业资金的取得和形成的渠道，包括各种债务、应付款项和其他应偿付债务类科目，如向中央银行借款、代理买卖证券款、代理业务负债、吸收存款、应付职工薪酬、应付债券等。
	所有者权益类科目	反映债权人和所有者权益，包括资金投入者的资金及留存收益类科目，如实收资本（或股本）、资本公积、盈余公积、一般风险准备、利润分配等。
	损益类科目	反映金融企业财务收支和经营成果，包括金融企业的收入、支出和费用类科目，如利息收入、手续费及佣金收入、其他业务收入、营业外收入、利息支出、手续费及佣金支出、业务及管理费、营业外支出、投资收益等。
	资产负债共同类科目	反映金融企业在日常核算中资产、负债性质不确定，其性质视科目的期末余额轧差而定，包括清算资金往来、货币兑换等科目。

续表

分类标准	类型	内容
2. 与资产负债表的关系	表内科目	是指反映在资产负债表上，用以核算和监督金融企业资金活动的科目，即核算表内业务的科目，如库存现金、吸收存款等。
	表外科目	是指不纳入资产负债表内，用以记载不涉及资金运动的重要业务事项的科目即核算表外业务的科目，如重要空白凭证等。
3. 提供核算指标的详略程度	总分类科目	是指对会计要素的具体内容进行总括分类的科目，又称一级科目。例如“吸收存款”科目，能总括反映商业银行吸收存款的情况。
	明细分类科目	是指根据核算与管理的需要对某些会计科目所做的进一步分类，按照分类的详略程度又可分为子目和细目。子目又称二级科目，细目又称三级科目。“吸收存款”根据管理与核算的需要，又可以划分“单位存款”和“储蓄存款”等二级科目；“储蓄存款”下还可以按储蓄人设立三级细目，以反映各储蓄人的详细情况。

表 1-2 会计科目表

顺序号	编号	会计科目名称	会计科目适用范围
一、资产类			
1	1001	库存现金	
2	1002	银行存款	
3	1003	存放中央银行款项	银行专用
4	1011	存放同业	银行专用
5	1015	其他货币资金	
6	1021	结算备付金	证券专用
7	1031	存出保证金	金融共用
8	1051	拆出资金	金融共用
9	1101	交易性金融资产	
10	1111	买入返售金融资产	金融共用
11	1121	应收票据	
12	1122	应收账款	
13	1123	预付账款	
14	1131	应收股利	
15	1132	应收利息	
16	1211	应收保户储金	保险专用
17	1221	应收代位追偿款	保险专用

续表

顺序号	编号	会计科目名称	会计科目适用范围
18	1222	应收分保账款	保险专用
19	1223	应收分保未到期责任准备金	保险专用
20	1224	应收分保保险责任准备金	保险专用
21	1231	其他应收款	
22	1241	坏账准备	
23	1251	贴现资产	银行专用
24	1301	贷款	银行和保险共用
25	1302	贷款损失准备	银行和保险共用
26	1311	代理兑付证券	银行和保险共用
27	1321	代理业务资产	
28	1441	贵金属	银行专用
29	1442	抵债资产	金融共用
30	1451	损余物资	保险专用
31	1461	存货跌价准备	
32	1501	长期待摊费用	
33	1511	独立账户资产	保险专用
34	1521	持有至到期投资	
35	1522	持有至到期投资减值准备	
36	1523	可供出售金融资产	
37	1524	长期股权投资	
38	1525	长期股权投资减值准备	
39	1526	投资性房地产	
40	1531	长期应收款	
41	1541	未实现融资收益	
42	1551	存出资本保证金	保险专用
43	1601	固定资产	
44	1602	累计折旧	
45	1603	固定资产减值准备	
46	1604	在建工程	
47	1605	工程物资	
48	1606	固定资产清理	
49	1611	融资租赁资产	租赁专用
50	1612	未担保余值	租赁专用
51	1701	无形资产	

续表

顺序号	编号	会计科目名称	会计科目适用范围
52	1702	累计摊销	
53	1703	无形资产减值准备	
54	1711	商誉	
55	1801	长期待摊费用	
56	1811	递延所得税资产	
57	1901	待处理财产损溢	
二、负债类			
58	2001	短期借款	
59	2002	存入保证金	金融共用
60	2003	拆入资金	金融共用
61	2004	向中央银行借款	银行专用
62	2011	同业存放	银行专用
63	2012	吸收存款	银行专用
64	2021	贴现负债	银行专用
65	2101	交易性金融负债	
66	2111	卖出回购金融资产款	金融共用
67	2201	应付票据	
68	2202	应付账款	
69	2203	预收账款	
70	2211	应付职工薪酬	
71	2221	应交税费	
72	2231	应付股利	
73	2232	应付利息	
74	2241	其他应付款	
75	2251	应付保单红利	保险专用
76	2261	应付分保账款	保险专用
77	2311	代理买卖证券款	证券专用
78	2312	代理承销证券款	证券和银行共用
79	2313	代理兑付证券款	证券和银行共用
80	2314	代理业务负债	
81	2401	递延收益	
82	2501	长期借款	
83	2502	长期债券	
84	2601	未到期责任准备金	

续表

顺序号	编号	会计科目名称	会计科目适用范围
85	2602	保险责任准备金	
86	2611	保户储金	保险专用
87	2621	独立账户负债	保险专用
88	2701	长期应付款	保险专用
89	2702	未确认融资费用	保险专用
90	2711	专项应付款	
91	2801	预计负债	
92	2901	递延所得税负债	
三、共同类			
93	3001	清算资金往来	银行专用
94	3002	货币兑换	金融共用
95	3101	衍生工具	
96	3201	套期工具	
97	3202	被套期项目	
四、所有者权益类			
98	4001	实收资本	
99	4002	资本公积	
100	4101	盈余公积	
101	4102	一般风险准备	金融共用
102	4103	本年利润	
103	4104	利润分配	
104	4201	库存股	
五、成本类（略）			
六、损益类			
105	6011	利息收入	金融共用
106	6021	手续费及佣金收入	金融共用
107	6031	保费收入	保险专用
108	6032	分保费收入	保险专用
109	6041	租赁收入	租赁专用
110	6051	其他业务收入	
111	6061	汇兑损益	金融专用
112	6101	公允价值变动损益	
113	6111	投资收益	
114	6201	摊回保险责任准备金	保险专用

续表

顺序号	编号	会计科目名称	会计科目适用范围
115	6202	摊回赔付支出	保险专用
116	6203	摊回分保费用	保险专用
117	6301	营业外收入	
118	6402	其他业务成本	
119	6405	税金及附加	
120	6411	利息支出	金融共用
121	6421	手续费及佣金支出	金融共用
122	6501	提取未到期责任准备金	保险专用
123	6502	提取保险责任准备金	保险专用
124	6511	赔付支出	保险专用
125	6521	保单红利支出	保险专用
126	6531	退保金	保险专用
127	6541	分出保费	保险专用
128	6542	分保费用	
129	6601	销售费用	
130	6602	管理费用	
131	6603	财务费用	
132	6701	资产减值损失	
133	6711	营业外支出	
134	6801	所得税费用	
135	6901	以前年度损益调整	

2. 账户设置

账户是按照会计科目在账簿中开设的，具有一定的格式和结构，用来全面、系统、连续地记录企业经济业务活动的工具。账户的基本结构由三部分组成：账户名称、账户方向和账户余额。账户名称就是会计科目，规定账户的核算内容；账户的方向是指在账户的什么地方记录经济业务内容的增加和减少，账户分为左、右两方，其中一方记增加，另一方记减少；账户余额是指本期增加发生额和本期减少发生额相抵后的余额。

(三) 记账方法确定

1. 记账方法的含义

记账方法是按一定的记账规则、使用一定的记账符号，将经济业务进行整理、分类和记入会计账簿的一种专门方法。记账方法可分为单式记账法和复式记账法。

单式记账法，是指对发生的每一项经济业务，只在一个账户中进行登记的记账方法。

复式记账法是指对发生的每一项经济业务，都以相等的金额，在相互联系的两个或两个以上账户中同时进行登记的记账方法。目前国际通用的复式记账方法是借贷记账法。

2. 借贷记账法

借贷记账法是根据复式记账原理，以资产等于负债加所有者权益的平衡公式为基础，以“借”和“贷”为记账符号，按照“有借必有贷，借贷必相等”的记账规则在账户中进行登记的一种复式记账方法。其主要内容见表1-3。

表1-3　借贷记账法内容

记账主体	以会计科目为主，按经济业务发生的内在联系、会计科目的性质，来确定记账方向及对应关系。
记账符号	以“借”“贷”为记账符号，将每个账户划分为借方和贷方，借方表示资产、费用增加，负债、所有者权益、收入、利润减少；贷方表示负债、所有者权益、收入、利润增加，资产、费用减少。借方余额表示资产或损失，贷方余额表示负债和所有者权益或收益。
记账规则	有借必有贷、借贷必相等。
试算平衡	(1) 发生额平衡： 各科目借方发生额合计＝各科目贷方发生额合计 (2) 余额平衡： 各科目借方余额合计＝各科目贷方余额合计

下面以华睿银行业务举例说明借贷记账法的用法。

【例1-1】储户张平以现金8 000元存入本银行活期储蓄存款户。

这笔业务涉及“库存现金”和“吸收存款”两个科目。库存现金增加属于银行资产的增加，应记入借方；张平活期储蓄存款增加了银行的负债，应记入贷方。其会计分录为：

借：库存现金　　8 000

　贷：吸收存款——活期储蓄存款——张平　　8 000

【例1-2】银行收到某投资者以现金投入的资本金300 000元。

这笔业务涉及“库存现金”和“实收资本”两个科目。库存现金增加属于银行资产的增加，应记入借方；实收资本增加属于所有者权益的增加，应记入贷方。其会计分录为：

借：库存现金　　300 000

　贷：实收资本　　300 000

【例1-3】钢铁厂归还银行所借流动资金贷款120 000元，利息6 500元，由其存款账户支付。

这笔业务涉及“吸收存款”“贷款”“利息收入”三个科目。“贷款”减少属于银行资产的减少，应记入贷方；“吸收存款”减少属于银行负债的减少，应记入借方；“利息收入”增加属于银行收益的增加，应记入贷方。其会计分录为：

借：吸收存款——钢铁厂存款户　　126 500

　贷：贷款——钢铁厂贷款户　　120 000

　　利息收入——钢铁厂利息收入　　6 500

【例1-4】本银行将现金200 000元存入中央银行存款户。

这笔业务涉及“存放中央银行款项”和“库存现金”两个科目。“存放中央银行款项”和“库存现金”都属于银行的资产，该笔业务反映一项资产的增加及一项资产的减少，其会计分录为：

借：存放中央银行款项　200 000

　贷：库存现金　200 000

【例 1-5】本银行通过转账支付丽都大厦活期存款利息 1 200 元。

这笔业务是一项费用支出的增加与一项负债的增加。存款利息支出增加属于费用支出的增加，应记入借方；商业活期存款增加属于负债的增加，应记入贷方。其会计分录为：

借：利息支出　1 200

　贷：吸收存款——活期储蓄存款　1 200

【例 1-6】经批准，按法定程序将资本公积 200 000 元转增资本。

这笔业务是一项所有者权益的减少与另一项所有者权益的增加。资本公积减少属于所有者权益的减少，应记入借方；实收资本增加属于所有者权益的增加，应记入贷方。其会计分录为：

借：资本公积　200 000

　贷：实收资本　200 000

上述经济业务从不同的方面反映了银行资产、负债、所有者权益等的增减变化情况，概括起来可以归纳为以下 4 种类型：

（1）资产增加，负债或所有者权益增加；

（2）资产减少，负债或所有者权益减少；

（3）一项资产增加，另一项资产减少；

（4）一项负债或所有者权益增加，另一项负债或所有者权益减少。

现根据上述 6 笔经济业务的会计分录，通过试算平衡表进行试算平衡。具体见表 1-4。

表 1-4　试算平衡表　　单位：元

会计科目	上日余额（假设）		本日发生额		本日余额	
	借方	贷方	借方	贷方	借方	贷方
吸收存款		150 000	126 500	9 200		32 700
贷款	340 000			120 000	220 000	
存放中央银行款项	30 000		200 000		230 000	
库存现金	300 000		308 000	200 000	408 000	
利息收入		45 000		6 500		51 500
利息支出	25 000		1 200		26 200	
实收资本		200 000		500 000		700 000
资本公积		300 000	200 000			100 000
合计	695 000	695 000	835 700	835 700	884 200	884 200

（四）会计凭证审核与填制

想一想

华睿证券公司后勤部林浩拿来若干张金额为 3 000 元的票据进行报销，这些票据全部是公司前不久举行运动会的有关开支，其中有 300 元的单据是白条收据。财务部门应如何处理？

1. 会计凭证的含义

会计凭证是指记录经济业务的发生和完成情况，明确经济责任，并作为记账依据的书面证明。

2. 会计凭证的种类

（1）按凭证填制的程序和用途划分，会计凭证可分为原始凭证和记账凭证。

1）原始凭证是在经济业务发生时，直接取得或根据业务事实填制的凭证。

2）记账凭证是根据原始凭证编制的凭证。

（2）按凭证形式划分，会计凭证可分为复式凭证和单式凭证。

1）复式凭证是将一笔经济业务所涉及的借、贷方账户填在一张凭证上的会计凭证。其特点是：资金来龙去脉清楚，对应关系明确，方便查对。

2）单式凭证是在每张凭证上只填记一个借方或贷方账户的会计凭证，即一笔经济业务按其账务的对应关系编制两张或两张以上的会计凭证。

目前我国金融业采用复式凭证。

3. 会计凭证填制

会计凭证填制要真实、完整、及时、清晰。银行会计凭证上由银行填写和由客户填写的内容应有明显区分，由客户填写的，未经客户授权，银行工作人员不得代办。

4. 会计凭证审核

会计凭证取得以后要从真实性、合法性、完整性和正确性等方面进行严格的审核。

5. 会计凭证传递

金融企业会计凭证传递应符合业务特点，做到准确及时、手续严密、先外后内、先急后缓。内部凭证由专门人员负责传递，不得通过客户传递。

（五）会计账簿和账务核对

1. 会计账簿

（1）会计账簿的含义。会计账簿是由具有一定格式的账页组成，以会计凭证为依据，全面、连续、系统地记载各种资金增减变动的记录簿籍。会计账簿是会计核算的重要工具。按照一定程序，在账簿中登记各项经济业务所引起的资金增减变化称为记账，也称登记账簿，这是一种重要的会计核算方法。

（2）会计账簿的种类。银行会计账簿分为基本账簿和辅助账簿。

1）基本账簿主要包括：

a. 流水账：按照业务发生时间的先后顺序逐日逐笔登记的账簿。

b. 分户账：按照账户连续记载各项交易的明细记录。

c. 总账：按照会计科目设置，每日按会计科目借、贷方发生额分别记载，并结出余额的账簿。

2）辅助账簿主要包括：

a. 登记簿：为了对某些业务备忘、控制和管理而分户设置的辅助性账簿账卡。

b. 余额表：反映每日营业终了分户账最后余额的表式。

辅助账簿由金融企业自行选择使用。

2. 账务核对

金融企业尤其是银行进行财务核算就是根据所发生的业务事项按账户登记分户明细账

和按会计科目生成总账的过程。其账务核算处理程序如图 1－9 所示。

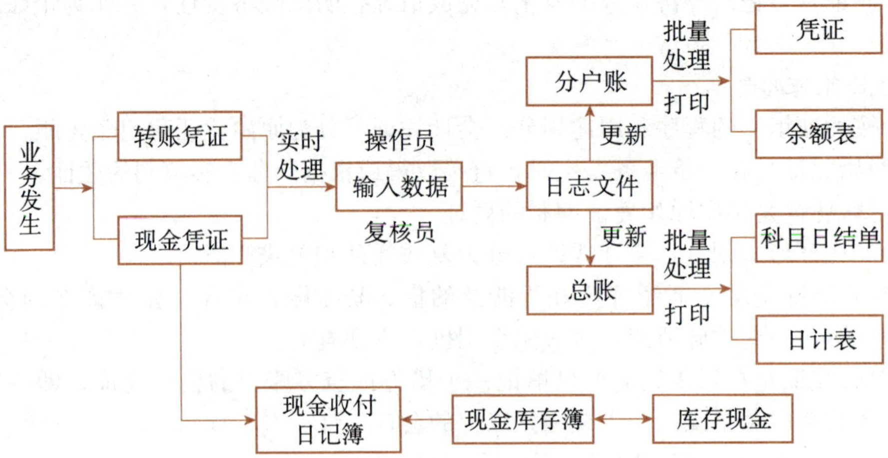

图 1－9 账务核算处理程序

账务核对是财务核算的重要环节，分为内部账务核对和外部账务核对。

（1）内部账务核对。

1）每日核对。

a. 总账各科目余额、总账各科目发生额合计借贷相等，总账各科目余额与分户账或余额表对应各账户余额合计核对相符；

b. 余额表各账户余额合计与日计表对应各科目余额核对相符；

c. 现金日记簿的收入、付出合计数与现金科目总账借、贷方发生额核对相符，现金库存登记簿的库存数与实际库存现金和现金科目总账余额核对相符；

d. 联行业务、支付业务的账务核对按联行制度和支付系统相关规定办理；

e. 与其他业务部门有往来关系的内部资金科目应分别与相关部门核对相符。

2）定期核对。

a. 使用销账式账页记载的账户，按旬加计未销账的账户余额与该科目总账余额核对相符；

b. 贷款卡片按月与各贷款科目分户账核对相符；

c. 再贴现卡片票面金额按月与表外科目核对相符；

d. 计息账户的累计积数按结息期与账户计息积数核对相符；

e. 各卡片账按月与该科目总账或有关登记簿核对相符；

f. 各种有价单证、重要空白凭证等，应每月账实、账簿核对相符；

g. 固定资产在年终决算前账、卡、簿、实核对相符；固定资产卡片上的折旧额合计与“固定资产折旧”科目余额核对相符。

（2）外部账务核对。

1）按月向开户单位发送余额对账单，由开户单位填列余额和未达账项，并加盖预留印鉴后返回，对账回单中如有未达账项，应及时查明原因。

2）开户单位的对账回单，经核对无误后，应按科目、账号顺序排列装订和保管，以备查考。

3）必要时，可与开户单位进行面对面对账。

账务核对完毕后，经办人员应在有关账、簿、卡、表、对账单上签章证明；核对不符的，应立即查明原因，并予以更正或说明。

模块小结

项目	任务	知识点	具体内容
金融企业会计认知	金融企业业务核算	金融企业认知	金融机构和金融企业的含义 金融企业的特点
		金融企业会计特点认知	金融企业会计的含义和内容 金融企业会计的特点
		金融企业会计对象认知	金融企业会计对象的含义 金融企业会计要素内容
		金融企业会计信息质量要求认知	金融企业会计假设 金融企业会计计量属性 金融企业会计信息质量要求
		金融企业会计核算方法认知	金融企业会计核算方法的含义 金融企业账户设置 记账方法确定 会计凭证审核与填制 会计账簿和账务核对

模块测评

◎ 思考题

1. 金融企业会计有什么特点？
2. 金融企业会计科目设置有哪些类型？
3. 银行应如何设置账簿？
4. 银行应如何进行账务核对？

◎ 实务题

1. 资料：华睿证券公司的经济业务见下表。

经济业务一览表

序号	经济业务	应属科目性质	应属科目名称
1	公司办公大楼		
2	公司从银行借入长期借款		
3	公司营销活动经费		

续表

序号	经济业务	应属科目性质	应属科目名称
4	公司现金		
5	职工借款		
6	客户代理兑付款		
7	职工工资		
8	投资者投入资本金		
9	代理客户承销证券资金		
10	职工办公费		
11	代理客户买卖股票手续费		
12	广告费		
13	自营买入随时变现的股票		
14	公司实现的净利润		
15	从税后利润中提留的公积金		
16	存入开户行的款项		
17	存入结算专户的款项		
18	收到客户代理买卖证券的款项		
19	应付给投资者的利润		
20	从某行拆入资金		

要求：根据资料所列的经济内容，分别判定其应归属的会计科目名称及性质并填入表中。

2. 资料：华睿银行发生下列经济业务：

(1) 客户王力持现金 50 000 元来本行办理活期存款。

(2) 客户甲公司持转账支票一张来本行办理转账，金额 100 000 元，付款单位为本行开户单位乙公司。本行经审核无误予以办理。

(3) 本行代协议单位交纳电费 65 000 元，已办妥划款手续。

(4) 本行为客户李龙转账签发银行汇票 20 000 元，经审核无误予以签发。

要求：根据上述经济业务填制相关记账凭证。

模块二

商业银行会计核算

学习目标

- 知识目标

了解商业银行各项业务内容；

熟悉商业银行各项业务处理流程；

掌握商业银行各项业务的会计处理。

- 技能目标

能够准确核算商业银行各项业务；

会组织商业银行各项会计工作。

案例导入

华睿银行是一家新型股份制商业银行，遵照相关制度的规定，该银行吸收了大量客户存款，也适时发放了系列贷款，同时还参与银行支付系统，为客户办理各种支付结算。请问银行该如何组织账务核算？

任务二 存款业务核算

【任务分析】本任务在介绍存款业务类型的基础上，详细介绍了单位存款和居民个人储蓄存款的会计核算及利息计算。

一、存款业务认知

（一）存款的概念

存款是银行以信用方式吸收社会闲置资金的筹资活动。存款是银行负债的重要组成部分，也是银行信贷资金的重要来源。银行吸收存款，可以把社会闲散资金聚成巨大的货币资金，通过银行的信用中介作用，把资金贷放给流通和生产部门，从而对社会生产和经济活动进行有效调节。

（二）存款业务的种类

银行吸收的存款包括单位存款和个人储蓄存款。

1. 单位存款

单位存款是指银行吸收企业、事业单位、机关、社会团体、部队等单位的闲置资金形成的存款。单位存款又可分为活期存款和定期存款。

2. 个人储蓄存款

个人储蓄存款是指银行吸收城乡居民个人的资金形成的存款。个人储蓄存款可分为活期储蓄存款和定期储蓄存款。

二、个人储蓄业务核算

（一）储蓄存款的种类及特点

储蓄存款的种类及特点如表 2-1 所示。

表 2-1 储蓄存款的种类及特点

储蓄存款类型	含义	种类	特点
活期储蓄存款	开户时不约定存期，可随时存取，存取金额不限的一种个人存款。		起存金额为一元，存期不确定，存取十分灵活。
定期储蓄存款	存款开户时约定存期，一次或按期分次（在约定存期内）存入本金，整笔或分期、分次支取本金或利息的一种存款方式。	整存整取	50 元起存；开户时约定存期；整笔存入，到期一次整笔支取本息；存期分为三个月、六个月、一年、两年、三年、五年六个档次。
		零存整取	5 元起存，每月存入一次，中途如有漏存，应在次月补齐；开户时约定存期；分次每月固定存款金额、到期一次支取本息；存期分为一年、三年、五年。

续表

储蓄存款类型	含义	种类	特点
定期储蓄存款	存款开户时约定存期，一次或按期分次（在约定存期内）存入本金，整笔或分期、分次支取本金或利息的一种存款方式。	整存零取	1 000 元起存；开户时约定存款期限、本金一次存入，固定期限分次支取本金；支取期分一个月、三个月及半年一次；存期分一年、三年、五年。
		存本取息	5 000 元起存；开户时约定存期、整笔一次存入，按固定期限分次支取利息，到期一次支取本金；可一个月或几个月取息一次，可以在开户时约定的支取限额内多次支取任意金额；存期分一年、三年、五年。
		教育储蓄	每一账户起存 50 元，本金合计最高限额为 2 万元；储蓄的对象为在校小学四年级（含四年级）以上学生；存期分为一年、三年和六年三种；凭学校提供的正在接受非义务教育的学生身份证明一次支取本金和利息时，可以享受利率优惠，并免征储蓄存款利息所得税。
		定活两便	50 元起存；开户时不必约定存期，根据客户存款的实际存期计息，可随时支取；存期≤3 个月的，按支取日挂牌活期利率计算；3 个月≤存期<半年的，利息按支取日挂牌定期整存整取三个月存款利率打六折计算；半年≤存期<1 年的，利息按支取日定期整存整取半年期存款利率打六折计息；存期≥1 年，整个存期一律按支取日定期整存整取一年期存款利率打六折计息。
		通知存款	最低起存金额为人民币 5 万元（含），外币等值 5 000 美元（含）；在存入款项时不约定存期，支取时事先通知银行，约定支取存款日期和金额；一次性存入，可以一次或分次支取，但分次支取后账户余额不能低于最低起存金额，当低于最低起存金额时银行给予清户，转为活期存款；个人通知存款分为一天通知存款和七天通知存款两种。

（二）储蓄存款的核算

1. 设置账户

在储蓄存款核算中应设置“吸收存款”“利息支出”账户。

2. 活期储蓄存款核算

（1）开户。开户时，客户填写内容有存款日期、户名、存款金额、身份证种类、号码、联系方式的活期存款开户申请书和结算凭证，并将开户申请书和现金、身份证件交银行经办人员。银行经办人员审核后，办理开户手续，经客户在存款凭条签字确认后，发给客户存折，并退还证件；客户若要求凭密码或印鉴支取，要在银行网点的密码器上自行按规定格式输入密码，或向经办人员提供两张印鉴卡片。

会计分录如下：

借：库存现金

　贷：吸收存款——活期储蓄存款——××储蓄户

（2）续存。储户填写储蓄存款凭条，并提交现金、存折，或只提交现金、存折，告知存款金额，储蓄存款凭条由柜员代填。柜员清点现金选择活期续存操作，并向机器内输入账号和金额，其处理过程同开户一样。

（3）支取。客户取款时，实行免填客户凭条，只需口述取款需求即可。将存折（卡）交银行经办人员，大额存取款的，需出示身份证件。另外凭密码或印鉴支取存款的，每次都要按规定格式在银行网点的密码器上输入密码或在存款凭条上加盖印鉴。

（4）换折业务。柜员收回旧折，在最后的余额栏下注明“过入新折”，并另开新折。新折的扉页上应注明旧折账号、户名，第一行摘要栏内注明“旧折过入”，余额栏内记载旧折的最后余额。原存折扉页公章处应加盖“注销”，每页加盖“附件”戳记，作为当日储蓄存款或储蓄取款凭条的附件。其余手续参照存、取款办理。

（5）销户。储户支取全部存款时即为销户。柜员核对储蓄取款凭条和存折后，选择活期销户操作。显示和处理过程与支取时类似，不同的是，要求支取的金额数字应按画面上显示的余额数字输入，计算机确定合法后，自动完成结息，销账，记活期储蓄存款科目账、库存现金科目账和活期储蓄利息支出账等，在开销户登记簿中注销此户，依次打印储蓄取款凭条、存折及利息清单，柜员核对无误后加盖“结清”戳记和名章。

会计分录如下：

借：吸收存款——活期储蓄存款——××储蓄户

　　利息支出

　贷：库存现金

3. 定期储蓄存款核算

定期储蓄存款按照存取方式主要分为整存整取、零存整取、存本取息、定活两便、整存零取等。

银行应设置“吸收存款——定期储蓄存款户”账户进行核算。

下面以整存整取定期储蓄存款为例来介绍定期储蓄存款的核算。

（1）开户。柜员审核定期存款凭条，收妥现金，选择定期开户操作，并根据存款凭条内容输入，计算机检查内容合法后自动建立储户账号，登记整存整取开销户登记簿，记定期储蓄存款科目账、库存现金科目账、库存现金日记账，依显示器提示打印存款凭条和存单。其余手续同活期储蓄开户。会计分录如下：

借：库存现金

　贷：吸收存款——定期储蓄存款——整存整取户

（2）到期或过期全部支取。柜员审核存单无误后，选择到期或过期全部支取操作，将存单所列账号输入计算机，计算机根据账号搜索储户资料。柜员应审核该户是否挂失、止付等。如果储户凭密码支取，须由储户本人输入密码，确认后，计算机自动计算应付利息，将此账户在整存整取开销户登记簿中注销并记录销户日期，将本金从定期存款户付出，利息从储蓄利息支出户付出，记库存现金科目账。同时，柜员应在存单上加盖结清戳记，打印利息清单。其余手续同活期储蓄销户处理。会计分录如下：

借：吸收存款——定期储蓄存款——整存整取户
　　利息支出
　贷：库存现金

(3) 提前支取。柜员验核存单、背书及身份证件，并将身份证件名称、号码、发证单位等抄写在存单上，其他过程与到期支取相同。

如果是部分提前支取，柜员选择部分提前支取操作，根据计算机显示输入有关内容，由计算机自动进行剩余部分的转存处理，打印出转存部分的新存单，新存单开户日期应为提前支取日期。其他处理过程与到期支取过程相同。

三、单位存款业务核算

想一想

宏途公司欲在华睿银行开立基本存款户，并准备将现金 500 万元也存入华睿银行。请问华睿银行柜员将如何为宏途公司办理存款手续？

(一) 单位银行结算账户的管理

按照《中国人民银行结算账户管理办法》的规定，单位银行结算账户按用途分为基本存款账户、一般存款账户、临时存款账户和专用存款账户，如表 2-2 所示。

表 2-2　单位银行结算账户

基本存款账户	一般存款账户	临时存款账户	专用存款账户
企业或单位办理日常转账结算和现金收付的账户。如工资、奖金等现金的支取，只能通过本账户办理。企业或单位只能在银行开立一个基本存款账户。	在基本存款账户开户行以外的其他银行开立的企业用于借款或其他结算需要的账户。通过本账户可办理转账结算和现金缴存，但不能办理现金支取。	因临时需要并在规定期限内使用而开立的银行结算账户。该账户用于办理临时机构以及存款人临时经营活动发生的资金收付。支取现金按照国家现金管理的规定办理。	存款人按照法律、行政法规和规章的规定，对其特定用途资金进行专项管理和使用而开立的银行结算账户。该账户用于办理各项专用资金的收付。

(二) 单位活期存款业务的核算

单位活期存款业务的核算分为现金存取和转账存取两种方式，本任务只讲述现金存取这种方式，转账存取方式在支付结算业务中讲述。

银行设置“吸收存款”账户进行核算。

1. 单位存款户的开户

申请开立银行存款账户时，存款人应填制开户申请书连同相关的证明文件一并送交经办行。经办行审核开户申请书的填写是否正确、相关资料是否齐全、手续是否完备。审核无误后，由存款人向开户行填制印鉴卡，预留银行印鉴。经办行根据存款人的账户性质，确定会计科目、编制账号、设置账簿，登记“开销户登记簿”。

办理开户手续后，存款人可向开户银行领购银行统一印制的有关票据和各种结算凭证，办理款项存取和支付结算。

2. 存入现金的核算

存款单位向开户银行存入现金时，应填制一式二联现金存款凭证（见图 2－1、图 2－2），连同现金一并送交开户银行柜台。柜员审核现金交款单、清点现金无误后，将第一联盖上现金收讫章作为回单退交存款单位，然后根据现金存款凭证第二联登记现金收入日记簿和单位存款分户账。其会计分录为：

借：库存现金

　贷：吸收存款——活期存款户

现金缴款单　　1

年　月　日

银行打印													此联客户回单
客户填写	款项来源												
	金额（大写）		千	百	十	万	千	百	十	元	角	分	
	收款单位名称		收款银行盖章：										
	开户银行账号												
监督：	主管：	经办：											

图 2－1　现金缴款单 1

现金缴款单　　2

年　月　日

银行打印													此联银行留存
客户填写	款项来源												
	金额（大写）		千	百	十	万	千	百	十	元	角	分	
	收款单位名称		收款银行盖章：										
	开户银行账号												
监督：	主管：	经办：											

图 2－2　现金缴款单 2

3. 支取现金的核算

存款单位向开户银行支取现金时，应签发现金支票（见图 2－3），填明收款人、用途和金额，加盖预留银行印鉴，由取款人背书并填列证件名称及号码后送交开户银行柜台。柜员接到现金支票后，应按规定对支票及其内容进行严格审核，经审核无误后，登记取款单位分户账后，向取款人支付现金并登记现金付出日记簿。其会计分录为：

借：吸收存款——活期存款户

　贷：库存现金

××银行现金支票存根	付款期限自出票之日起十天	××银行　现金支票　支票号码：
支票号码		出票日期（大写）　年　月　日　付款行名称：
附加信息：		收款人：　出票人账号：
		人民币（大写）　亿 千 百 十 万 千 百 十 元 角 分
出票日期：　年　月　日		用途
收款人：		上列款项请从我账户内支付
金　额：		
用　途：		
单位主管　会计		出票人签章　复核：　记账：

图 2-3　现金支票

（三）单位定期存款业务的核算

单位定期存款是指单位将其活期存款账户中暂时不用的资金一次转出，约定存期，到期支取本息的存款。单位定期存款起存金额为 1 万元，多存不限；期限分为 1 个月、3 个月、半年、1 年、2 年、3 年、5 年七个档次。

银行设置“吸收存款”账户对定期存款进行核算。

1. 单位定期存款存入业务的核算

存款单位在存入定期存款时，提供预留银行印鉴卡片 3 份，同时签发转账支票并填写开户申请书，经审核无误后，填制单位定期存款开户证实书（见图 2-4）一式三联，经复核后登记存款单位分户账。其会计分录为：

借：吸收存款——活期存款——××单位存款户

　贷：吸收存款——定期存款——××单位定期存款户

中国××银行单位定期存款开户证实书

年　月　日　　No. 0000000

存款人名称				存款人账号										第一联 证实书
存　期		利率		到期日	年　月　日									
金　额	人民币（大写）			千	百	十	万	千	百	十	元	角	分	
贵单位已在我行开立单位定期整存整取存款（银行业务公章）	备注：本证实书仅对存款人开户证实，不得作为质押的权利凭证。													

复核　　记账　　制票

图 2-4　单位定期存款开户证实书

2. 单位定期存款支取业务的核算

存款到期，存款单位不能从定期存款账户支取现金，也不能用于结算，只能将其转入基本存款账户。单位填制两联进账单连同加盖预留印鉴的证实书第二联，填写支取日期，向银行办理转账。经银行审核无误后，计算应付利息，填制两联的利息计算清单。1 年期以上（含 1 年期）的定期存款，其利息已经预提，要冲转“应付利息”账户；而对于不满 1 年的定期存款则将发生的利息直接列入“利息支出”账户。同时在单位定期存款开户证实书上加盖“结清”戳记，最后销记单位定期存款开销户登记簿。

其会计分录为：

借：吸收存款——定期存款

　　应付利息或利息支出

　贷：吸收存款——活期存款

【例 2-1】华睿银行收到红旗工厂交来当日到期的单位定期存款开户证实书一张，金额 100 000 元，存期 1 年，年利率为 2.52%。要求支取的本息转入活期存款账户，经审核无误后，作分录如下：

借：吸收存款——定期存款——一年期存款——红旗工厂　　100 000

　　应付利息——一年期定期存款利息　　2 520

　贷：吸收存款——活期存款——红旗工厂　　102 520

单位通知存款、协定存款、大额存单等业务的核算与定期存款基本相同。

四、存款利息核算

（一）利息计算的规定

存款利息计算时，存期采用“算头不算尾”，一般按对年、对月、对日计算，对年按 360 天计算，对月按 30 天计算，如有零头天数按实际天数计算。其计算方法是从存入日算至支取的前 1 日。年利率、月利率、日利率之间按照一年 12 个月或 360 天，一个月 30 天折算。活期利息和定期利息有所不同，具体如表 2-3 所示。

表 2-3　存款利息计算规定

存款种类	利率	结息期	计息方法
活期存款	结息日挂牌利率	按季结息，每季末月的 20 日为结息日	积数法：利息＝累计计息（日）积数×日利率
定期存款	存入日挂牌利率	利随本清	利息＝本金×期限×利率

（二）存款利息的计算及账务处理

1. 单位活期存款利息的计算及账务处理

单位活期存款的存取次数频繁，余额经常会发生变动，计算利息可采用积数法。目前有两种计息方法：余额表计息法和分户账计息法。

（1）余额表计息法。

采用该方法计算利息，银行会计部门于每日营业终了，将各计息分户账的最后余额汇总生成计息余额表，如当天的余额未发生变化或遇节假日，应照抄上日余额；如遇更正错账，应及时在计息余额表的“应加积数”或“应减积数”栏内进行调整；结息日，逐户将全季的累计积数乘以日利率，即得出各户应计利息数。余额表计息法适用于存款余额变动频繁的存款户。

【例 2-2】 华睿银行 6 月份计息余额表中的宏智公司活期存款余额情况见表 2-4。

表 2-4　华睿银行计息余额表

2020 年 6 月

科目名称：活期存款　　利率：3.75‰　　共　页第　页

日期	宏智单位存款户 356201008	合　计
1 日	96 000	
2 日	102 000	
3 日	130 000	
4 日	104 000	
5 日	86 000	
6 日	74 000	
7 日	96 000	
8 日	134 000	
9 日	166 000	
10 日	160 000	
10 天小计	1 148 000	
…	…	
20 天小计	1 822 000	
…	…	
本月合计	3 152 000	
至上月月末未计息积数	6 128 000	
应加积数	16 000	
应减积数	22 000	
至结息日累计应计息积数	7 944 000	
至本月底累计未计息积数	1 330 000	
结息日计算利息数	993	

宏智公司活期存款至上月月末未计息积数（即 3 月 21 日至 5 月 31 日的累计计息积数）为 6 128 000 元，6 月 1 日—20 日的计息积数为 1 822 000 元，本季度应加积数为 16 000 元，应减积数为 22 000 元，所以第二季度的计息积数（即上期结息日至 6 月 20 日的累计应计息积数）为 7 944 000（1 822 000＋6 128 000＋16 000－22 000）元，则第二季度宏智公司活期存款的应计利息为：

7 944 000×3.75‰÷30＝993（元）

表中“至本月底累计未计息积数”＝3 152 000－1 822 000＝1 330 000（元）。

银行计息后，一般是在次日入账，并逐户编制“存款利息通知单”。其转账的会计分录为：

借：利息支出——活期存款利息支出户 993

贷：吸收存款——宏智公司 993

（2）分户账计息法。

在活期存款明细账采用乙种账格式时，由于账页上设有“日数”和“积数”两栏，因此在登记明细账结出余额后，可以直接计算出积数，填入“积数”栏。日数的计算是从上一次记账日期起至本次记账日期的前一日止，即“算头不算尾”，再以上一次存款余额乘以日数，计算出计息积数。结息日将各明细账户的积数分别相加，计算出本季度累计积数。再将本季度累计积数乘以日利率，即可得出应付利息数。分户账计息法适用于存款余额变动不多的存款户。

【例 2-3】华睿银行开户单位甲公司的分户账见表 2-5。

表 2-5 吸收存款分户账

户名：甲公司　　　　账号：（略）　　　　利率：1.5‰

2020 年		摘要	借方	贷方	借或贷	余额	复核盖章	日数	积数
月	日								
3	21	结息		20.00	贷	1 000.00		9	9 000.00
3	30	转收		400.00	贷	1 400.00		19	26 600.00
4	18	信汇	600.00		贷	800.00		15	12 000.00
5	3	现收		100.00	贷	900.00		36	32 400.00
6	8	委收		300.00	贷	1 200.00		13	15 600.00
		合计						92	95 600.00
6	21	结息		4.78	贷	1 204.78			

计息积数算出后，按上述余额表计息方法办理转账。

2. 单位定期存款利息的计算及账务处理

当定期存款按期计提利息时，根据计算的利息额，办理转账。其会计分录为：

借：利息支出——定期存款利息支出户

贷：应付利息——定期存款利息户

单位支取存款时，按应付该单位利息直接冲减应付利息。其会计分录为：

借：应付利息——定期存款利息户

贷：吸收存款——活期存款——××单位存款户

【例 2-4】华睿银行对定期存款按月计息，甲公司账户有 1 年定期存款 100 000 元，存入时月利率为 1.65‰，于 8 月 25 日到期支取。

按月计提利息时：

利息＝100 000×1.65‰＝165（元）

会计分录为：

借：利息支出——定期存款利息支出户 165

贷：应付利息——定期存款利息户 165

8 月 25 日到期支取存款时：

利息＝100 000×12×1.65‰＝1 980（元）

其转账会计分录为：

借：吸收存款——定期存款——甲公司　100 000

　　应付利息——定期存款利息户　1 815

　　利息支出　165

　贷：吸收存款——活期存款——甲公司　101 980

此外，个人活期储蓄、定期储蓄的利息计算与核算与单位存款相似。

任务三　贷款业务核算

【任务分析】本任务在介绍贷款的含义和类型的基础上，详细介绍了单位贷款、个人消费贷款、票据贴现以及贷款利息和贷款损失准备金的核算。

一、贷款业务认知

（一）贷款业务的含义

贷款是金融企业对借款人提供的按约定的利率和期限还本付息的货币资金。贷款是银行的资产业务，也是银行的资金运用。

（二）贷款业务的种类

贷款业务可以从多种不同的角度进行分类，具体见表 3－1。

表 3－1　贷款业务的分类

分类标准	类型	特点
按发放贷款的期限	短期贷款	期限在 1 年以内（含 1 年）的贷款；用于流动资金的需求以及银行间的资金融通。
	中期贷款	期限在 1 年以上，5 年以内（含 5 年）；用于企业的设备更新改造和个人消费者的贷款。
	长期贷款	期限在 5 年以上的贷款；用于企业各种固定资产的购置。
按发放贷款的方式	信用贷款	完全凭借借款人的信誉而发放的贷款。
	担保贷款	以一定财产或第三人承诺在借款人不能偿还贷款时，按约定承担一般保证责任或连带保证责任而发放的贷款。按保证方式不同，担保贷款又可分为保证贷款、抵押贷款和质押贷款。
	票据贴现	贷款人以借款人转让未到期票据的方式发放的贷款。
按发放贷款的对象	单位贷款	银行向企事业单位及机关、团体等经济组织发放的贷款。
	个人贷款	银行向消费者个人发放的贷款。

续表

分类标准	类型	特点
按发放贷款的风险程度	正常贷款	借款人能够履行合同，没有足够理由怀疑贷款本息不能按时足额偿还的贷款。
	关注贷款	尽管借款人目前有能力偿还贷款本息，但存在一些可能对偿还产生不利影响的因素的贷款。
	次级贷款	借款人的还款能力出现明显问题，完全依靠其正常营业收入无法足额偿还贷款本息，即使执行担保，也可能会造成一定损失的贷款。
	可疑贷款	借款人无法足额偿还贷款本息，即使执行担保，也肯定要造成较大损失的贷款。
	损失贷款	在采取所有可能的措施或一切必要的法律程序之后，本息仍然无法收回，或只能收回极少部分的贷款。

二、单位贷款业务核算

想一想

华睿银行在创新新型业务的同时，大力发展传统业务，目前单位贷款规模越来越大。请问该行办理贷款时应如何进行会计处理？

（一）单位贷款核算认知

1. 单位贷款的含义

单位贷款是指银行向企事业单位及机关、团体等经济组织发放的贷款。

2. 账户设置

在贷款业务核算中应设置“贷款”“利息收入”等账户。

（二）信用贷款的核算

信用贷款需逐笔申请立据，逐笔审核，确定期限，到期归还。

1. 贷款发放的核算

借款人申请借款时，应向银行提交“借款申请书”及有关资料，信贷部门进行调查评估和可行性论证后，按照审贷分离、分级审批的要求进行贷款的审批。然后由借贷双方共同签订借款合同，借款人应根据合同向信贷部门填制借款凭证。

会计部门收到借款凭证后，经审核无误办理转账。其会计分录为：

借：贷款——借款人贷款户

　　贷：吸收存款——活期存款——借款人存款户

2. 收回贷款的核算

贷款到期，当借款单位归还贷款时（含提前归还），应填具还款凭证，送交开户银行办理还款手续。会计部门按支取存款的要求审查凭证，无误后抽出贷款借据核对并登记

“还款记录”，然后作账务处理。其会计分录为：

借：吸收存款——活期存款——××单位存款户

贷：贷款——××单位贷款户

贷款到期日借款人未主动归还，银行可视单位存款账户余额，按有关规定主动予以扣收全部或部分贷款，由银行填制特种转账传票按上述办法进行账务处理。

3. 贷款展期的核算

贷款到期，借款人因特殊原因不能按期归还贷款，需要延期的，应在贷款到期前向银行提交“贷款展期申请书”，写明原因，经信贷部门审查同意后，在贷款展期申请书上签注意见并送会计部门。会计部门应抽出原借据，在借据上批注展期后的还款日期及相应的利率，贷款展期申请书与原借据一并保管，按新的到期日收回贷款，不办理转账手续。

当贷款展期时，其短期贷款累计展期期限不得超过原定的贷款期限；中期贷款累计展期期限不得超过原定贷款期限的一半；长期贷款累计展期期限不得超过 3 年。借款人申请贷款展期只限一次。

4. 贷款逾期的核算

借款人不能按期（含展期）归还借款，或借款人存款账户资金不足，只能部分归还贷款，其余部分不能按期归还，又未办理贷款展期手续，其全部或部分贷款应转作逾期贷款处理。会计部门应在贷款到期日营业终了前，将原贷款转入逾期贷款账户。其会计分录为：

借：贷款——逾期贷款——××单位逾期贷款户

贷：贷款——××单位贷款户

转账后，应在原借款合同及借款到期卡上加盖“逾期贷款”戳记，列入相应的逾期贷款户保管，并定期进行检查监督，加强催收工作。

5. 非应计贷款的核算

非应计贷款是指贷款本金或利息逾期 90 天没有收回的贷款，对于逾期贷款可以设置“非应计贷款”账户单独核算。

贷款转入非应计贷款时，应采用红、蓝字同方向转账处理。其会计分录为：

借：非应计贷款——××单位户

贷：贷款——逾期贷款——××单位逾期贷款户（红字）

冲减原已计入损益的利息收入时：

借：利息收入

贷：应收利息

超过 90 天的逾期未归还的利息纳入“应收未收贷款利息”表外登记簿。

【例 3-1】 华睿银行 W 支行于 3 月 21 日发放以下贷款：向力达工厂发放 40 万元，期限 3 个月；向瑞信集团公司发放 70 万元，期限 6 个月；向万佳集团公司发放 20 万元，期限 3 个月。

6 月 21 日，力达工厂的贷款到期，40 万元全部归还；万佳集团公司的贷款到期，由于没有资金归还，转作逾期贷款。

9 月 21 日，瑞信集团公司的贷款到期，由于资金不足，归还 50 万元，另外 20 万元转作逾期；万佳集团公司的贷款由于仍无力归还，因而转作“非应计贷款”。

华睿银行 W 支行 3 月 21 日、6 月 21 日、9 月 21 日的会计分录如下：

3 月 21 日发放贷款：

借：贷款——短期贷款——力达工厂户 400 000

　贷：吸收存款——活期存款——力达工厂户 400 000

借：贷款——短期贷款——瑞信集团公司户 700 000

　贷：吸收存款——活期存款——瑞信集团公司户 700 000

借：贷款——短期贷款——万佳集团公司户 200 000

　贷：吸收存款——活期存款——万佳集团公司户 200 000

6 月 21 日：

借：贷款——逾期贷款——万佳集团公司户 200 000

　贷：贷款——短期贷款——万佳集团公司户 200 000

借：吸收存款——活期存款——力达工厂户 400 000

　贷：贷款——短期贷款——力达工厂户 400 000

9 月 21 日：

借：吸收存款——活期存款——瑞信集团公司户 500 000

　贷：贷款——短期贷款——瑞信集团公司户 500 000

借：贷款——逾期贷款——瑞信集团公司户 200 000

　贷：贷款——短期贷款——瑞信集团公司户 200 000

借：非应计贷款——万佳集团公司户 200 000

　贷：贷款——逾期贷款——万佳集团公司户 200 000

（三）担保贷款的核算

担保贷款按担保方式不同，可分为保证贷款、抵押贷款和质押贷款。

1. 保证贷款的核算

保证贷款是指以第三人承诺在借款人不能偿还贷款时，按约定承担一般保证责任或连带保证责任而发放的贷款。

（1）发放保证贷款的核算。借款人申请保证贷款时，应向银行提交“借款申请书”及其他材料，同时还应提供保证人的基本情况及保证人拟同意保证的有关证明文件。经信贷部门审查认可后，由银行与保证人签订保证合同。保证合同一经签订即可生效，双方应切实履行合同的规定。会计部门则根据借款凭证办理保证贷款的发放，其处理手续与发放信用贷款相同。

（2）收回保证贷款的核算。保证贷款到期，借款人应主动归还贷款或由银行主动从借款人存款账户中扣收。如果借款人无力偿还贷款本息，银行应根据借款合同的规定向保证人收取贷款本息。其处理手续与收回信用贷款相同。

2. 抵押贷款的核算

抵押贷款是指按《中华人民共和国担保法》（以下简称《担保法》）规定的抵押方式以借款人或第三人的财产作为抵押物而发放的贷款。当债务人不履行债务时，债权人有权依照《担保法》的规定以该财产折价或者折卖、变卖该财产的价款优先抵还贷款。

（1）发放抵押贷款的核算。借款人申请抵押贷款时，应向银行提交“抵押贷款申请书”，并注明抵押物的名称、数量、价格、保管方式等内容，经信贷部门审核无误后，与借款人签订“抵押借款合同”，并按合同规定与借款人办妥“抵押物所有权证明”“抵押物清单”及抵押物存放保管手续后，按规定发放贷款。

会计部门收到抵押借款合同及根据合同填写的借款凭证后，办理发放贷款的转账业务。其会计分录为：

借：贷款——抵押贷款——借款人抵押贷款户

　贷：吸收存款——活期存款——借款人存款户

同时，对抵押物要进行登记，加强实物保管。

(2) 收回抵押贷款的核算。抵押贷款到期，如果银行能按期收回本息，其账务处理与信用贷款到期收回的处理基本相同。其会计分录为：

借：吸收存款——活期存款——借款人存款户

　贷：贷款——抵押贷款——借款人抵押贷款户

同时，销记抵押物登记簿，抵押物交借款人。

(3) 抵押贷款逾期的核算。抵押贷款到期后，如果借款人不能按期偿还贷款，银行应于到期日将贷款转入“逾期贷款”科目，同时向借款人发出“处理抵押品通知单”。对于抵押物的处理有以下两种方式：

1) 拍卖。抵押品拍卖、变卖所得价款扣除有关费用后，如果超过贷款本金和利息，那么首先收回贷款本息，剩余部分再退给借款人。其会计分录为：

借：银行存款等科目

　贷：贷款——逾期贷款——××单位抵押贷款逾期户

　　利息收入

　　吸收存款——活期存款——××抵押人存款户

抵押品拍卖、变卖所得价款扣除有关费用后，如果低于贷款本金和利息，那么差额部分应当由借款人继续偿还。

2) 自留。贷款抵押品自留时作为抵债资产入账，报经批准转为自用时，可以转为固定资产入账。其会计分录为：

借：抵债资产

　贷：贷款——逾期贷款——××单位抵押贷款逾期户

　　利息收入

借：固定资产等

　贷：抵债资产

不论是拍卖、变卖还是作价入账处理，都应当销记抵押物登记簿。

3. 质押贷款的核算

质押贷款是指按《担保法》规定的质押方式以借款人或第三人的动产或权利为质物而发放的贷款。质押贷款分为动产质押和权利质押两种形式。

动产质押是指债务人或者第三人将其动产移交债权人占有，并以该动产作为债权的担保。当债务人不履行债务时，债权人有权以该动产折价或者以拍卖、变卖该动产的价款优先受偿。

权利质押是指债务人或第三人将其权利凭证交付于债权人，并以该权利凭证作为债权的担保。

发放和收回质押贷款的处理与抵押贷款的处理基本相同。其主要区别是：质物是动产和权利，抵押物是不动产；以动产和权利作质物取得贷款，在合同约定期内，需移交质物的占有权，而以不动产作抵押取得贷款，在合同约定期内，不需移交抵押物的占有权。

三、个人贷款业务核算

想一想

华睿银行会计部门为某个人客户贷款50万元，请问应如何进行操作处理？

（一）个人贷款业务认知

1. 个人贷款业务的含义

个人贷款业务又称零售贷款业务，是指银行等金融机构为个人提供的用于个人消费、生产经营等用途的贷款。

2. 个人贷款业务的分类

个人贷款业务主要包括个人住房类贷款业务、个人消费类贷款业务、个人经营类贷款业务。

（1）个人住房类贷款业务是指银行向在中国大陆境内城镇购买、建造、大修各类型房屋的自然人发放的贷款。个人住房类贷款业务主要包括自营性个人住房贷款即个人住房按揭贷款（包括个人一手房贷款、个人再交易住房贷款即二手房贷款、个人商业用房贷款、个人住房抵押额度贷款等）、公积金个人住房贷款和个人住房组合贷款。

（2）个人消费类贷款业务是指银行向个人发放的用于购车、住房装修、购买耐用消费品、教育、旅游等消费用途的人民币贷款，主要包括个人消费额度贷款、个人汽车贷款、个人权利质押贷款等。

（3）个人经营类贷款业务主要是指银行对个人发放的用于借款人从事合法生产经营活动所需资金周转的人民币担保贷款。

（二）个人贷款业务核算

1. 个人贷款发放的核算

个人贷款无论是住房类、消费类还是经营类，通常具有质物多样、手续简便的特点。借款人需办理个人贷款时，应提交相关资料。经办人员应审验借款人的身份证，质押凭证是否真实、合法，质押凭证有无挂失、冻结，经审核无误后，开具质押贷款质押品收据，凭以记载待处理质押品登记簿。

其会计分录为：

借：贷款——个人质押贷款

　　贷：吸收存款——储蓄存款

2. 贷款收回的核算

个人贷款到期后，借款人须填写“质押贷款还款凭证”，连同借据、借款合同和质押品收据一并交付银行，经审核无误后，进行账务处理，其会计分录为：

借：吸收存款——活期储蓄存款
　贷：贷款——个人质押贷款
　　　利息收入

同时销记抵押（质押）物登记簿。

【例 3-2】 客户王力平 2020 年 3 月 21 日向华睿银行 H 支行申请住房按揭贷款，手续齐备，信贷部门审查批准并开立了活期储蓄存款账户。购房价款 30 万元，首付 20%，贷款额 24 万元，合同贷款期限 10 年，月利率为 5.1‰，采用本金等额偿还法，售房单位为红达房地产公司（在该支行开户）。华睿银行 H 支行的会计分录如下：

2020 年 3 月 21 日发放贷款：

借：贷款——个人住房贷款——王力平借款户	240 000	
贷：吸收存款——活期储蓄存款——王力平存款户		240 000
借：吸收存款——活期储蓄存款——王力平存款户	240 000	
贷：吸收存款——单位活期存款——红达房地产公司户		240 000

2020 年 4 月 20 日第一次归还贷款：

采用本金等额偿还：

$$当月偿还本息金额=240\,000\div120+240\,000\times5.1‰=3\,224（元）$$

借：吸收存款——活期储蓄存款——王力平存款户	3 224	
贷：贷款——个人住房贷款——王力平借款户		2 000
利息收入——个人贷款利息收入户		1 224

2020 年 5 月 20 日第二次还款：

$$当月偿还本息金额=240\,000\div120+（240\,000-2\,000）\times5.1‰=3\,213.80（元）$$

借：吸收存款——活期储蓄存款——王力平存款户	3 213.80	
贷：贷款——个人住房贷款——王力平借款户		2 000
利息收入——个人贷款利息收入户		1 213.80

四、票据贴现业务核算

想一想

华睿银行 2020 年 3 月 10 日为瑞佳公司财务人员办理银行承兑汇票贴现，期限为 6 个月、面额为 150 万元、8 月 10 日到期。请问华睿银行是如何办理的？会计核算应如何处理？

（一）票据贴现业务认知

票据贴现是指商业汇票的持票人在票据到期前为取得资金而将票据转让给银行，银行按汇票面额扣除从贴现日至汇票到期日的利息后，以其差额付给收款人的一种信用活动。贴现是一项融通资金的业务，同时又是票据转让行为。

票据贴现业务也是一种贷款，但它与一般贷款又有所不同，见表 3-2。

表 3-2 票据贴现与贷款的区别

区别之处	票据贴现	贷款
贷款对象不同	以持票人（债权人）为贷款对象	以借款人（债务人）为贷款对象
信用关系不同	银行与持票人、出票人、承兑人及背书人之间的信用关系	银行与借款人、担保人之间的信用关系
计息时间不同	放款时就计收利息	到期或定期计收利息
资金流动性不同	可通过转贴现或再贴现提前收回资金	只有到期才能收回资金

（二）票据贴现的核算

1. 设置账户

为了正确核算票据贴现业务，金融企业可设置“贴现资产”账户。

2. 贴现计算

票据贴现利息的计算公式如下：

贴现利息＝汇票金额×贴现天数×（月贴现率÷30）

实付贴现金额＝汇票金额－贴现利息

贴现天数从贴现之日起算至汇票到期的前一日。如果承兑人在异地，那么贴现天数应另加 3 天的划款期。

【例 3-3】华睿银行开户单位甲公司 3 月 5 日持太原市乙公司 1 月 10 日开出并经其开户行承兑的汇票申请贴现，面额为 600 000 元，到期日为 6 月 10 日，经审查同意办理，贴现率为 5‰。试计算贴现利息和实付贴现金额。

贴现利息＝600 000×97×（5‰÷30）＝9 700（元）

实付贴现金额＝600 000－9 700＝590 300（元）

3. 票据贴现的核算

持票人持未到期的商业汇票向银行申请贴现时，会计部门经计算后，办理转账。其会计分录为：

借：贴现资产——面值

　贷：吸收存款——活期存款——贴现申请户

　　　贴现资产——利息调整

　　　（或利息收入——贴现利息收入户）

（三）贴现汇票到期的核算

贴现汇票到期，贴现银行作为持票人向付款人收取票款。付款人在异地的，应在汇票到期前，匡算至付款人的邮程，并提前办理委托收款。将委托收款凭证连同汇票送交或寄交付款人开户行或承兑行。

付款人开户行收到委托收款凭证和商业承兑汇票，则应于汇票到期日将票款从付款人账户内付出，划转贴现银行。其会计分录为：

借：吸收存款——活期存款——××单位户

　贷：清算资金往来

若付款人存款账户余额不足支付或付款人拒绝付款，则应将委托收款凭证、汇票和付款人未付票款通知书（或拒绝付款理由书）退回贴现银行。

若承兑银行收到委托收款凭证和银行承兑汇票，审核无误后，即可从汇票款专户将款项转出，划转贴现银行。其会计分录为：

借：应解汇款——××单位户

　贷：清算资金往来

贴现银行收到划回的上述贴现票据款后，办理转账。其会计分录为：

借：清算资金往来

　贷：贴现资产——面值

贴现银行如果收到付款人开户行或承兑银行退回的委托收款凭证、汇票和付款人未付票款通知书或拒绝付款理由书，在追索票款时，可向贴现申请人收取，办理转账。其会计分录为：

借：吸收存款——活期存款——贴现申请人户

　贷：贴现资产——面值

如果贴现申请人存款账户余额不足，则将不足部分转作逾期贷款，并按逾期贷款的规定处理。

五、贷款损失准备核算

想一想

宏达公司已经逾期3年的银行贷款累计3 000万元，按规定予以核销，因华睿银行一直未计提贷款损失准备，使得该银行利润大幅下滑。请问为避免此种情况，应该如何核算贷款呆账？

（一）贷款损失准备的认知

根据《金融企业准备金计提管理办法》的规定，银行对承担风险和损失的资产应计提准备金，具体包括发放贷款和垫款、存放同业、拆出资金等。银行准备金，又称拨备，是指银行对承担风险和损失的金融资产计提的准备金，包括资产减值准备和一般准备。

资产减值准备，是指银行对债权、股权等金融资产（不包括以公允价值计量且其变动计入当期损益的金融资产）进行合理估计和判断，对其预计未来现金流量现值低于账面价值部分计提的，计入银行成本的，用于弥补资产损失的准备金。

一般准备，是指银行运用动态拨备原理，采用内部模型法或标准法计算风险资产的潜在风险估计值后，扣减已计提的资产减值准备，从净利润中计提的、用于部分弥补尚未识别的可能性损失的准备金。

这里主要介绍资产减值准备的计提。

（二）贷款损失准备的核算

1. 设置账户

在此项业务中应设置“贷款损失准备”“资产减值损失”等账户。

2. 提取损失准备金的核算

年末，银行应根据计提贷款损失准备资产科目的余额合计数，按一定比例计提贷款损失准备。然而计算的结果是“贷款损失准备”科目的期末余额，由于该科目有年初余额和本年发生额，因此要以计算的结果减去该科目原有余额的差额计提贷款损失准备。提取的贷款损失准备应计入当期损益。其会计分录为：

借：资产减值损失

　贷：贷款损失准备

【例3-4】 华睿银行W支行2019年12月31日各有关科目的余额为：短期贷款1 200 000元、长期贷款900 000元、抵押贷款6 300 000元、贴现资产200 000元，损失准备率为1%，“贷款损失准备”科目余额为78 000元。

贷款损失准备计算结果如下：

转账后“贷款损失准备”科目余额＝(1 200 000＋900 000＋6 300 000＋200 000)×1%
＝86 000（元）

应计提的贷款损失准备＝86 000－78 000＝8 000（元）

根据计算的结果，作会计分录如下：

借：资产减值损失　　8 000

　贷：贷款损失准备　　8 000

3. 贷款损失准备核销的核算

对于被确认为损失的贷款，应按规定的核销条件、核销办法和审批权限，从提取的损失准备金中予以核销。损失核销条件为：

（1）借款人和担保人依法宣告破产，经法定清偿后，仍不能还清的贷款。

（2）借款人死亡，或依照《中华人民共和国民法典》的规定，宣告失踪或死亡，以其遗产清偿后未能还清的贷款。

（3）借款人遭受重大自然灾害或意外事故，损失巨大且不能获得保险补偿，确实无力偿还的部分或全部贷款，或经保险赔偿清偿后仍未能还清的贷款。

（4）贷款人依法处理贷款抵押品所得价款不足补偿贷款的部分。

（5）国务院专案批准核销的逾期贷款。

银行对需要核销的损失贷款，应按照规定的条件及规定的审批程序和权限办理核销，冲减已计提的损失准备。其会计分录为：

借：贷款损失准备

　贷：贷款——××单位逾期贷款户

【例3-5】 华睿银行W支行2020年1月30日因力达工厂破产，经追偿后仍有54 000元逾期贷款无法追回，经上级核准作损失处理，其会计分录为：

借：贷款损失准备　　54 000

　贷：贷款——力达工厂逾期贷款户　　54 000

如果已冲销的贷款损失以后又收回的，应按收回的金额作分录：

借：贷款——逾期贷款

　贷：贷款损失准备

借：吸收存款——活期存款——力达工厂存款户

　贷：贷款——逾期贷款

【例3-6】 华睿银行W支行2020年2月3日收回已核销的前进公司的逾期贷款

50 000 元。其会计分录为：

借：贷款——逾期贷款 50 000

贷：贷款损失准备 50 000

借：吸收存款——活期存款——前进公司存款户 50 000

贷：贷款——逾期贷款 50 000

六、贷款利息核算

想一想

华睿银行 2020 年 4 月 20 日贷款给甲客户 200 000 元，期限为 6 个月，利率为 4.275‰，该客户于 2020 年 11 月 10 日归还，逾期贷款利率为 0.4‰。请问银行对这笔贷款利息该如何处理？

（一）贷款利息计算的方法

贷款利息的计算可以采用定期结息和利随本清两种方法。但在实际工作中，大多采用定期结息的方法。

1. 定期结息

定期结息是指银行在每月或每季度末月 20 日营业终了时，根据贷款科目余额表计算累计贷款积数（贷款积数计算方法与存款积数计息方法相同），再乘以规定的利率，计算利息的一种方法。其计息公式为：

利息＝累计贷款计息日积数×日利率

采用定期结息方法计算贷款利息，其计息方法与活期存款计息方法相同。

2. 利随本清

利随本清也称逐笔结息方法，是指银行按照规定的贷款期限，在借款人归还贷款本金的同时计收利息的一种方法。这种方法一般适用于小额质押贷款、农户小额贷款等利息的计算。其计息公式为：

利息＝本金×期限×利率

贷款期限从放款之日起算至还款日前一天止，采用对年、对月、对日的方法，对年按 360 天计算，对月按 30 天计算，零头天数按实际天数计算。

逾期贷款或挤占挪用贷款，从逾期或挤占挪用之日起，按当期规定日利率计收逾期贷款罚息或按当期规定日利率计收挤占挪用贷款罚息。

【例 3－7】某客户于 2020 年 1 月 10 日贷款 20 000 元，期限为 6 个月，利率为 5.475‰，于 2020 年 7 月 20 日归还，逾期贷款利率为 0.4‰，则银行应计利息为：

利息＝20 000×6×5.475‰＋20 000×10×0.4‰＝737（元）

（二）利息计算的账务处理

1. 定期结息的账务处理

采用定期结息计收的利息因不涉及贷款本金偿还问题，只需将计算的各借款人的利息，编制一式三联的贷款利息清单，第一联作贷方传票；第二联作借方传票；第三联作回单，办理转账。其会计分录为：

借：吸收存款——活期存款——××单位存款户

贷：利息收入——××利息收入户

如果借款人存款账户无款支付或存款资金不足支付，不足支付的部分作为应收利息。其会计分录为：

借：应收利息——××贷款应收利息户

贷：利息收入——××利息收入户

待借款人存款账户有足够余额支付贷款利息时，再冲减应收利息。其会计分录为：

借：吸收存款——活期存款——××单位存款户

贷：应收利息——××贷款应收利息户

【例 3-8】（接【例 3-1】）华睿银行 W 支行 6 月 20 日结计利息。力达工厂支付贷款利息 6 000 元；瑞信集团公司支付利息 10 500 元；万佳集团公司贷款利息 3 000 元，账户没有资金支付。

借：吸收存款——活期存款——力达工厂　　6 000

贷：利息收入——贷款利息收入户　　6 000

借：吸收存款——单位活期存款——瑞信集团公司　　10 500

贷：利息收入——贷款利息收入户　　10 500

借：应收利息——万佳集团公司贷款利息户　　3 000

贷：利息收入——贷款利息收入户　　3 000

对瑞信集团公司的贷款及利息处理如下：

9 月 20 日逾期 200 000 元转逾期贷款户，冲减已计入损益的利息，作会计分录：

借：利息收入——贷款利息收入户　　10 500

贷：应收利息——瑞信集团公司贷款利息户　　10 500

9 月 20 日结计的利息直接记入表外科目“未收贷款利息”登记簿。

对万佳集团公司的贷款已超过 90 天，转入非应计贷款，[例 3-1] 中已做过处理。计算逾期贷款利息：

$$
\begin{aligned}
\text{利息} &= 200\,000 \times 3 \times 5‰ + 200\,000 \times 92 \times 0.4‰ \div 30 = 3\,000 + 245.33 \\
&= 3\,245.33\ (\text{元})
\end{aligned}
$$

因为贷款已转入非应计贷款，所以利息不再记入表内，而记入表外科目“未收贷款利息”登记簿。

对于原已计入损益的利息应当冲减利息收入：

借：利息收入——贷款利息收入户　　3 000

贷：应收利息——万佳集团公司贷款利息户　　3 000

并记入“未收贷款利息”登记簿。

2. 利随本清的账务处理

采用利随本清计算出来的利息随同归还的贷款本金一并进行入账处理。其会计分录为：

借：吸收存款——活期存款——借款人存款户（或现金）

贷：贷款——××贷款——借款人贷款户
　　利息收入——××利息收入户

任务四　支付结算业务核算

【任务分析】本任务在介绍银行支付结算的概念、原则、结算纪律的基础上，简要介绍了目前结算的类型，并重点介绍了票据结算和非票据结算的流程及会计处理。

一、支付结算业务认知

想一想

力江贸易公司是新设立的公司，即将会有买卖结算业务发生，公司的财务人员来华睿银行咨询有关结算方式事宜。银行大堂经理让你给该客户讲解有关事宜，你能否给客户一个满意的答复？

（一）支付结算业务的含义

所谓支付结算是指单位、个人在社会经济活动中使用票据、信用卡和汇兑、托收承付、委托收款等结算方式进行货币给付及资金清算的行为，其主要功能是完成资金从一方当事人向另一方当事人的转移。支付结算根据其形式不同分为现金结算和银行转账结算。

支付结算行为必须通过中国人民银行批准的金融机构或其他机构进行。

（二）支付结算的原则

支付结算的基本原则是单位、个人和银行在进行支付结算活动时所必须遵循的行为准则，具体包括以下几点：

（1）恪守信用，履约付款。

（2）谁的钱进谁的账，由谁支配。

（3）银行不予垫款。

（三）支付结算纪律

1. 单位和个人必须遵守的支付结算纪律

（1）不准签发没有资金保证的票据或远期支票，套取银行信用。

（2）不准签发、取得和转让没有真实交易和债权债务的票据，套取银行和他人资金。

（3）不准无理拒绝付款，任意占用他人资金。

（4）不准违反规定开立和使用账户。

2. 银行必须遵守的支付结算纪律

（1）不准以任何理由压票、任意退票、截留挪用客户和他行资金。

（2）不准无理拒绝支付应由银行支付的票据款项。

（3）不准受理无理拒付、不扣少扣滞纳金。

(4) 不准违章签发、承兑、贴现票据，套取银行资金。

(5) 不准签发空头银行汇票、银行本票和办理空头汇款。

(6) 不准在支付结算制度之外规定附加条件，影响汇路畅通。

(7) 不准违反规定为单位和个人开立账户。

(8) 不准拒绝受理、代理他行正常结算业务。

(9) 不准放弃对企事业单位和个人违反结算纪律的制裁。

(10) 不准逃避向人民银行转汇大额汇划款项。

(四) 支付结算的类型

支付结算按使用的支付结算工具不同分为票据结算和非票据结算两种类型。其中，票据结算包括支票、银行本票、银行汇票和商业汇票结算；非票据结算包括汇兑、委托收款、托收承付和信用卡结算。

二、票据业务核算

想一想

2020 年 3 月 5 日华睿银行受理以下业务：(1) 开户单位提交的转账支票一张，金额 5 万元，提示向在他行开户的单位收款；(2) 开户单位申请签发金额 20 000 万元的银行汇票；(3) 开户单位申请承兑金额 20 万元的银行承兑汇票。

请问华睿银行该如何处理并核算这些业务？

(一) 支票业务核算

1. 支票的主要规定

(1) 支票是指出票人签发的，委托办理支票存款业务的银行或者其他金融机构在见票时无条件支付确定的金额给收款人或者持票人的票据。

(2) 支票按照用途，可分为现金支票（如图 4－1 所示）、转账支票（如图 4－2 所示）。现金支票只能用于支取现金。转账支票只能用于转账。

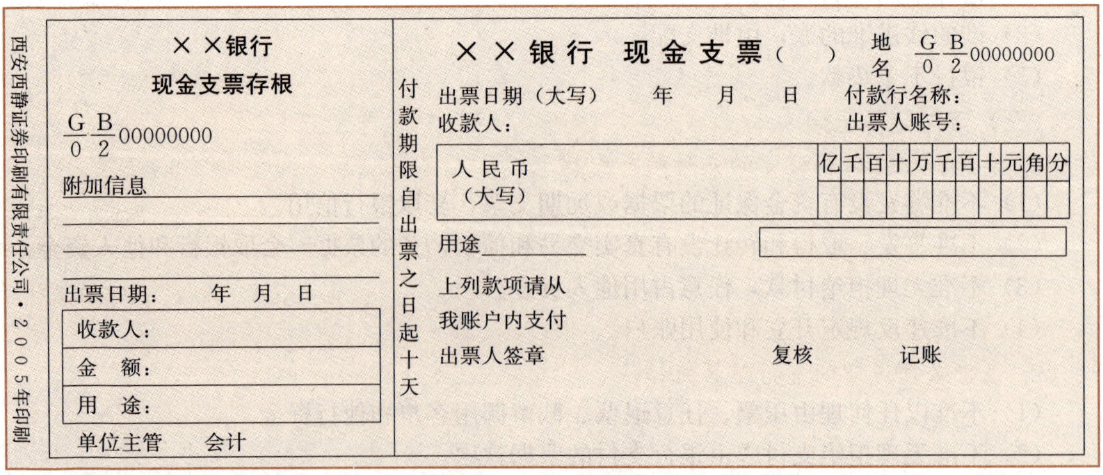
西安西静证券印刷有限责任公司·2005年印刷

× ×银行
现金支票存根
$\frac{G}{0}\frac{B}{2}$00000000
附加信息
出票日期： 年 月 日
收款人：
金 额：
用 途：
单位主管 会计

付款期限自出票之日起十天

× × 银 行 现 金 支 票 （ ） 地名 $\frac{G}{0}\frac{B}{2}$00000000
出票日期（大写） 年 月 日 付款行名称：
收款人： 出票人账号：

人民币（大写）	亿	千	百	十	万	千	百	十	元	角	分

用途
上列款项请从
我账户内支付
出票人签章 复核 记账

图 4－1 现金支票

西安西静证券印刷有限责任公司·2005年印制

××银行
转账支票存根
$\frac{GB}{02}$00000000
附加信息
出票日期：　年　月　日

收款人：	
金　额：	
用　途：	

单位主管　　会计

付款期限自出票之日起十天

××银行　转账支票（　）　地名　$\frac{GB}{02}$00000000

出票日期（大写）　年　月　日　付款行名称：
收款人：　出票人账号：

人民币（大写）	亿	千	百	十	万	千	百	十	元	角	分

用途＿＿＿＿＿
上列款项请从
我账户内支付
出票人签章　　复核　　记账

图 4-2　转账支票

（3）支票的提示付款期限为自出票日起 10 日，但中国人民银行另有规定的除外。超过提示付款期限提示付款的，持票人开户银行不予受理，付款人不予付款。

（4）单位和个人在同一票据交换区域的各种款项结算，均可以使用支票。

2. 支票业务的核算（以转账支票业务为例）

（1）出票人、持票人在同一银行开户的核算。转账支票签发后，可以在提示付款期内由出票人提交，也可以由持票人提交。持票人将支票连同进账单（如图 4-3、图 4-4 和图 4-5 所示）一并提交银行。

（412 三联）　××银行　进账单　（回　单）　1

年　月　日

出票人	全　称		收款人	全　称	
	账　号			账　号	
	开户银行			开户银行	

金额	人民币（大写）	亿	千	百	十	万	千	百	十	元	角	分

票据种类		票据张数		
票据号码				
复核	记账			开户银行盖章

此联是开户银行交给持票人的回单

图 4-3　进账单 1（回单）

(412 三联)　　××银行　进账单　(贷方凭证)　　2

年　月　日

出票人	全　称		收款人	全　称	
	账　号			账　号	
	开户银行			开户银行	
金额	人民币（大写）				亿 千 百 十 万 千 百 十 元 角 分
票据种类		票据张数			
票据号码					
备注：			复核	记账	

此联是开户银行交给持票人的回单

图 4-4　进账单 2（贷方凭证）

(412 三联)　　××银行　进账单　(收账通知)　　3

年　月　日

出票人	全　称		收款人	全　称	
	账　号			账　号	
	开户银行			开户银行	
金额	人民币（大写）				亿 千 百 十 万 千 百 十 元 角 分
票据种类		票据张数			
票据号码					
复核	记账		收款人开户银行签章		

此联是开户银行交给持票人的回单

图 4-5　进账单 3（收账通知）

经银行审核无误后，办理转账。会计分录为：

借：吸收存款——活期存款——出票人户

　贷：吸收存款——活期存款——持票人户

转账后，进账单第三联加盖转讫章作收账通知交给持票人。其流程如图 4-6 所示。

(2) 出票人、持票人不在同一银行开户的核算。持票人开户行接到持票人送交的支票及两联进账单，经审核无误后，在进账单加盖“收妥抵用”戳记和经办人员名章后，将第一联退还持票人，进账单第二联专夹保管，支票按票据交换的规定及时提出交换。待退票时间过后，办理转账。其流程如图 4-7 所示。

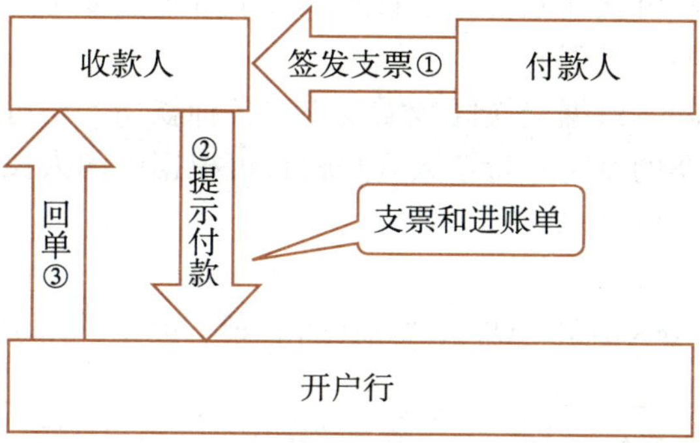

图 4－6　收付款人在同一银行开户的支票结算流程

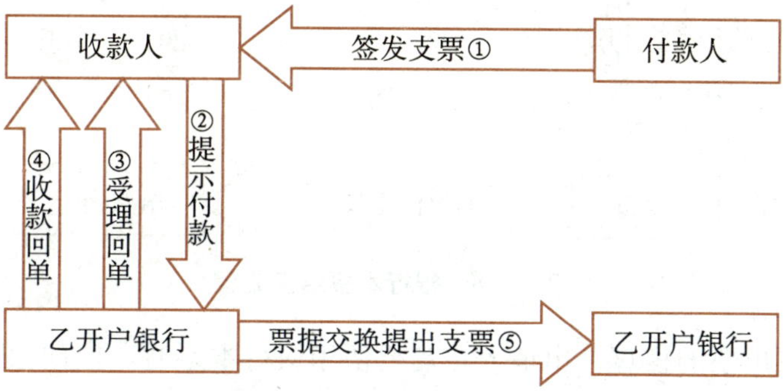

图 4－7　收付款双方不在同一银行开户的支票结算流程

会计分录为：

借：存放中央银行款项

　贷：吸收存款——活期存款——持票人户

出票人开户行通过同城票据交换提入转账支票后，经审查确定可以转账时，以转账支票作借方凭证，办理转账。会计分录为：

借：吸收存款——活期存款——出票人户

　贷：存放中央银行款项

支票若发生退票，出票人开户行应通过“其他应收款——退票专户”科目核算，持票人开户行应通过“其他应付款——退票专户”科目核算。如果所退支票属于空头支票，或者签章与预留银行签章不符以及支付密码错误的支票，除退票外，还应按规定处以罚款。会计分录为：

借：吸收存款——活期存款——出票人户

　贷：营业外收入——结算罚款收入户

（二）银行本票业务核算

1. 银行本票的主要规定

（1）银行本票是指银行签发的，承诺自己在见票时无条件支付确定的金额给收款人或者持票人的票据。

（2）银行本票分为不定额本票和定额本票两种。定额银行本票面额为 1 000 元、5 000 元、10 000 元和 50 000 元。

（3）银行本票的提示付款期限自出票日起最长不得超过 2 个月。超过提示付款期限的银行本票，代理付款人不予受理。

（4）单位和个人在同一票据交换区域需要支付各种款项，均可以使用银行本票。

（5）跨系统银行本票的兑付，持票人开户银行可根据中国人民银行规定的金融机构同业往来利率向出票银行收取利息。

2. 银行本票业务的核算

银行本票业务的核算分为出票、兑付、结清三个阶段。银行本票的操作流程如图 4－8 所示。

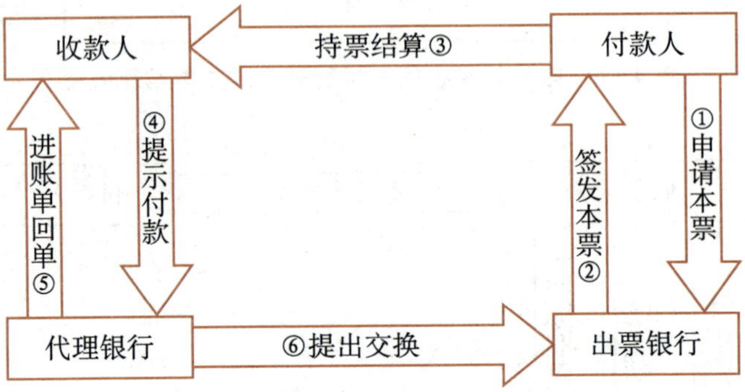

图 4－8　银行本票结算流程

（1）银行本票出票的核算。申请人在需要使用银行本票时，应向银行填写“银行本票申请书”，经审核无误后，办理转账或收妥现金后，签发银行本票。不定额本票一式二联（如图 4－9、图 4－10 所示），第一联为卡片，第二联为本票正本。定额本票一式一联（如图 4－11 所示），左侧为存根，右侧为本票正本。

其会计分录为：

借：吸收存款——活期存款——申请人户

或　　库存现金

　贷：本票

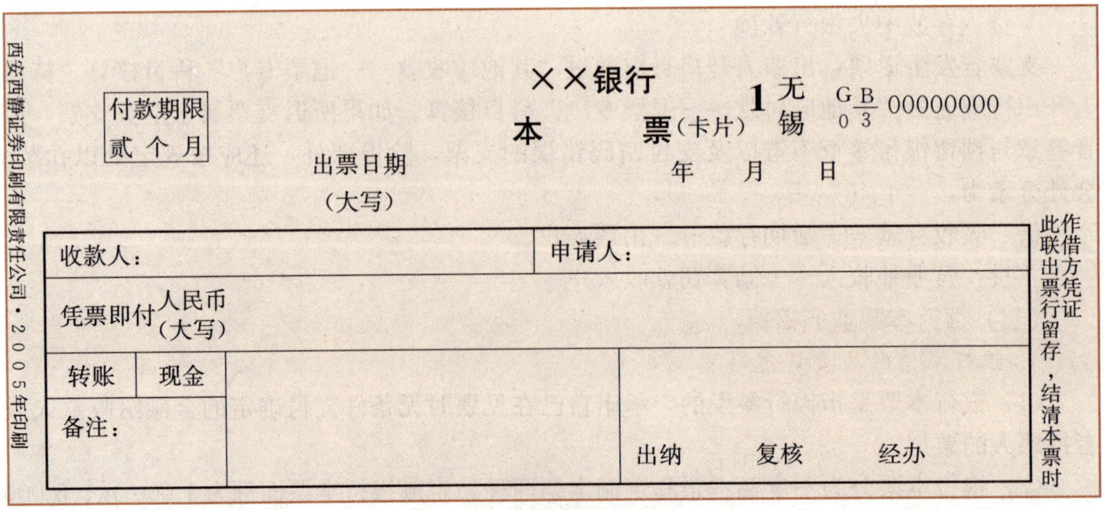

图 4－9　不定额本票第一联

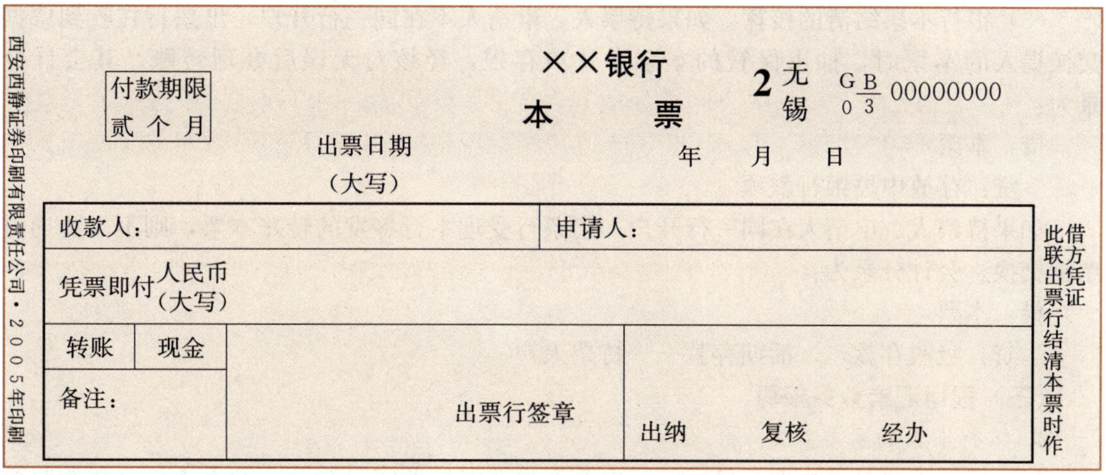
西安西静证券印制有限责任公司·2005年印制
付款期限 贰个月
××银行
本　票
2 无锡
GB 03 00000000
出票日期（大写）　年　月　日
收款人：　申请人：
凭票即付人民币（大写）
转账　现金
备注：
出票行签章
出纳　复核　经办
此联出票行结清本票时作借方凭证

图 4-10　不定额本票第二联

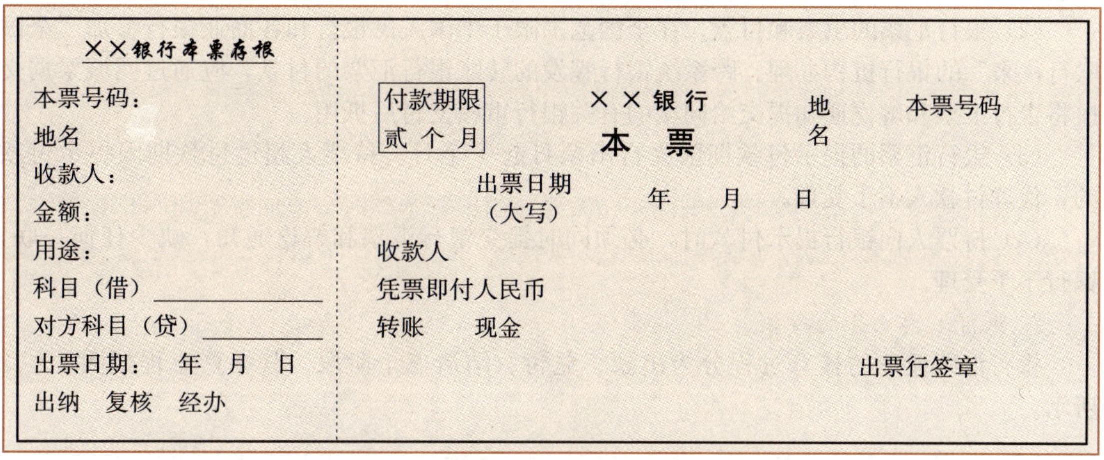
××银行本票存根
本票号码：
地名
收款人：
金额：
用途：
科目（借）
对方科目（贷）
出票日期：　年　月　日
出纳　复核　经办
付款期限 贰个月
××银行
本　票
地名
本票号码
出票日期（大写）　年　月　日
收款人
凭票即付人民币
转账　现金
出票行签章

图 4-11　定额本票

填好的本票经复核无误后，在不定额本票的第二联或定额本票的正联上加盖银行本票专用章并由授权的经办人签字或盖章，签章必须清晰。定额本票正联交给申请人，不定额本票第二联需用总行统一的压数机在人民币大写栏右端压印小写金额后交给申请人，第一联卡片或存根联上加盖经办、复核人员名章后留存，专夹保管。

（2）银行本票兑付的核算。代理付款行在接到在本行开户的持票人提交的本票和进账单时，应对其严格进行审查，经审核无误后，办理转账。会计分录为：

借：存放中央银行款项

　贷：吸收存款——活期存款——持票人户

第三联进账单加盖转讫章作收账通知交给持票人。银行本票加盖转讫章和票据交换章通过当地票据交换系统提交出票行。

填明“现金”字样的本票支付款项时，必须到出票行办理。出票行经审核无误后，办理付款手续。会计分录为：

借：本票

　贷：库存现金

（3）银行本票结清的核算。如果持票人、申请人不在同一行开户，出票行在收到票据交换提入的本票时，抽出保管的本票卡片或存根，经核对无误后办理转账。其会计分录为：

借：本票

　贷：存放中央银行款项

如果持票人、申请人在同一行开户，出票行受理本行签发的转账本票，则不需要通过票据交换。会计分录为：

借：本票

　贷：吸收存款——活期存款——持票人户

（三）银行汇票业务核算

1. 银行汇票的主要规定

（1）银行汇票是指出票行签发的，由其在见票时按照实际结算金额无条件支付给收款人或者持票人的票据。银行汇票的出票行为银行汇票的付款人。

（2）银行汇票的出票和付款，在全国范围限于中国人民银行和各商业银行参加“全国联行往来”的银行机构办理。跨系统银行签发的转账银行汇票的付款，应通过同城票据交换将银行汇票和解讫通知提交给同城的有关银行审核支付后抵用。

（3）银行汇票的提示付款期限为自出票日起 1 个月。持票人超过付款期限提示付款的，代理付款人不予受理。

（4）持票人向银行提示付款时，必须同时提交银行汇票和解讫通知，缺少任何一联，银行不予受理。

2. 银行汇票业务的核算

银行汇票业务的核算过程分为出票、兑付、结清三个阶段。其结算流程如图 4－12 所示。

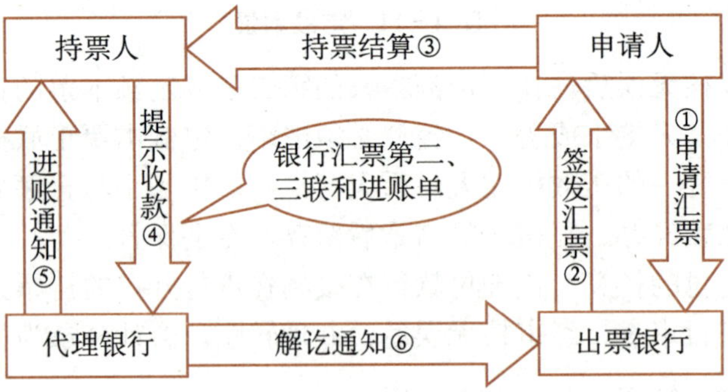

图 4－12　银行汇票结算流程

（1）银行汇票出票的核算。申请人在使用银行汇票时，应向出票银行填写“银行汇票申请书”，经银行审核无误后，办理转账。会计分录为：

借：吸收存款——活期存款——申请人户

或　　　库存现金

　贷：汇出汇款

出票行在办好收账或收妥现金后，按规定签发银行汇票，银行汇票一式四联，第一联为卡片，第二联为汇票，第三联为解讫通知，第四联为多余款收账通知（格式如图 4-13 至图 4-16 所示）。

付款期限 壹个月

××××银行

银行汇票（卡片） 1 地名 $\frac{B}{0}\frac{B}{1}$ 00000000

西安西钞证券印刷有限责任公司·2005年印刷

出票日期（大写） 年 月 日	代理付款行：	行号：
收款人：	账号：	
出票金额 人民币（大写）		
实际结算金额 人民币（大写）	千 百 十 万 千 百 十 元 角 分	

申请人：______ 账号：______

出票行：______ 行号：______

备 注：______

复核 经办 复核 记账

此联出票行结清汇票时作汇出汇款借方凭证

图 4-13 银行汇票第一联

付款期限 壹个月

××××银行

银行汇票 2 地名 $\frac{B}{0}\frac{B}{1}$ 00000000

西安西钞证券印刷有限责任公司·2005年印刷

出票日期（大写） 年 月 日	代理付款行：	行号：
收款人：	账号：	
出票金额 人民币（大写）		
实际结算金额 人民币（大写）	千 百 十 万 千 百 十 元 角 分	

申请人：______ 账号：______

出票行：______ 行号：______ 密押

备 注：______ 多余金额 千 百 十 万 千 百 十 元 角 分

代理付款行签章

复核 经办 复核 记账

此联代理付款行付款后作联行记账借方凭证附件

图 4-14 银行汇票第二联

付款期限 壹个月

××××银行

银行汇票 （解讫通知） 3 地名 $\frac{B}{0}\frac{B}{1}$ 00000000

西安西钞证券印刷有限责任公司·2005年印刷

出票日期（大写） 年 月 日 代理付款行： 行号：

收款人： 账号：

出票金额 人民币（大写）

实际结算金额 人民币（大写）

千	百	十	万	千	百	十	元	角	分

申请人： 账号：

出票行： 行号：

备 注：

代理付款行签章

复核 经办

密押

多余金额

千	百	十	万	千	百	十	元	角	分

复核 记账

此联代理付款行兑付后随报单寄出票行由出票行作多余款贷方凭证

图 4－15 银行汇票第三联

付款期限 壹个月

××××银行

银行汇票 （多余款收账通知） 4 地名 $\frac{B}{0}\frac{B}{1}$ 00000000

西安西钞证券印刷有限责任公司·2005年印刷

出票日期（大写） 年 月 日 代理付款行： 行号：

收款人： 账号：

出票金额 人民币（大写）

实际结算金额 人民币（大写）

千	百	十	万	千	百	十	元	角	分

申请人： 账号：

出票行： 行号：

备 注：

出票行签章

年 月 日

密押

多余金额

千	百	十	万	千	百	十	元	角	分

左列退回多余金额已收入你账户内。

此联出票行结借多余款后交申请人

图 4－16 银行汇票第四联

汇票经出票行审核无误后，在第二联上加盖汇票专用章，在实际结算金额栏的小写金额上端用压数机印出汇票金额，然后连同第三联一并交给申请人，第一联加盖经办、复核人名章，连同第四联一并专夹保管。

（2）银行汇票兑付的核算。代理付款行接到在本行开立账户的持票人直接交来的汇票、解讫通知和二联进账单时，应按规定认真审查，经审核无误后，办理转账。其会计分录为：

借：清算资金往来等

　贷：吸收存款——活期存款——持票人户

银行在进账单收账通知联上加盖转讫章作收账通知交给持票人，解讫通知加盖转讫章随联行借方报单寄给出票行。

当受理不在本行开户的持票人提交的银行汇票第二联、第三联和二联进账单时，除按上述内容认真审核外，还必须审核持票人的身份证件，并将身份证件复印件留存备查。经审核无误后，办理转账。其会计分录为：

借：清算资金往来等

　贷：应解汇款——持票人户

(3) 银行汇票结清的核算。当出票行接到代理付款行发来的划付信息时，会计部门根据本行清算中心交来的有关凭证，经核对无误后，分别做如下处理：

1) 汇票全额付款，应在汇票的实际结算金额栏填入全部金额，在多余款收账通知上的多余金额栏填写“-0-”。其会计分录为：

借：汇出汇款

　贷：清算资金往来等

2) 汇票有多余款的，应在汇票上填写实际结算金额，在多余款收账通知上的多余金额栏填写多余金额。其会计分录为：

借：汇出汇款（汇票金额）

　贷：清算资金往来等（实际结算金额）

　　　吸收存款——活期存款——申请人户（多余款金额）

3) 如果申请人未在出票行开立账户，多余金额应先转入“其他应付款”科目，并按上述手续办理转账。其会计分录为：

借：汇出汇款

　贷：清算资金往来等

　　　其他应付款——申请人户

转账后，银行通知申请人持银行汇票申请书及本人身份证件来行办理取款手续。领取时，其会计分录为：

借：其他应付款——申请人户

　贷：库存现金

（四）商业汇票业务核算

1. 商业汇票的主要规定

(1) 商业汇票是指出票人签发的，委托付款人在指定日期无条件支付确定的金额给收款人或者持票人的票据。

(2) 商业汇票的付款人为承兑人。商业汇票按其承兑人不同可分为商业承兑汇票和银行承兑汇票。由银行以外的付款人承兑的汇票为商业承兑汇票，由银行承兑的汇票为银行承兑汇票（如图4-17、图4-18、图4-19所示）。商业承兑汇票可以由付款人签发并承兑，也可以由收款人签发交由付款人承兑（如图4-20、图4-21、图4-22所示）。银行承兑汇票应由在承兑银行开立存款账户的存款人签发。

银行承兑汇票（卡版）

出票日期（大写） 年 月 日 **1** $\frac{B}{0}\frac{B}{1}$ 00000000

西安西钞证券印刷有限责任公司·2005年印刷

出票人全称		收款人	全 称	
出票人账号			账 号	
付款行全称			开户银行	
出票金额	人民币（大写）			亿 千 百 十 万 千 百 十 元 角 分
汇票到期日（大写）		付款行	行号	
承兑协议编号			地址	
本汇票请你行承兑，此项汇票款我单位按承兑协议于到期日前足额交存你们，到期请予以支付。 出票人签章	备注：		复核 记账	

此联承兑行留存待查·到期支付票款时作借方凭证附件

图 4-17 银行承兑汇票第一联

银行承兑汇票

出票日期（大写） 年 月 日 **2** $\frac{B}{0}\frac{B}{1}$ 00000000

西安西钞证券印刷有限责任公司·2005年印刷

出票人全称		收款人	全 称	
出票人账号			账 号	
付款行全称			开户银行	
出票金额	人民币（大写）			亿 千 百 十 万 千 百 十 元 角 分
汇票到期日（大写）		付款行	行号	
承兑协议编号			地址	
本汇票请你行承兑，到期无条件付款。 出票人签章	本汇票已经承兑，到期日由本行付款。 承兑行签章 承兑日期 年 月 日 备注：		复核 记账	

此联收款人开户行随托收凭证寄付款行作借方凭证附件

图 4-18 银行承兑汇票第二联

银行承兑汇票（存根）

出票日期　　年　月　日　　3　B/0 B/1 00000000
（大写）

出票人全称		收款人	全　称	
出票人账号			账　号	
付款行全称			开户银行	
出票金额	人民币（大写）			亿 千 百 十 万 千 百 十 元 角 分
汇票到期日（大写）		付款行	行号	
承兑协议编号			地址	
		备注：		

西安西钞证券印刷有限责任公司·2005年印刷

此联由出票人存查

图 4－19　银行承兑汇票第三联

商业承兑汇票（卡片）

出票日期　　年　月　日　　1　A/0 B/1 00000000
（大写）

付款人	全　称		收款人	全　称	
	账　号			账　号	
	开户银行			开户银行	
出票金额		人民币（大写）			亿 千 百 十 万 千 百 十 元 角 分
汇票到期日（大写）			付款人开户行	行号	
交易合同号码				地址	
出票人签章			备注：		

西安西钞证券印刷有限责任公司·2005年印刷

此联承兑人留存

图 4－20　商业承兑汇票第一联

商业承兑汇票

2 $\frac{A\ B}{0\ 1}$ 00000000

出票日期（大写） 年 月 日

西安西钞证券印刷有限责任公司·2005年印刷

付款人	全　称		收款人	全　称	
	账　号			账　号	
	开户银行			开户银行	
出票金额	人民币（大写）				亿 千 百 十 万 千 百 十 元 角 分
汇票到期日（大写）			付款人开户行	行号	
交易合同号码				地址	
本汇票已经承兑，到期无条件支付票款。 承兑人签章 承兑日期 年 月 日			本汇票请予以承兑于到期日付款。 出票人签章		

此联持票人开户行随托收凭证寄付款人开户行作借方凭证附件

图 4－21　商业承兑汇票第二联

商业承兑汇票（存根）

3 $\frac{A\ B}{0\ 1}$ 00000000

出票日期（大写） 年 月 日

西安西钞证券印刷有限责任公司·2005年印刷

付款人	全　称		收款人	全　称	
	账　号			账　号	
	开户银行			开户银行	
出票金额	人民币（大写）				亿 千 百 十 万 千 百 十 元 角 分
汇票到期日（大写）			付款人开户行	行号	
交易合同号码				地址	
备注：					

此联由出票人存查

图 4－22　商业承兑汇票第三联

(3) 在银行开立存款账户的法人与其他组织之间，必须具有真实的交易关系或债权债务关系，才能使用商业汇票。

(4) 银行承兑汇票的出票人必须具备以下三个条件：在承兑银行开立存款账户的法人以及其他组织；与承兑银行具有真实的委托付款关系；资信状况良好，具有支付汇票金额的可靠资金来源。

(5) 商业汇票的付款期限，最长不得超过 6 个月。

(6) 商业汇票的提示付款期限，为自汇票到期日起 10 日。持票人超过提示付款期限提示付款的，持票人开户银行不予受理。

2. 商业汇票的核算

(1) 商业承兑汇票业务的核算。商业承兑汇票是由收款人或付款人签发，由银行以外的付款人承兑。商业承兑汇票一式三联，第一联卡片，由承兑人留存；第二联商业承兑汇票正本，由持票人开户行随委托收款凭证寄付款人开户行作借方凭证附件；第三联存根。其结算流程如图 4－23 所示。

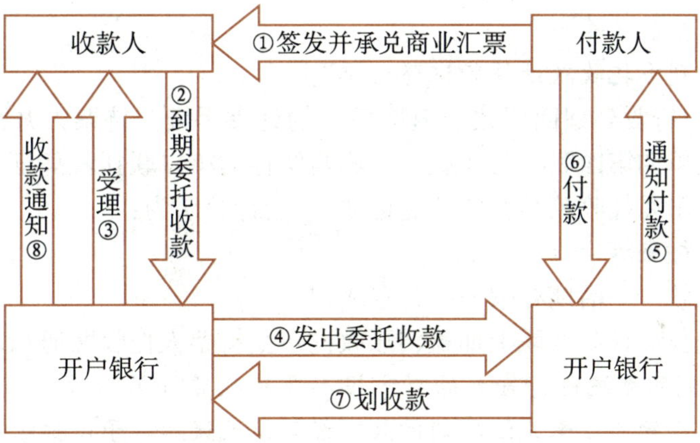

图 4－23　商业承兑汇票结算流程

1) 持票人开户行受理汇票的处理手续。持票人持未到期的商业承兑汇票，委托开户银行收款时，应填制邮划或电划托收凭证一式五联，在“托收凭证名称”栏注明“商业承兑汇票”及其号码，商业承兑汇票第二联附后，作为收款凭据，一并交开户银行。

经审核无误后，银行在托收凭证各联上加盖“商业承兑汇票”戳记。根据第二联托收凭证登记“发出委托收款结算凭证登记簿”后，用专夹保管，第一联托收凭证加盖业务公章作回单退还持票人，付款人在异地的，将托收凭证第三、四、五联与商业承兑汇票一并寄交付款人开户行。收付款人在同城，收款人可将商业承兑汇票送交开户银行，通过同城票据交换处理。

2) 付款人开户行收到汇票的处理手续。付款人开户行在接到持票人开户行寄来的托收凭证及汇票时，应按有关规定认真审查，经审核无误后，将第三、四联托收凭证登记到“收到委托收款结算凭证登记簿”后，用专夹保管，第五联交付款人签收，通知其付款。

付款人在接到付款通知次日起 3 日内没有任何异议，并且账户内有足够的资金用以支付汇票款的，开户行应于第 4 日起开始向持票人开户行划款，会计分录为：

借：吸收存款——活期存款——付款人户

贷：清算资金往来等

同时销记“收到委托收款结算凭证登记簿”。

当付款人存款账户内金额不足或无款支付时，银行应填制“付款人未付票款通知书”，在托收凭证和“收到委托收款结算凭证登记簿”上注明退回日期和“无款支付”字样，将第一联通知书和第三联托收凭证留存备查，将第二联和第三联通知书、第四联托收凭证及其债务证明一并邮寄收款人开户行。

付款人拒绝支付票款的，应向其开户银行提交拒绝付款理由书与汇票，银行按照托收拒绝付款的手续处理。

【例 4-1】 2020 年 3 月 15 日，华睿银行开户单位甲公司承兑的商业承兑汇票到期，金额 450 000 元，付款人甲公司同意付款。会计分录为：

借：吸收存款——活期存款——甲公司户	450 000	
贷：清算资金往来等		450 000

同时销记“收到委托收款结算凭证登记簿”。

3）持票人开户行收到划回票款或退回凭证的处理手续。持票人开户行收到付款人开户行寄来的划款报单和第四联托收凭证时，经与留存的第二联托收凭证核对无误后，办理转账，并销记“发出委托收款结算凭证登记簿”。会计分录为：

借：清算资金往来等

贷：吸收存款——活期存款——持票人户

转账后，在托收凭证第四联上加盖转账收讫章交持票人作收账通知。

【例 4-2】 收到同系统他行寄来的贷方报单及托收凭证第四联，金额 240 000 元，此款系开户单位机械厂的商业承兑汇票划回款，经审核无误后，予以收账。

借：清算资金往来	240 000	
贷：吸收存款——活期存款——机械厂户		240 000

同时销记“发出委托收款结算凭证登记簿”。

（2）银行承兑汇票业务的核算。银行承兑汇票是由在承兑银行开立存款账户的存款人（承兑申请人）签发，由承兑银行承兑的，在指定日期无条件支付确定的金额给收款人或持票人的票据。承兑银行是银行承兑汇票的付款人，承兑申请人在汇票到期前应将票款足额缴存承兑银行。银行承兑汇票一式三联，第一联卡片，由承兑人留存备查，到期支付票据时作借方凭证附件；第二联银行承兑汇票，由收款人开户行随委托收款凭证寄付款人开户行作借方凭证附件；第三联存根，由出票人留存。其结算流程如图 4-24 所示。

1）承兑银行受理汇票承兑的处理手续。银行承兑汇票的出票人（或持票人）向汇票上记载的付款银行申请或提示承兑时，银行按照有关规定审查同意后，即可与出票人签署一式三联的承兑协议书（见图 4-25）。

申请人向银行缴存保证金时，应提交转账支票和进账单，银行据以办理转账手续。会计分录为：

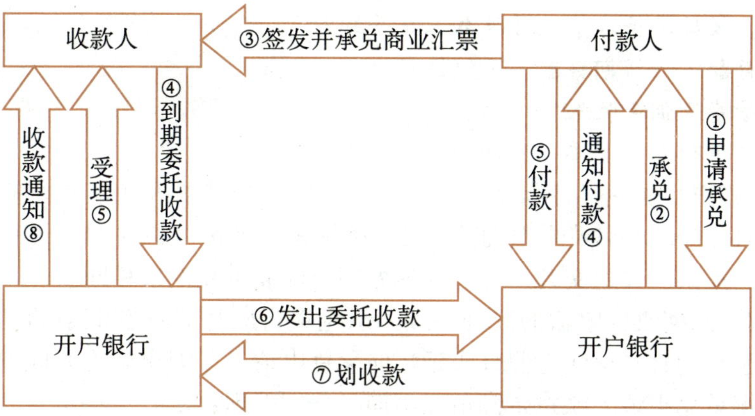

图 4-24　银行承兑汇票结算流程

借：吸收存款——活期存款——出票人户

　贷：存入保证金——出票人户

银　行　承　兑　协　议　　1

编号：

银行承兑汇票的内容：

出票人全称　　　　　　　　收款人全称

开户银行　　　　　　　　　开户银行

账　　号　　　　　　　　　账　　号

汇票号码　　　　　　　　　汇票金额（大写）

出票日期　　　年　　月　　日　　到期日期　　　年　　月　　日

以上汇票经银行承兑，出票人愿遵守《支付结算办法》的规定及下列条款：

一、出票人于汇票到期日前将应付票款足额交存承兑银行。

二、承兑手续费按票面金额千分之（　　）计算，在银行承兑时一次付清。

三、出票人与持票人如发生任何交易纠纷，均由其双方自行处理，票款于到期前仍按第一条办理不误。

四、承兑汇票到期日，承兑银行凭票无条件支付票款，如到期日之前出票人不能足额交付票款，承兑银行对不足支付部分的票款转作出票申请人逾期贷款，并按照有关规定计收罚息。

五、承兑汇票款付清后，本协议自动失效。

出票人签章

承兑银行签章

订立承兑协议日期　　年　月　日

图 4-25　银行承兑协议

银行按照承兑协议规定向出票人收取票面金额 0.5‰的承兑手续费时，登记“银行承兑汇票”表外科目登记簿。同时会计分录为：

借：吸收存款——活期存款——出票人户

　贷：手续费及佣金收入

【例 4-3】开户单位钢铁厂提交银行承兑汇票承兑协议及银行承兑汇票，金额 500 000 元，申请承兑。经批准予以承兑并收取承兑手续费。

借：吸收存款——活期存款——钢铁厂户　　250

　贷：手续费及佣金收入　　250

同时登记“银行承兑汇票”表外登记簿。

2）持票人开户行受理银行承兑汇票的处理手续。当持票人凭汇票委托开户行向承兑银行收取票款时，应填制“托收凭证”，在“托收凭证名称”栏注明“银行承兑汇票”及汇票号码，连同汇票一并送交开户行。其他处理与商业承兑汇票相同。

3）承兑银行到期收取票款的处理手续。承兑银行应每天查看汇票的到期情况，对到期的汇票，应于到期日（遇法定假日顺延）向承兑申请人（即出票人）收取票款。在收取票款时，应根据承兑申请人账户余额情况不同，分别处理：

a. 如果承兑申请人账户上有足额资金支付汇票款，可直接办理转账。会计分录为：

借：存入保证金——出票人户

或　吸收存款——活期存款——出票人户

　贷：应解汇款——出票人户

b. 如果出票人账户上没有足额资金支付，那么其差额应转入该出票人的逾期贷款户，每日按 5‰计收利息。会计分录为：

借：存入保证金——出票人户（抵扣保证金）

或　吸收存款——活期存款——出票人户（扣收存款）

　　贷款——逾期贷款——出票人户（不足部分）

　贷：应解汇款——出票人户

【例 4-4】针织厂申请承兑的银行承兑汇票 100 000 元到期，其账户内有足够的资金，向其收取汇票款以备支付。

借：吸收存款——活期存款——针织厂户　　100 000

　贷：应解汇款　　100 000

【例 4-5】接上例，印刷厂账户上只有 50 000 元，向其收取汇票款 50 000 元，同时发放逾期贷款 50 000 元。

借：吸收存款——活期存款——针织厂户　　50 000

　　贷款——逾期贷款——针织厂户　　50 000

　贷：应解汇款　　100 000

4）承兑银行支付汇票款项的处理手续。承兑银行接到持票人开户行寄来的托收凭证及汇票，抽出用专夹保管的汇票卡片和承兑协议副本与之进行认真核对，经审核无误后，应于汇票到期日或到期日之后的见票当日，将款项划往持票人开户行。会计分录为：

借：应解汇款——出票人户

　贷：清算资金往来

另填制银行承兑汇票表外科目付出凭证，销记“银行承兑汇票”表外登记簿。

5）持票人开户行收到汇票款项的处理手续。持票人开户行收到承兑银行寄来的划款报单和托收凭证，将委托收取的款项划回，款入收款人账户。会计分录为：

借：清算资金往来
　贷：吸收存款——活期存款——持票人户

电子商业汇票

三、非票据结算方式核算

想一想

M公司（销货方）与F公司（购货方）签订了商品购销合同，F公司经手人依照合同到华睿银行营业部办理电汇。银行经过审查受理了凭证，并加盖“受理凭证专用章”。F公司经手人将回单传给M公司。M公司见单发货后却迟迟收不到货款，去银行查询方知银行因F公司账上无款，没有转账。M公司多次催要货款未果，于是向法院起诉，认为F公司以空头电汇回单欺骗他们，银行予以受理，双方都要承担责任。请问华睿银行在结算中存在什么问题？

（一）汇兑业务核算

1. 汇兑的主要规定

（1）汇兑是指汇款人委托银行将其款项支付给同城或异地收款人的结算方式。

（2）汇兑按其凭证寄递方式的不同，分为信汇和电汇两种。信汇凭证一式四联，第一联回单，第二联借方凭证，第三联汇款依据，第四联收账通知，如图4-26至图4-29所示。电汇凭证一式三联，第一联回单，第二联借方凭证，第三联汇款依据（如图4-30至图4-32所示）。

（3）单位和个人的各种款项结算，均可使用汇兑结算方式。

××××银行　信汇凭证　（回　单）　　1

委托日期　　年　月　日　　×××××××

<table>
<tr><td rowspan="3">汇款人</td><td>全　称</td><td></td><td rowspan="3">收款人</td><td>全　称</td><td colspan="11"></td><td rowspan="6">此联汇出行给汇款人的回单</td></tr>
<tr><td>账　号</td><td></td><td>账　号</td><td colspan="11"></td></tr>
<tr><td>汇出地点</td><td>省　市/县</td><td>汇入地点</td><td colspan="11">省　市/县</td></tr>
<tr><td colspan="2">汇出行名称</td><td></td><td colspan="2">汇入行名称</td><td colspan="11"></td></tr>
<tr><td rowspan="2">金额</td><td colspan="4" rowspan="2">人民币
（大写）</td><td>亿</td><td>千</td><td>百</td><td>十</td><td>万</td><td>千</td><td>百</td><td>十</td><td>元</td><td>角</td><td>分</td></tr>
<tr><td></td><td></td><td></td><td></td><td></td><td></td><td></td><td></td><td></td><td></td><td></td></tr>
<tr><td colspan="3" rowspan="2">汇出行签章</td><td colspan="2">支付密码</td><td colspan="11"></td></tr>
<tr><td colspan="13">附加信息及用途：

复核　　记账</td></tr>
</table>

图4-26　信汇凭证第一联

××××银行 **信汇凭证** （借方凭证） 2

委托日期 年 月 日 ×××××××

汇款人	全 称		收款人	全 称	
	账 号			账 号	
	汇出地点	省 市/县		汇入地点	省 市/县
汇出行名称			汇入行名称		
金额	人民币（大写）				亿 千 百 十 万 千 百 十 元 角 分
此汇款支付给收款人 汇款人签章			支付密码		
			附加信息及用途： 复核 记账		

此联汇出行作借方凭证

图 4－27 信汇凭证第二联

××××银行 **信汇凭证** （汇款依据） 3

委托日期 年 月 日 ×××××××

汇款人	全 称		收款人	全 称	
	账 号			账 号	
	汇出地点	省 市/县		汇入地点	省 市/县
汇出行名称			汇入行名称		
金额	人民币（大写）				亿 千 百 十 万 千 百 十 元 角 分
			支付密码		
			附加信息及用途： 复核 记账		

此联汇入行作贷方凭证

图 4－28 信汇凭证第三联

××××银行　**信汇凭证**　（收账通知）　4

委托日期　年　月　日　×××××××

汇款人	全　称		收款人	全　称	
	账　号			账　号	
	汇出地点	省　市/县		汇入地点	省　市/县
汇出行名称			汇入行名称		
金额	人民币（大写）		亿 千 百 十 万 千 百 十 元 角 分		
款项已收入收款人账户。 汇入行签章			支付密码		
			附加信息及用途： 复核　记账		

此联给收款人的收账通知

图 4－29　信汇凭证第四联

××××银行　**电汇凭证**　（回　单）　1

□普通　□加急　委托日期　年　月　日　×××××××

汇款人	全　称		收款人	全　称	
	账　号			账　号	
	汇出地点	省　市/县		汇入地点	省　市/县
汇出行名称			汇入行名称		
金额	人民币（大写）		亿 千 百 十 万 千 百 十 元 角 分		
汇出行签章			支付密码		
			附加信息及用途： 复核　记账		

此联汇出行给汇款人的回单

图 4－30　电汇凭证第一联

××××银行 **电汇凭证** （借方凭证） 2

□普通 □加急 委托日期 年 月 日 ×××××××

<table>
<tr><td rowspan="3">汇款人</td><td>全　称</td><td colspan="2"></td><td rowspan="3">收款人</td><td>全　称</td><td colspan="11"></td></tr>
<tr><td>账　号</td><td colspan="2"></td><td>账　号</td><td colspan="11"></td></tr>
<tr><td>汇出地点</td><td colspan="2">省　市/县</td><td>汇入地点</td><td colspan="11">省　市/县</td></tr>
<tr><td colspan="2">汇出行名称</td><td colspan="2"></td><td colspan="2">汇入行名称</td><td colspan="11"></td></tr>
<tr><td rowspan="2">金额</td><td colspan="5" rowspan="2">人民币
（大写）</td><td>亿</td><td>千</td><td>百</td><td>十</td><td>万</td><td>千</td><td>百</td><td>十</td><td>元</td><td>角</td><td>分</td></tr>
<tr><td></td><td></td><td></td><td></td><td></td><td></td><td></td><td></td><td></td><td></td><td></td></tr>
<tr><td colspan="4" rowspan="2">此汇款支付给收款人。

汇款人签章</td><td colspan="2">支付密码</td><td colspan="11"></td></tr>
<tr><td colspan="13">附加信息及用途：

复核　　记账</td></tr>
</table>

此联汇出行作借方凭证

图 4-31 电汇凭证第二联

××××银行 **电汇凭证** （汇款依据） 3

□普通 □加急 委托日期 年 月 日 ×××××××

<table>
<tr><td rowspan="3">汇款人</td><td>全　称</td><td colspan="2"></td><td rowspan="3">收款人</td><td>全　称</td><td colspan="11"></td></tr>
<tr><td>账　号</td><td colspan="2"></td><td>账　号</td><td colspan="11"></td></tr>
<tr><td>汇出地点</td><td colspan="2">省　市/县</td><td>汇入地点</td><td colspan="11">省　市/县</td></tr>
<tr><td colspan="2">汇出行名称</td><td colspan="2"></td><td colspan="2">汇入行名称</td><td colspan="11"></td></tr>
<tr><td rowspan="2">金额</td><td colspan="5" rowspan="2">人民币
（大写）</td><td>亿</td><td>千</td><td>百</td><td>十</td><td>万</td><td>千</td><td>百</td><td>十</td><td>元</td><td>角</td><td>分</td></tr>
<tr><td></td><td></td><td></td><td></td><td></td><td></td><td></td><td></td><td></td><td></td><td></td></tr>
<tr><td colspan="4" rowspan="2"></td><td colspan="2">支付密码</td><td colspan="11"></td></tr>
<tr><td colspan="13">附加信息及用途：

复核　　记账</td></tr>
</table>

此联汇出行凭以汇出汇款

图 4-32 电汇凭证第三联

2. 汇兑业务的核算

汇兑结算的处理过程分为汇出行汇出款项、汇入行解付汇款和退汇三个阶段。其结算流程如图 4-33 所示。

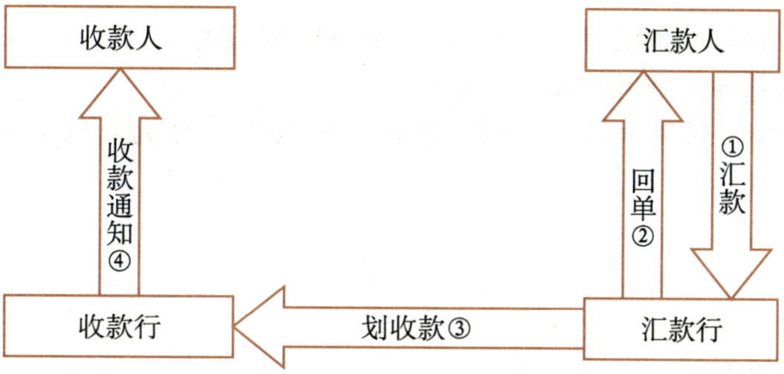

图 4-33 汇兑结算流程

（1）信汇的结算。

1）汇出行的核算。汇款人申请办理信汇时，应向银行提交一式四联的信汇凭证。汇出行受理信汇凭证时，应认真审核，经审核无误后，办理转账，会计分录为：

借：吸收存款——活期存款——汇款人户或存款现金

　贷：清算资金往来等

转账后第三联信汇凭证加盖联行专用章与第四联随同联行报单一并寄汇入行。

【例 4-6】 开户单位公交公司提交银行信汇凭证，金额 80 000 元，用以支付异地货款。其会计处理如下：

借：吸收存款——活期存款——公交公司户　　80 000

　贷：清算资金往来等　　80 000

【例 4-7】 客户李鹏持现金 5 000 元来本行办理信汇，要求汇往异地的收款人。其会计处理如下：

借：库存现金　　5 000

　贷：清算资金往来等　　5 000

2）汇入行的核算。汇入行收到汇出行寄来的划款报单和信汇凭证第三联、第四联，经审查无误后按下列手续处理：

a. 直接收账。收款人在汇入行开立存款账户的，银行应将汇款直接转入收款人账户，会计分录为：

借：清算资金往来等

　贷：吸收存款——活期存款——收款人户

转账后，第四联信汇凭证加盖转账收讫章交收款人作收账通知。

【例 4-8】 银行收到贷方报单及信汇凭证，金额 65 000 元，收款人为开户单位联通公司，经审核无误后予以收账，会计分录为：

借：清算资金往来等　　65 000

　贷：吸收存款——活期存款——联通公司户　　65 000

b. 不直接收账。收款人未在汇入行开立存款账户的，银行应将款项转入“应解汇款”账户。该账户只付不收，付完清户，不计付利息。会计分录为：

借：清算资金往来等

贷：应解汇款——收款人户

同时登记“应解汇款登记簿”，在信汇凭证上编列应解汇款顺序号，第四联信汇凭证留存保管，另以取款通知书通知收款人来行取款。

【例4-9】 银行收到贷方报单及信汇凭证，金额45 000元，收款人王平不在本行开户，即日通知其取款。

借：清算资金往来等 45 000

贷：应解汇款——王平户 45 000

同时，登记“应解汇款登记簿”。

次日王平持有效证件来支取现金：

借：应解汇款——王平户 45 000

贷：库存现金 45 000

（2）电汇的结算。

1）汇出行的核算。汇款人申请办理电汇时，应向银行提交一式三联的电汇凭证，汇出行受理电汇凭证时，审查的内容与受理信汇业务基本相同，经审核无误后，办理转账，其会计分录与信汇相同。

2）汇入行的核算。汇入行接到汇出行发来的电报，经审核无误后，应填制三联电划补充报单，转账手续与信汇相同。

（3）退汇的核算。退汇是指将已经汇出，但尚未解付的汇款退回给汇款人。如果汇款人要求退汇，对在汇入行开立账户的收款人，由汇款人与收款人自行联系退汇；对未在汇入行开立账户的收款人，汇款人应出具正式函件或本人身份证件以及原信、电汇回单，由汇出行通知汇入行，经汇入行核实汇款确未支付，并将款项汇回汇出行，方可办理退汇。

如果汇入行对于收款人拒绝接受的汇款，应立即办理退汇；对于向收款人发出取款通知，经两个月无人来行办理取款手续，或在规定期限内汇入行已寄出通知，但因收款人住址迁移或其他原因，以致该笔汇款无人领取时，也应主动办理退汇。

（二）委托收款的核算

1. 委托收款的主要规定

（1）委托收款是指收款人委托银行向付款人收取款项的结算方式。

（2）该结算方式不受金额起点限制，同城和异地都可使用。

（3）委托收款按结算款项的划回方式不同，分为邮寄和电报两种，由收款人选用。

（4）单位和个人凭已承兑商业汇票、债券、存单等付款人债务证明办理款项的结算，均可以使用委托收款结算方式。

2. 委托收款业务的核算

（1）收款人开户行受理委托收款的处理手续。收款人委托银行收款时，应提交一式五联的托收凭证。第一联受理回单，第二联贷方凭证，第三联借方凭证，第四联汇款依据（邮寄划回为收账通知），第五联付款通知，如图4-34至图4-38所示。收款人在“业务类型”栏选择“委托收款”并在托收凭证第二联上签章后，将有关委托收款凭证和债务证明提交开户银行。其结算流程如图4-39所示。

托收凭证（受理回单）　　1

委托日期　　年　　月　　日

业务类型	委托收款（□邮划、□电划）			托收承付（□邮划、□电划）			
付款人	全　称			收款人	全　称		
	账　号				账　号		
	地　址	省　市县	开户行		地　址	省　市县	开户行
金额	人民币（大写）			亿 千 百 十 万 千 百 十 元 角 分			
款项内容		托收凭据名　称		附寄单证张数			
商品发运情况				合同名称号码			
备注： 复核　记账		款项收妥日期 年　月　日		收款人开户银行签章 年　月　日			

此联作收款人开户银行给收款人的受理回单

图 4-34　托收凭证第一联

托收凭证（贷方凭证）　　2

委托日期　　年　　月　　日

业务类型	委托收款（□邮划、□电划）			托收承付（□邮划、□电划）			
付款人	全　称			收款人	全　称		
	账　号				账　号		
	地　址	省　市县	开户行		地　址	省　市县	开户行
金额	人民币（大写）			亿 千 百 十 万 千 百 十 元 角 分			
款项内容		托收凭据名　称		附寄单证张数			
商品发运情况				合同名称号码			
备注： 收款人开户银行收到日期： 年　月　日		上列款项随付有关债务证明，请予办理 收款人签章		复核　记账			

此联收款人开户银行作贷方凭证

图 4-35　托收凭证第二联

托收凭证（借方凭证）　　3

委托日期　　年　月　日　　　付款期限　年　月　日

业务类型	委托收款（□邮划、□电划）			托收承付（□邮划、□电划）				
付款人	全　称			收款人	全　称			
	账　号				账　号			
	地　址	省　市县	开户行		地　址	省　市县	开户行	
金额	人民币（大写）					亿 千 百 十 万 千 百 十 元 角 分		
款项内容		托收凭据名　称			附寄单证张数			
商品发运情况			合同名称号码					
备注： 付款人开户银行收到日期： 年　月　日		收款人开户银行签章 年　月　日			复核　　记账			

此联付款人开户银行作借方凭证

图 4－36　托收凭证第三联

托收凭证（汇款依据或收账通知）　　4

委托日期　　年　月　日　　　付款期限　年　月　日

业务类型	委托收款（□邮划、□电划）			托收承付（□邮划、□电划）				
付款人	全　称			收款人	全　称			
	账　号				账　号			
	地　址	省　市县	开户行		地　址	省　市县	开户行	
金额	人民币（大写）					亿 千 百 十 万 千 百 十 元 角 分		
款项内容		托收凭据名　称			附寄单证张数			
商品发运情况			合同名称号码					
备注： 复核　　记账		上列款项已划回收入方账户内 收款人开户银行签章 年　月　日						

此联付款人开户行凭以汇款或收款人开户银行作收账通知

图 4－37　托收凭证第四联

托收凭证（付款通知）　5

委托日期　年　月　日　　付款期限　年　月　日

业务类型	委托收款（□邮划、□电划）		托收承付（□邮划、□电划）		
付款人	全　称		收款人	全　称	
	账　号			账　号	
	地　址	省　市县　开户行		地　址	省　市县　开户行
金额	人民币（大写）		亿 千 百 十 万 千 百 十 元 角 分		
款项内容		托收凭据名称		附寄单证张数	
商品发运情况			合同名称号码		
备注： 付款人开户银行收到日期： 年　月　日 复核　　记账	付款人开户银行签章 年　月　日		付款人注意： 1. 根据支付结算方法，上列委托收款（托收承付）款项在付款期限内未提出拒付，即视为同意付款，以此代付款通知 2. 如需提出全部或部分拒付，应在规定期限内，将拒付理由书附债务证明退交开户银行		

此联付款人开户银行给付款人按期付款通知

图 4－38　托收凭证第五联

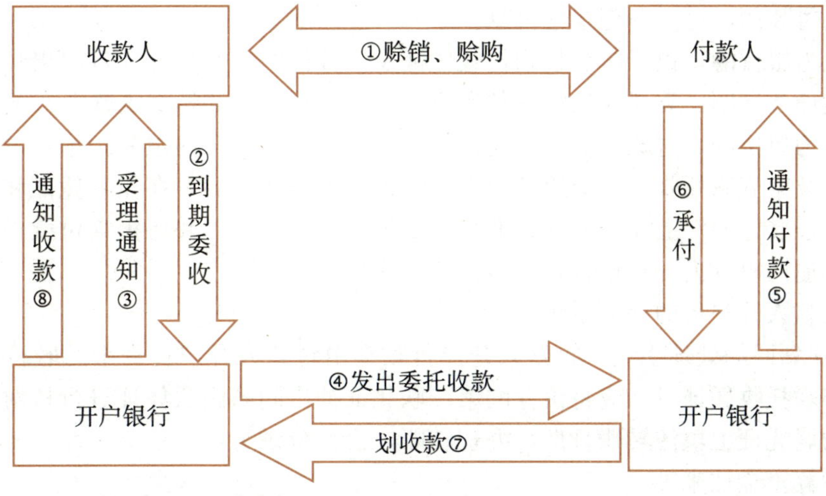

图 4－39　委托收款结算流程

收款人开户行收到上述凭证后，应按照规定和填写凭证的要求进行认真审查，经审核无误后，银行将第一联托收凭证加盖业务公章退给收款人，第二联收款凭证登记“发出委托收款结算凭证登记簿”后用专夹保管，第三联凭证加盖带有联行行号的结算专用章，连同第四联、第五联凭证及有关债务证明，一并交付款人开户行。

（2）付款人开户行的处理手续。付款人开户行在接到收款人开户行寄来的电报划回或邮寄划回第三联、第四联、第五联托收凭证及有关债务证明时，应审核是否属于本行受理的凭证，经审核无误后在凭证上注明收到日期，根据电报划回或邮寄划回第三联、第四联凭证逐笔登记“收到委托收款结算凭证登记簿”后用专夹保管，分不同情况进行处理：

1）以银行为付款人的，银行按规定付款时，会计分录为：

借：应解汇款——付款人户

　贷：清算资金往来等

转账后，银行在收到委托收款登记簿上填明转账日期。属于电报划款的，应根据第四联凭证填制电划报单，向收款人拍发电报。属于邮寄划款的，第四联凭证填注支付日期后，随同联行报单寄交收款人开户行。

2）以单位为付款人的，银行应将托收凭证加盖业务公章，连同有关债务证明及时交给付款人，并由其签收。付款人在接到通知的次日起 3 日内（遇法定休假日顺延）未通知银行付款，视同付款人同意付款，银行应于付款期满次日上午营业时将款项划给收款人，办理转账。会计分录为：

借：吸收存款——活期存款——付款人户

　贷：清算资金往来等

其余手续视同以银行为付款人的处理。

银行在办理付款时，付款人账户不足以支付全部款项的，银行应在托收凭证和“收到委托收款结算凭证登记簿”上注明退回日期和“无款支付”字样，并填制三联付款人未付款通知书，将第一联通知书和第三联托收凭证留存备查，将第二联、第三联通知书连同收到的凭证全部退回收款人开户银行。

3）付款人拒绝付款的处理。付款人在审查有关债务证明后，对收款人委托收取的款项需要拒绝付款的，可以办理拒绝付款。

付款人为银行的，银行应在收到托收凭证及债务证明的次日起 3 日内出具拒绝付款证明连同有关债务证明、委托收款凭证邮寄至收款人开户行，并转交收款人。

付款人为单位的，付款人应在接到付款通知的次日起 3 日内填制拒绝付款理由书，连同债务凭证及第五联托收凭证退给开户行，经银行审核无误后，在托收凭证和“收到委托收款结算凭证登记簿”上注明退回日期和“拒绝付款”字样，并将拒绝付款理由书及收到的凭证全部退回收款人开户银行，并转交收款人。

（3）收款人开户行的处理手续。

1）款项划回的处理手续。收款人开户行收到由付款人开户行寄来的联行贷方报单及所附的第四联托收凭证时，应将留存的第二联凭证抽出同第四联凭证进行核对，经审核无误后，在两联凭证上填注转账日期，办理转账。会计分录为：

借：清算资金往来等

　贷：吸收存款——活期存款——收款人户

转账后，银行将第四联托收凭证加盖转讫章作收账通知送交收款人，并销记“发出委托收款结算凭证登记簿”。

2）付款人无款支付的处理手续。若收款人开户行收到无款支付而退回的托收凭证及有关单据时，应抽出第二联托收凭证，并在该联凭证“备注”栏注明“无款支付”字样，销记“发出委托收款结算凭证登记簿”，然后将第四联托收凭证、第一联未付款通知书及债务证明退给收款人。收款人在未付款通知书上签章后，收款人开户行将第一联未付款通知书及第二联托收凭证一并保管备查。

3）拒绝付款的处理手续。若收款人开户行收到拒绝付款而退回的托收凭证及有关单据时，经核对无误后，应抽出第二联托收凭证，并在该联凭证“备注”栏注明“拒绝付款”字样，销记“发出委托收款结算凭证登记簿”，然后将第四联、第五联托收凭证、第四联拒绝付款理由书及债务证明退给收款人。收款人在拒绝付款理由书的第三联上签章后，收款人开户行将第三联拒绝付款理由书及第二联托收凭证一并保管备查。

（三）托收承付的核算

1. 托收承付的主要规定

（1）托收承付是指根据购销合同由收款人发货后委托银行向异地付款人收取款项，由付款人向银行承认付款的结算方式。托收承付按结算款项划回方法的不同，可分为邮寄和电报两种，由收款人选用。

（2）使用托收承付结算方式的收款单位和付款单位，必须是国有企业、供销合作社以及经营管理较好并经开户银行审查同意的城乡集体所有制工业企业。

（3）办理托收承付结算的款项，必须是商品交易，以及因商品交易而产生的劳务供应的款项。代销、寄销、赊销商品的款项，不得办理托收承付结算。

（4）收付双方使用托收承付结算必须签有符合《中华人民共和国民法典》的购销合同，并在合同上订明使用托收承付结算方式。

（5）托收承付结算每笔金额的起点为 10 000 元。新华书店系统每笔金额的起点为 1 000 元。

2. 托收承付业务的核算

托收承付结算分为托收和承付划款两个阶段。其结算流程与委托收款结算相同，如图 4－8 所示。在托收阶段，收付款双方的开户行只对有关凭证进行审查、处理、登记和传递，尚未发生资金的收付，而在承付划款阶段，则会发生资金在收付款双方存款账户之间的划转。这里不再赘述。

（四）信用卡结算的核算

1. 信用卡的主要规定

（1）信用卡是指由银行发行，并给予持卡人一定信用额度，持卡人可在信用额度内先支付后还款，具有消费、转账结算、存取现金等功能的信用支付工具。

（2）信用卡按使用对象分为单位卡和个人卡；按信誉等级分为普通卡、金卡和钻石卡。商业银行、非银行金融机构未经中国人民银行批准不得发行信用卡。

（3）信用卡可在发卡机构指定的特约商户、营业网点、自动柜员机等或具有银联标识的受理点使用；在境外，人民币卡可在具有银联标识的受理点使用，双币卡可在银联及有关信用卡组织或公司指定的受理点使用。

（4）个人卡账户的资金以现金存入或以合法款项转账存入。外币账户透支可用持卡人的外汇资金偿还，也可以用人民币购汇偿还。

单位卡存款一律从企业的基本存款账户或外汇账户转账存入，不得使用单位卡在境内存取现金。单位卡外币账户透支可从单位具有支付资格的外汇账户转账偿还，也可从单位的人民币基本存款账户资金购汇偿还。

2. 信用卡业务的核算

（1）发卡银行发行信用卡的处理手续。申请人在申请使用信用卡时，应向发卡银行提交申请表，发卡银行可根据申请人的资信程度，要求其提供担保。担保的方式可采用保证、抵押或质押。发卡银行经审查同意后，通知申请人办理领卡手续。

（2）信用卡购物消费的处理手续。持卡人在特约商户购物后，出示信用卡办理结算。特约单位填制一式四联的签购单，持卡人在签购单上签名确认，特约单位留存第一联，第三联交持卡人，凭其余两联向开户银行办理转账。

进账时，特约商户填制一式三联进账单及一式三联的汇计单，连同签购单一并交开户行，开户行按有关规定认真审核无误后，分不同的情况处理。

如果特约单位与持卡人在同一行开户，那么开户行直接根据签购单办理转账，会计分录为：

借：吸收存款——信用卡存款

　贷：吸收存款——活期存款——特约单位户

　　手续费及佣金收入

如果特约单位与持卡人在同一城市不同银行机构开户，需要将第二联签购单加盖业务公章连同第三联汇计单向持卡人开户行提出票据交换。会计分录为：

借：存放中央银行款项等

　贷：吸收存款——活期存款——特约单位户

　　手续费及佣金收入

发卡行的会计分录为：

借：吸收存款——信用卡存款

　贷：存放中央银行款项

【例 4-10】 特约单位华宇购物中心提交汇计单、签购单及进账单 86 000 元办理进账，持卡人在同城他行开户，交易手续费 426 元。银行会计处理如下：

借：存放中央银行款项	86 426	
贷：吸收存款——活期存款——华宇购物中心户		86 000
手续费及佣金收入		426

（3）信用卡支取现金的处理手续。个人持卡人来行提交信用卡及身份证件，要求办理支取现金业务时，代理行应认真审核信用卡，审核无误后，压印一式四联的取现单，在取现单上填写持卡人取现的金额、身份证件号码、代理行名称和代号等内容，交持卡人签名确认。

对同一城市其他银行机构发行的银行卡支取现金的，代理行将第一联取现单加盖现金付讫章，连同信用卡、身份证交给持卡人；将第二联取现单加盖业务公章向持卡人开户行提出票据交换，第四联取现单留存备查。会计分录为：

借：存放中央银行款项

　贷：库存现金

对异地联行发行的银行卡支取现金比照同城的处理手续，不同的是将第二联取现单加盖转讫章随联行借方报单寄持卡人开户行。会计分录为：

借：清算资金往来等

　贷：应解汇款——持卡人户

同时按取现金额的1%收取手续费后，支付现金，会计分录为：

借：应解汇款——持卡人户
　贷：库存现金
　　手续费及佣金收入

知识扩展

2017 年，中国人民银行规定对信用卡违约金和服务费作了规定：

1. 取消信用卡滞纳金，对于持卡人违约预期未还款的行为，发卡机构应与持卡人通过协议约定是否收取违约金以及相关收取方式和标准。

2. 发卡机构向持卡人提供超过授信额度用卡服务的，不得收取超限费。

任务五　金融机构往来业务核算

【任务分析】本任务在介绍金融机构往来概况的基础上，重点介绍了商业银行与中央银行的往来、同业往来和系统内往来，并介绍了现代支付系统。

一、商业银行与中央银行往来业务核算

课堂讨论

你认为中国人民银行（中央银行）的职能与作用有哪些？与商业银行有什么关系？

（一）商业银行与中央银行往来的主要内容

商业银行与中央银行往来是指各商业银行与中央银行之间因资金融通、调拨、汇划款项等引起的资金账务往来。商业银行与中央银行往来业务主要有：

（1）商业银行向中央银行领取并缴存现金。

（2）按规定向中央银行缴存存款准备金。

（3）向中央银行申请再贷款和再贴现。

（4）往来资金清算。

（二）商业银行向中央银行缴存和支取现金的核算

1. 存放中央银行存款的核算

商业银行向中央银行缴存现金时，填制现金缴款单一式二联，连同现金一并送缴中央银行，中央银行经清点无误后，在现金缴款单第一联上加盖现金收讫章和经办员名章并交回商业银行。商业银行根据退回的缴款单联，进行账务处理。其会计分录如下：

借：存放中央银行款项——备付金存款户
　贷：库存现金

2. 提取现金的核算

商业银行在向中央银行提取现金时，应开出现金支票，经中央银行审核后办理取款手续。商业银行取回现金后，填制现金收入传票进行账务处理，其会计分录如下：

借：库存现金等

贷：存放中央银行款项——备付金存款户

（三）缴存存款的核算

缴存存款是指商业银行和其他金融机构将吸收的存款全部或按规定比例缴存中国人民银行的存款，通常分为缴存法定存款准备金和缴存财政性存款两种。

1. 缴存法定准备金的核算

存款准备金制度是中央银行的三大货币政策工具之一。中央银行通过规定或调整商业银行等金融机构缴存中央银行的存款准备金比率，调控商业银行的信用创造能力，间接地控制或调节市场的货币供应量。2020 年法定存款准备金率大型金融机构现行比例为 12.5%，中小型金融机构为 10.5%。

法定存款准备金由各行按一定比例上缴，一般是各分支行逐级汇总到总行，再由总行统一划缴中央银行。

（1）商业银行基层行的处理手续。各商业银行基层行于每旬旬末，应填制“应缴存存款科目余额表”一式两份，计算本次应缴存的金额后，与上旬已缴存的余额相比较，大于已缴存的，应调增存款准备金；小于已缴存的，应调减存款准备金。

当本旬调增法定准备金时，由各商业银行基层行通过本行联行系统办理汇划。会计分录如下：

借：存放系统内款项——存放上级行法定准备金

贷：存放系统内款项——存放上级行备付金

当本旬调减法定准备金时，会计处理正好相反。

（2）商业银行总行的处理手续。当总行收到基层行调增缴存存款的划款报单时，办理转账，其会计分录为：

借：系统内存放款项——下级行备付金

贷：系统内存放款项——下级行法定准备金

当总行收到基层行调减缴存存款的划款报单时，其会计分录相反。

当商业银行总行本期调增法定存款准备金时，其会计分录为：

借：存放中央银行款项——法定存款准备金

贷：存放中央银行款项——备付金

当商业银行总行本期调减法定存款准备金时，其会计分录相反。

2. 缴存财政性存款的核算

财政性存款是指财政部门拨付和待缴存财政的各种款项的待用资金，主要包括四种：属国家财政拨款的机关、团体、部队、事业单位款项；代理各种国债的发行与兑付；代理国家金库的款项经收、上解；中央国家机关预算经费支出等。

按照规定，商业银行必须在每旬的旬末，根据缴存存款科目的余额，按照 100%的比率计算应缴存的金额，于旬后 5 天内向当地中央银行办理缴存。在调整缴存财政性存款时，应根据有关科目余额填制财政性存款科目余额表，办理转账，如果为调增，其会计分录为：

借：存放中央银行款项——财政性存款

贷：存放中央银行款项——备付金

如果为调减，其会计分录相反。

（四）向中央银行借款的核算

向中央银行借款是指各商业银行为解决营运资金不足而按规定向中央银行的借款，也称中央银行再贷款。借款通常有三种：年度性借款、季节性借款、日拆性借款。

1. 借入款项的核算

商业银行向中央银行申请借款时，要填写“贷款申请书”，经央行审查同意后，填写借据，加盖印鉴后，提交人民银行办理有关手续。

商业银行收到中央银行退回的收款通知，然后办理转账，其会计分录为：

借：存放中央银行款项

　贷：向中央银行借款

2. 归还款项的核算

商业银行在贷款到期时，应主动填制还款凭证，加盖预留印鉴后提交人民银行办理贷款归还手续。根据人民银行退回的还款凭证办理转账。其会计分录为：

借：向中央银行借款

　　利息支出

　贷：存放中央银行款项

（五）再贴现的核算

再贴现是指商业银行以未到期的已贴现票据，向中央银行办理的贴现，是商业银行对票据债权的再转让，是中央银行从汇票面额中扣除从再贴现之日起到票据到期日止的利息后，以其差额向商业银行融通资金的业务。当商业银行在中央银行开立账户并因办理票据贴现而引起资金不足时，可以向中央银行申请再贴现，贴现期一般不超过6个月。

1. 办理再贴现时的处理手续

商业银行将未到期的商业汇票向中央银行办理再贴现时，应填写再贴现凭证，与商业承兑汇票或银行承兑汇票一并提交中央银行。

中央银行审核同意签署意见后，按规定的再贴现率计算出再贴现利息和实付再贴现金额。其计算公式如下：

再贴现利息＝汇票金额×再贴现天数×日贴现率

实付再贴现金额＝汇票金额－再贴现利息

商业银行收到中央银行退回的再贴现凭证，据以办理转账，其会计分录如下：

借：存放中央银行款项

　　贴现负债——利息调整

　贷：贴现负债——面值

期末，按计算确定的利息费用进行处理，其会计分录为：

借：利息支出

　贷：贴现负债——利息调整

2. 再贴现到期的处理手续

当再贴现票据到期时，如果属于买断方式的贴现，由中央银行作为收款人办理收款，商业银行的会计处理如下：

借：贴现负债——面值

　贷：贴现资产——面值

如果属于商业银行回购方式的贴现，应由原再贴现申请银行购回票据，由商业银行负责收回票款。商业银行收到退回的商业汇票办理转账。其会计分录如下：

借：贴现负债——面值

　贷：存放中央银行款项

然后再向票据付款人收回票款，其会计分录如下：

借：吸收存款或清算资金往来或存放中央银行款项

　贷：贴现资产——面值

【例5-1】 华睿银行某支行于3月5日持已贴现尚未到期的面额为500 000元的银行承兑汇票向中央银行申请再贴现，汇票到期日为6月12日，再贴现率为2.56%，则在这项贴现业务中：

再贴现利息＝500 000×99×2.56%÷360＝3 520（元）

实付再贴现金额＝500 000－3 520＝496 480（元）

会计分录为：

借：存放中央银行款项	496 480	
贴现负债——利息调整	3 520	
贷：贴现负债——面值		500 000

期末，按确定的利息费用，进行处理：

借：利息支出	3 520	
贷：贴现负债——利息调整		3 520

（六）同城票据交换的核算

1. 同城票据交换的主要规定

（1）同城票据交换是指同一城市（或区域）各金融机构对相互代收、代付的票据，按照规定时间和要求通过同城票据交换所集中进行交换并清算资金的一种经济活动。同城票据交换一般由人民银行主持，并负责清算，进行监督。

（2）交换票据分为借方票据和贷方票据，其中借方票据为支票、本票、汇票、特种转账借方凭证、财政拨款专用凭证、一般缴款单、托收凭证等；贷方票据为进账单、电汇凭证、财政拨款凭证、财政直接支付凭证、特种转账贷方凭证。

（3）同城票据交换包括：提出借方票据、提出贷方票据、提入借方票据、提入贷方票据、提出借方票据退票、提出贷方票据退票、提入借方票据退票、提入贷方票据退票、提入借方票据入账、交换提出、交换轧差、交换收妥入账、同城交换登记簿查询、同城交换清单打印、交换参数维护、同城交换轧差参数维护、交换所号维护、交换营业日历维护、交换行名册维护、交换行名册文件导入等交易。

（4）同城票据交换必须坚持“及时处理，差额清算，先借后贷，收妥抵用，银行不予垫款”的原则。

2. 提出行的处理手续

当提出行提出借方票据时，其会计处理为：

借：存放中央银行款项

　贷：清算资金往来——票据交换款

如果发生退票，其会计处理为：

借：清算资金往来——票据交换款

　贷：存放中央银行款项

如果已过退票时间未发生退票，则其会计处理为：

借：清算资金往来——票据交换款

　贷：吸收存款等

当提出行提出贷方票据时，其会计处理为：

借：吸收存款

　贷：存放中央银行款项

如果发生退票则作相反的会计分录。

3. 提入行的处理手续

提入行提入借方凭证，经审核无误后，进行会计处理，其会计分录为：

借：吸收存款

　贷：存放中央银行款项

如果因误提他行票据等不能入账的，其会计处理为：

借：清算资金往来——票据交换款

　贷：存放中央银行款项

当再提出交换时，其会计处理为：

借：存放中央银行款项

　贷：清算资金往来——票据交换款

提入贷方凭证，经审核无误后，办理转账，其会计分录为：

借：存放中央银行款项

　贷：吸收存款

因误提他行票据等原因不能入账的，应作如下处理：

借：存放中央银行款项

　贷：清算资金往来——票据交换款

退票或再提出票据，应作如下处理：

借：清算资金往来——票据交换款

　贷：存放中央银行款项

4. 票据交换差额的清算处理手续

各行每天进行票据交换时，对代收他行的票据分别提交他行，同时收回他行提交本行的票据，当场轧抵应收或应付差额。

如果本行应付票据差额大于应收票据的，即轧差后为应付差额的，其会计处理为：

借：吸收存款等

　贷：存放中央银行款项等

如果为应收差额，则会计分录相反。

二、同业往来业务核算

想一想

华睿银行因季节性原因发生资金短缺，决定向建信银行拆借 300 万元；同时拟将已贴现未到期的商业汇票 200 万元向中国银行进行转贴现。请问华睿银行该如何处理？

（一）异地跨系统转汇的核算

跨系统转汇是指由于客户办理异地结算业务而引起的各商业银行之间相互汇划款项的业务。汇划往来的汇出行与汇入行，分别为两家不同的银行系统。

跨系统转汇，根据各地商业银行机构设置情况可以有以下三种转汇方式。

1. “先横后直”的转汇方式

汇出行所在地为双设机构的，跨系统转汇采取“先横后直”的转汇方式。其程序如图 5－1 所示。

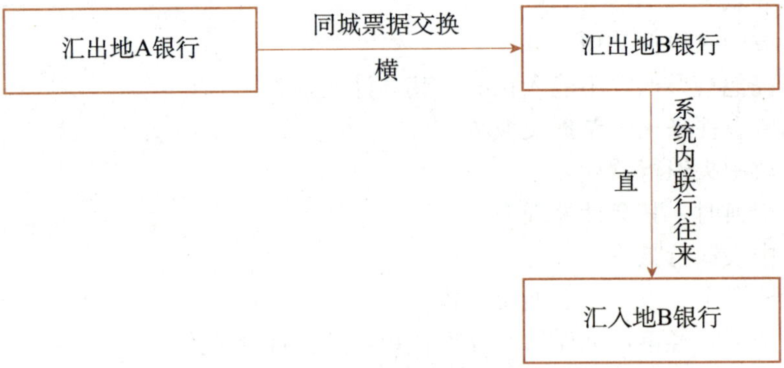

图 5－1　“先横后直”程序

（1）汇出行的处理手续。汇出行根据客户提交的汇款凭证，分别按不同系统的汇入行逐笔填制“转汇清单”，直接或通过同城票据交换同城跨系统转汇行办理转汇，如为代收业务，其会计分录为：

借：吸收存款

　贷：清算资金往来

如为代付业务，则会计分录相反。

（2）转汇行的处理手续。转汇行收到汇出行转来的凭证和清单，经审核无误后，通过本行系统联行将款项划往异地汇入行转入收款人账户。其会计分录为：

借：存放中央银行款项等

　贷：清算资金往来

（3）汇入行的处理手续。汇入行收到系统划来的联行报单和有关结算凭证，经审核无误后，办理转账，其会计分录为：

借：清算资金往来等

　贷：吸收存款

2. “先直后横”的转汇方式

汇出行所在地为单设机构，汇入行所在地为双设机构的，跨系统转汇采取“先直后横”的转汇方式，其程序如图5-2所示。

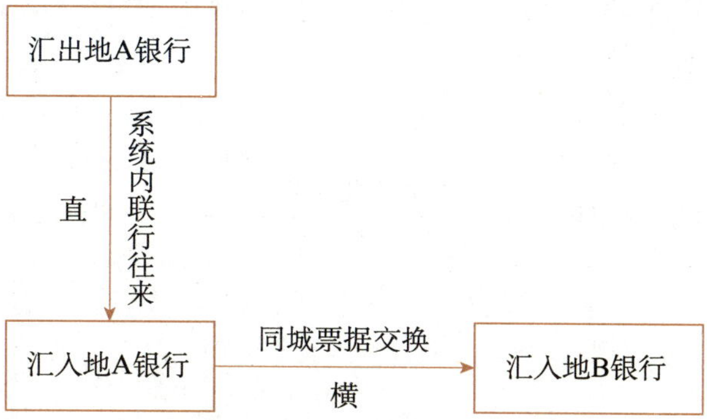

图5-2　“先直后横”程序

(1) 汇出行的处理手续。汇出行根据客户提交的汇款凭证填制联行报单，通过联行往来将款项划转异地本系统转汇行，由其直接或通过票据交换提交汇入行转入收款人账户。其会计分录为：

借：吸收存款

　贷：清算资金往来等

(2) 转汇行的处理手续。转汇行收到本系统汇出行划来的联行报单及结算凭证，经审核无误后，直接或通过票据交换向跨系统汇入行办理转划，其会计分录为：

借：清算资金往来等

　贷：存放中央银行款项等

(3) 汇入行的处理手续。汇入行收到转汇行划转的款项，为收款人入账。其会计分录为：

借：存放中央银行款项等

　贷：吸收存款或应解汇款等

3. “先直后横再直”的转汇方式

汇出行与汇入行所在地均为单设机构的，跨系统转汇采用“先直后横再直”的转汇方式，其程序如图5-3所示。

(1) 汇出行的处理手续。汇出行根据客户提交的汇款凭证填制联行报单，就近划转第三地的系统内银行办理转汇，其会计分录为：

借：吸收存款

　贷：清算资金往来等

(2) 汇出行系统内转汇行的处理手续。系统内转汇行收到汇出行的有关单证，经审核无误后，向跨系统银行办理转汇，其会计分录为：

借：清算资金往来等

　贷：存放中央银行款项等

(3) 汇入行系统内转汇行的处理手续。汇入行系统内转汇行收到跨系统银行的有关单证后，通过系统内联行划转汇入行。其会计分录为：

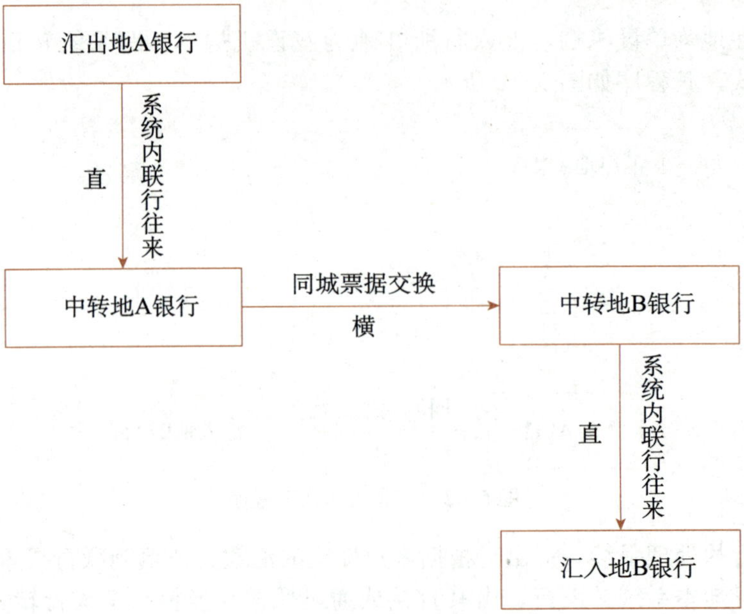

图 5-3 "先直后横再直"程序

借：存放中央银行款项

　贷：清算资金往来等

（4）汇入行的处理手续。汇入行收到系统内转汇行划转来的款项后，为收款人入账，其会计分录是：

借：清算资金往来

　贷：吸收存款

（二）同业拆借的核算

同业拆借是指经中国人民银行批准进入全国银行间同业拆借市场的金融机构之间，通过全国统一的同业拆借网络进行的无担保资金融通行为。同业拆借双方银行在商定了拆借条件并签订拆借协议后，通过人民银行划拨资金。

同业拆借分同业头寸拆借和同业短期拆借。同业头寸拆借期限不得超过 7 天；同业短期拆借期限在 7 天以上、4 个月之内。

借出行应根据合同开出中央银行存款账户转账支票，办理转账，其会计分录为：

借：拆出资金

　贷：存放中央银行款项

借入行应将借出行开出的支票送存中央银行，办理转账，其会计分录为：

借：存放中央银行款项

　贷：拆入资金

拆借资金到期时，拆入行需主动填制中央银行转账支票，办理还本付息手续，其会计分录为：

借：拆入资金

　　利息支出

　贷：存放中央银行款项

拆出行收到收款通知后，办理转账，其会计分录为：

借：存放中央银行款项

　贷：利息收入

　　拆出资金等

（三）转贴现业务的核算

转贴现是指商业银行持已贴现、未到期的商业汇票向其他商业银行融通资金的行为。

1. 转贴现时的账务处理

（1）申请转贴现银行的处理手续。转贴现申请银行向其他银行申请转贴现时，应根据汇票填制转贴现凭证，办理转账。其会计分录为：

借：存放中央银行款项

　　贴现负债——利息调整

　贷：贴现负债——面值

期末，按计算确定的利息费用，作如下处理：

借：利息支出

　贷：贴现负债——利息调整

（2）转贴现银行的处理手续。转贴现银行会计部门接到信贷部门转来审批同意的转贴现凭证和作为背书转让的商业汇票，经审查确认无误后，办理转账。其会计分录为：

借：贴现资产——面值

　贷：存放中央银行款项

　　贴现资产——利息调整

期末，按计算确定的贴现利息收入，进行如下处理：

借：贴现资产——利息调整

　贷：利息收入

2. 转贴现到期时的账务处理

转贴现票据到期时，若为买断式，转贴现银行作为持票人向付款人办理收款，其会计处理如下：

借：存放中央银行款项或清算资金往来或吸收存款

　贷：贴现资产——面值

如果是回购式，则转贴现银行应作如下会计分录：

借：存放中央银行款项

　贷：贴现资产——面值

如果存在利息调整余额的，也应同时结转。

申请转贴现的银行在贴现票据到期时，如果为回购式，其会计处理如下：

借：贴现负债——面值

　贷：存放中央银行款项

然后向付款人收回票款，其会计分录如下：

借：存放中央银行款项或清算资金往来或吸收存款

贷：贴现资产——面值

若为买断式，则会计分录如下：

借：贴现负债——面值

贷：贴现资产——面值

三、系统内往来与现代化支付系统业务核算

想一想

现代化支付系统建立以后，银行内的各种金额在规定起点以上的大额资金汇划业务（如汇兑、委托收款、托收承付等业务）和金额在规定起点以下的业务，都可以通过大额支付系统实时处理和小额批量系统组包发送处理，极大地提高了资金到账速度。请问华睿银行参与大额实时支付和小额批量支付应如何进行账务处理？

（一）银行系统内支付系统核算

1. 银行系统内支付系统的含义

银行系统内支付系统是银行业内部往来与资金清算的渠道，是银行拓展支付服务市场，提升市场竞争能力的重要设施，在支付系统中居于基础地位。

系统内资金清算实行总行集中管理，总行、分行、支行三级清算方式。各支行在所属分行开立备付金账户，各分行在总行开立备付金账户，通过系统总行可对不同分行头寸进行监控和管理，分行可对支行头寸进行调节。各级行逐级在上级行开立系统内备付金存款账户，用于系统内资金往来和资金清算。

2. 银行系统内资金汇划清算系统的基本内容

（1）实存资金。各级机构在上级行开立系统内备付金存款账户，存入资金用于汇划款项的清算。

（2）实时清算。各经办行发生的汇划业务，由系统实时更新其在上级行的备付金存款户余额。

（3）头寸控制。各级机构应合理控制其在上级行的备付金存款头寸，以满足资金清算的需要。

（4）集中监督。总行清算中心对资金汇划业务、备付金存款账户和查询查复业务发生的情况进行管理和监督。

3. 银行系统内资金汇划系统的业务流程

经办行是具体办理资金结算和内部资金划转业务的机构，汇划业务的发生行为发报行，汇划业务的接收行为收报行。分行清算中心是办理其辖属资金汇划款项及跨行业务的本外币清算的机构。总行清算中心是办理系统内各分行清算机构之间及跨行业务本外币资金汇划清算业务管理的部门。其流程如图 5-4 所示。

4. 资金汇划清算的核算

（1）发报经办行的处理手续。

借：吸收存款——活期存款等

贷：存放系统内款项——存放上级行备付金

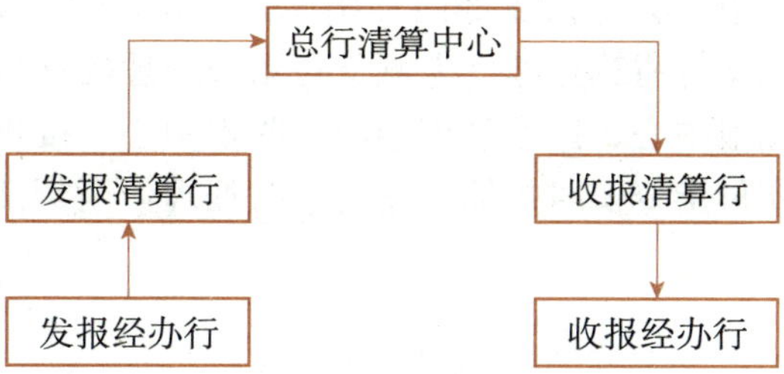

图 5-4　资金汇划清算系统流程

（2）发报清算行的处理手续。

借：系统内存放款项——发报行存放备付金

　贷：存放系统内款项——上存总行备付金

（3）总行清算中心处理手续。

借：系统内存放款项——发报清算行备付金

　贷：系统内存放款项——收报清算行备付金

（4）收报清算行的处理手续。

借：存放系统内款项——上存总行备付金

　贷：系统内存放款项——收报行存放备付金

（5）收报经办行处理手续。

借：存放系统内款项——存放上级行备付金

　贷：吸收存款等

（二）现代化支付系统的核算

1. 现代化支付系统的内容

现代化支付系统是指中国人民银行按照我国支付清算的需要，利用现代计算机技术和通信网络开发建设的，能够高效、安全地处理各银行办理的异地、同城各种支付业务及其资金清算和货币市场交易的资金清算的应用系统。

中国现代化支付系统主要由大额支付系统、小额支付系统、支票影像交换系统、网上支付跨行清算系统、电子商业汇票系统及境内外币支付系统构成。这里只介绍大额实时支付系统和小额批量支付系统。

大额实时支付系统采取逐笔实时的方式，处理同城和异地商业银行跨行之间和行内的、各种金额在规定起点以上的大额资金汇划业务，如汇兑、委托收款、托收承付等业务。小额批量支付系统采取批量发送支付指令，轧差净额清算资金。

现代化支付系统采用以国家处理中心为核心，以城市处理中心为接入点的两层结构。各政策性银行、商业银行的分支行可以与当地的支付系统城市处理中心连接，也可以由其总行通过所在地城市处理中心集中接入支付系统，商业银行下属各分支机构通过各商业银行的行内系统连接中国现代化支付系统处理支付业务。

2. 大额实时支付系统业务核算

（1）业务类型。大额支付系统主要处理：规定金额起点以上的跨行贷记支付业务；规定金额起点以下的紧急跨行贷记支付业务；各银行行内需要通过大额支付系统处理的贷记支付业务；特许参与者发起的即时转账业务；城市商业银行银行汇票资金的移存和兑付资金的汇划业务；中国人民银行会计营业部门和国库部门发起的贷记业务及内部转账业务；中国人民银行规定的其他支付清算业务。大额支付系统处理的支付业务，其信息从发起行发起，经发起清算行、发报中心、国家处理中心、收报中心、接收清算行，至接收行止。

大额支付系统采用支付指令实时传输，逐笔实时处理，全额清算资金的处理方式。其业务处理流程见图 5-5。

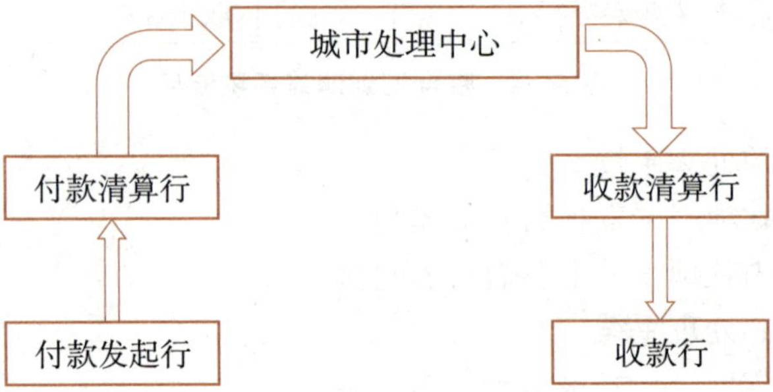

图 5-5　大额实时支付系统跨行贷记业务流程

（2）发起行处理。业务经办行受理客户提交的有关原始凭证，经审核无误后，选择“大额实时”邮路，发起结算业务，其会计分录为：

借：吸收存款等

　贷：存放系统内款项——存放上级备付金

（3）发起清算行处理。清算行收到下级行的支付信息后进行账务处理，其会计分录为：

借：系统内存放款项——××行清算备付金

　贷：存放中央银行款项——大额实时

（4）接收清算行处理。当接收清算行收到由国家处理中心转发来的信息后，经系统自动核对，进行处理，其会计分录为：

借：存放中央银行款项——大额实时

　贷：系统内存放款项——××行清算备付金

（5）接收行处理。接收行在收到由清算行转来的信息后，经审核确认，进行账务处理，其会计分录为：

借：存放系统内款项——清算备付金

　贷：吸收存款等

3. 小额批量支付系统业务核算

（1）业务类型。小额支付系统主要处理跨行同城、异地纸质凭证截留的借记支付业务以及金额在规定起点以下的小额贷记支付业务。小额支付系统批量或实时发送支付指令，轧差净额清算资金，支持各种支付工具的应用。

目前小额贷记业务金额的上限为 5 万元，借记业务不设金额上限。

（2）业务处理流程。小额支付系统的基本业务处理流程是“24 小时连续运行，逐笔发起，组包发送，实时传输，双边轧差，定时清算”。

根据支付业务的发起者和接收者是否属于同一城市处理中心，小额支付系统处理的业务可以分为同城业务和异地业务。

小额支付系统处理的同城贷记支付业务，其支付指令从付款行发起，经付款清算行、城市处理中心、收款清算行，至收款行止，其流程如图 5－6 所示；小额支付系统处理的异地贷记支付业务，其支付指令从付款行发起，经付款清算行、付款行城市处理中心、国家处理中心、收款行城市处理中心、收款清算行，至收款行止，其流程同大额支付跨行贷记流程。

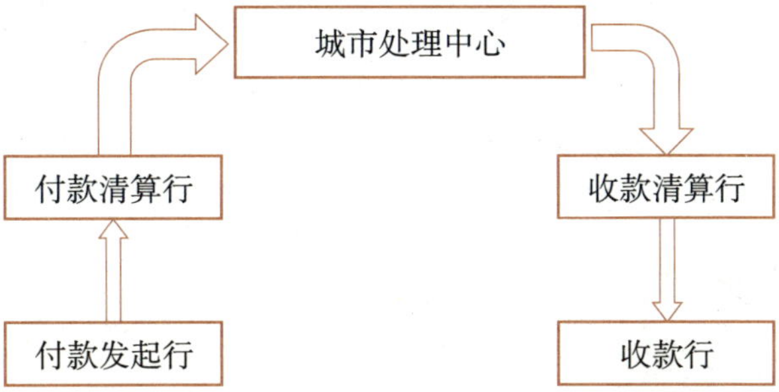

图 5－6　小额支付系统同城贷记支付业务流程

小额支付系统处理的同城借记支付业务，其支付指令从收款行发起，经收款清算行、城市处理中心、付款清算行、付款行后，付款行按规定时限发出付款回执信息原路径返回至收款行止，其流程如图 5－7 所示；小额支付系统处理的异地借记支付业务，其支付指令从收款行发起，经收款清算行、收款行城市处理中心、国家处理中心、付款行城市处理中心、付款清算行、付款行后，付款行按规定时限发出付款回执信息原路径返回至收款行止。

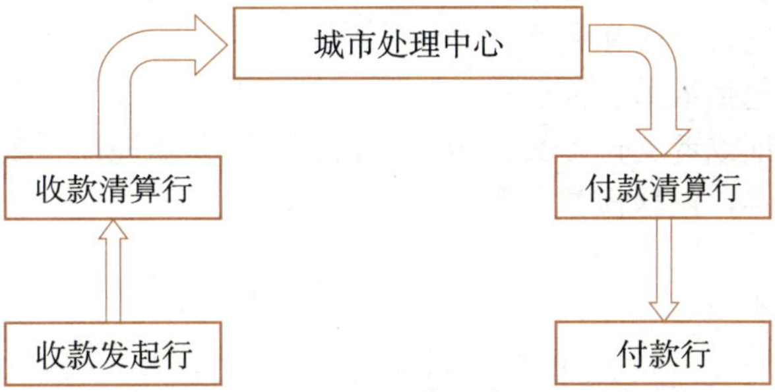

图 5－7　小额支付系统同城借记支付业务流程

(3) 轧差的业务处理。对于本行发出的支付业务包（含贷记业务包、借记业务回执包、贷记退回包），经过城市处理中心或国家处理中心的检查后，行内系统将根据处理中心返回的“已轧差”的通知修改该支付业务包状态为“成功（已轧差）”，登记轧差日期、轧差节点、轧差场次，并对明细业务进行相应处理。

本行接收的支付业务包轧差处理同上。已轧差的净额原则上应纳入当日清算。如果该场次本行为借方轧差净额，其会计分录为：

借：存放中央银行款项——小额批量

　贷：清算资金往来——小额批量资金清算

如果该场次本行为贷方轧差净额，则会计分录相反。

现代化支付系统

课堂讨论

日常生活中，支付宝和微信支付方式基本替代了现金支付，支付宝和微信属于现代支付系统的一部分吗？它们的支付清算如何完成？

任务六 外汇业务核算

【任务分析】本任务在介绍外汇和汇率含义的基础上，介绍了外汇买卖、外汇存贷款及常见的国际结算方式的会计核算。

一、外汇业务认知

想一想

有一客户持1 000美元来华睿银行兑换人民币，到大厅咨询目前兑换是否划算。大堂经理指引其到你面前，请你结合当前行情为客户解答。你该如何解答？

（一）外汇与汇率

1. 外汇的概念

《中华人民共和国外汇管理条例》（2008年修订）规定，外汇是指下列以外币表示的可以用作国际清偿的支付手段和资产：

（1）外币现钞，包括纸币、铸币；

（2）外币支付凭证或者支付工具，包括票据、银行存款凭证、银行卡等；

（3）外币有价证券，包括债券、股票等；

（4）特别提款权；

（5）其他外汇资产。

2. 汇率的概念

汇率是指一国货币与另一国货币相互折算的比率，也称外汇牌价。

汇率的标价方法有两种：一是直接标价法；二是间接标价法。

直接标价法又称价格标价法，是指以一定单位的外国货币作为标准，折成若干单位本国货币来表示的汇率。目前除美国和英国外，世界上绝大多数国家和地区都采用直接标价法。例如在中国外汇市场上：

某日RMB汇率为：USD100＝RMB607.75；

次日RMB汇率为：USD100＝RMB601.70。

以上变动表示美元汇率下降，本币（人民币）升值。

间接标价法又称数量标价法，与直接标价法相反，即用本国货币为标准，折成外国货币来表示。汇率变动方向与币值方向一致。例如在美国市场上：

某日USD汇率为：USD100＝JAN9 863.10；

两周后USD汇率为：USD100＝JAN9 852.32。

以上变动说明美元本币贬值，外币（日元）升值。

3. 汇率的分类

汇率从不同的角度划分，有不同的种类，具体见表6-1。

表 6-1　汇率的分类

分类标准	类型	特点
制订汇率的方法	基本汇率	根据本国货币与关键货币实际价值的对比，制订出对它的汇率
	套算汇率	两种货币通过第三种货币为中介，而间接套算出来的汇率
银行买卖外汇的角度	买入汇率	银行向客户买入外汇时使用的汇率
	卖出汇率	银行向客户卖出外汇时使用的汇率
	中间汇率	外汇买卖的中间价
交割期限	即期汇率	也叫现汇汇率，是指买卖外汇双方成交当天或两天以内进行交割的汇率
	远期汇率	在未来一定时期进行交割，而事先由买卖双方签订合同、达成协议的汇率

(二) 外汇分账制

1. 外汇分账制的概念

外汇业务专门的核算方法有两种：外汇统账制和外汇分账制。

外汇统账制又称本币记账法，即在业务发生时，以本国货币为记账单位，外国货币按一定的汇率折算成本国货币记账的一种方法。统账制一般用于企事业单位的外汇核算。

外汇分账制又称原币记账法，是以外币为记账单位，对每种货币单位的收付，各设置一套明细账和总账，平时将所收付的外币，按不同的原币分别填制凭证、登记账簿、编制报表。分账制用于银行外汇业务核算。

2. 外汇分账制的内容

(1) 人民币和外币分账。分账是指人民币和各种外币都自成一套独立的账务系统，日常每一笔外汇业务都按原币金额填制凭证、登记账簿、编制报表。

(2) 买卖外汇时，必须使用"货币兑换"账户。"货币兑换"账户是为适应分账制的要求而特设的，在两套相互独立的账务系统中，分别记载反映外币和人民币的交易金额，使外币和人民币账务紧密相连。该账户属于资产负债共同类账户。其用法如表 6-2 所示。

表 6-2　货币兑换

借方	贷方
买入外币时的人民币金额 卖出外币时的外币金额	买入外币时的外币金额 卖出外币时的人民币金额
外币余额：表示卖出大于买入，俗称"空头" 人民币余额：表示买入大于卖出	外币余额：表示买入大于卖出，俗称"多头" 人民币余额：表示卖出大于买入

货币兑换分户账是一种把人民币金额和外币金额分别记在同一账页上的特定格式的账簿，它由买入、卖出、结余三栏组成，买入栏、卖出栏又各由外币、牌价、人民币三栏组成，结余栏由借或贷外币、借或贷人民币两栏组成。其格式见表 6-3。

表 6-3　中国××银行货币兑换分户账

货币：　　　　　　　　　　　　　　　分户：

年		摘要	买入			卖出			结余		记账	复核
月	日		外币（贷）	牌价	人民币（借）	外币（借）	牌价	人民币（贷）	借或贷外币	借或贷人民币		

（3）年终决算时并表，以本币统一反映经营状况和成果。在年终决算时，会计人员先分别编制各币种的会计报表，再将各种外币的会计报表按照年终决算时的牌价和规定的折算程度折合成人民币，再与原人民币报表合并，形成本外币汇总的会计报表。

二、外汇买卖业务核算

想一想

客户张华持 20 000 美元来华睿银行要求汇往美国，可是当他办理完手续后发现实际汇出金额为 19 787 美元。请问你能为客户解释为什么汇出的不是 20 000 美元？现钞和现汇一样吗？

（一）结汇业务的核算

结汇业务是指外汇指定银行按规定的人民币汇率买入企事业单位或个人的外汇，并支付相应人民币的外汇业务。

银行买入外汇时或受理客户结汇业务时，应按照结汇外币金额和当天外汇买入价或钞买价计算人民币金额，其基本会计分录为：

借：库存现金等有关科目　　　　外币
　贷：货币兑换——汇买价　　　　外币
借：货币兑换——汇买价　　　　本币
　贷：吸收存款或库存现金等　　　　本币

【例 6-1】某客户持现钞 500 美元来银行兑换人民币，当日美元的钞买价是 600.04，其会计分录是：

借：库存现金　　　　$500
　贷：货币兑换——汇买价　　　　$500
借：货币兑换——汇买价　　　　¥3 000.20
　贷：库存现金　　　　¥3 000.20

【例 6-2】某产品出口企业收到香港汇丰银行汇入的产品出口货款 HKD1 000 000，当日港币汇买价是 78.00，其会计分录为：

借：汇入汇款　　　　HKD1 000 000
　贷：货币兑换——汇买价　　　　HKD1 000 000

借：货币兑换——汇买价　　¥780 000

　贷：吸收存款——某产品出口企业　　¥780 000

(二) 售汇业务的核算

售汇业务即卖出外汇，是指境内企事业单位、机关和社会团体持相关有效凭证，用人民币到外汇指定银行办理兑换外汇的业务。

银行售出外汇时，按汇卖价或钞卖价，收取相应人民币，其会计分录为：

借：吸收存款等科目　　本币

　贷：货币兑换——汇卖价　　本币

借：货币兑换——汇卖价　　外币

　贷：吸收存款、库存现金等　　外币

【例 6-3】 某企业需进口一批原材料，通过中国银行购入 USD1 000，汇往美国某公司。当日汇卖价是 607.03。其会计分录为：

借：吸收存款——某出口企业　　¥6 070.30

　贷：货币兑换——汇卖价　　¥6 070.30

借：货币兑换——汇卖价　　$1 000

　贷：汇出汇款　　$1 000

(三) 套汇业务的核算

套汇业务是指银行按照挂牌人民币汇率，将一种外汇通过人民币折算，兑换成另一种外汇的业务活动。套汇业务在具体折算时有两种不同情况：一种是套汇的外汇一头数额是固定的，另一头数额是不固定的；另一种是套进套出的外币两头数额都是固定的。

1. 套进套出外币数额一头固定，一头不固定的核算

银行套汇业务的核算，一般包括两种情况：一是两种外币的套算，即用一种外币兑换为另一种外币，就是先买入外币 A，按 A 的汇买价折算成人民币数额，再卖出另一种货币 B，把人民币数额按 B 汇卖价折算为外币 B；二是同种外币的套算，包括钞兑汇或汇兑钞，因为同一外币体现在汇率上，现钞和现汇价值有所差异，所以也必须按套汇方法处理。其基本折算公式为：

B 币种金额＝A 币种金额×A 币种的汇买价（钞买价）÷B 币种的汇卖价

其会计分录为：

借：吸收存款　　A 币种

　贷：货币兑换——A 币种汇买价　　A 币种

借：货币兑换——A 币种汇买价　　本币

　贷：货币兑换——B 币种汇卖价　　本币

借：货币兑换——B 币种汇卖价　　B 币种

　贷：汇出汇款等　　B 币种

(1) 异种货币套汇。

【例 6-4】 2020 年 12 月 31 日，在中国银行开有美元账户的 H 公司，需要支付 HKD10 000 汇往香港汇丰银行，当日外汇牌价美元汇买价是 606.10，港币汇卖价是 78.32。则计算公式为：

HKD10 000＝USD 金额×USD 汇买价 606.10÷HKD 汇卖价 78.32

USD 金额＝10 000×78.32÷606.10＝1 292.20

其会计分录为：

借：吸收存款——H 公司　　USD1 292.20

　贷：货币兑换——USD 汇买价 606.10　　USD1 292.20

借：货币兑换——USD 汇买价 606.10　　¥7 832

　贷：货币兑换——HKD 汇卖价 78.32　　¥7 832

借：货币兑换——HKD 汇卖价 78.32　　HKD10 000

　贷：汇出汇款　　HKD10 000

（2）同种货币套汇。

【例 6－5】 2020 年 12 月 31 日，客户王洁持现钞 HKD2 000.00 要求汇给在香港汇丰银行开户的李某账户上，当日外汇牌价钞买价 77.46，汇卖价 78.31。则计算公式为：

汇出的 HKD 金额＝HKD2 000.00×HKD 钞买价 77.46÷HKD 汇卖价 78.31

＝HKD1 978.29

其会计分录为：

借：库存现金　　HKD2 000

　贷：货币兑换——HKD 钞买价 77.46　　HKD2 000

借：货币兑换——HKD 钞买价 77.46　　¥154 920

　贷：货币兑换——HKD 汇卖价 78.31　　¥154 920

借：外币买卖——HKD 汇卖价 78.31　　HKD1 978.29

　贷：汇出汇款　　HKD1 978.29

2. 套进套出的外币数额两头固定的核算

套汇有时会出现套进套出的外币数额两头固定的情况。在这种情况下，卖出外币金额与汇率和买入外币金额与汇率不同，使两种货币之间产生差价，这种差价有时是银行外汇买卖的收益，有时是损失。此差额在会计核算上有以下四种不同的处理方法：

第一种是将差价表现为人民币差额，作为外汇买卖的损益，即将买入、卖出的两种外币数额，均折算成人民币，所折人民币的差额即为外汇买卖损益。

第二种是将差价表现为买入外币差额，作为外汇买卖损益，即将卖出外币金额折成买入外币金额，与实际买入金额之间的差额列为外汇买卖损益。

第三种是将差价表现为卖出外币差额，作为外汇买卖损益，即将买入外币金额折成卖出外币金额，与实际卖出金额之间的差额列为外汇买卖损益。

第四种是求比价，平时不计算套汇差价，即将买入或卖出的外币金额按相关汇价折成人民币，与套出或套进的外汇金额等值，计算出比价，使账面上表现为平衡，待年终决算日进行一次调整，至于外汇买卖的损益，待年终决算时再按决算牌价进行折算。

在实际操作中，常采用第一种和第四种方法。

【例 6－6】 2020 年 12 月 31 日，某银行应 A 公司要求代销货款 USD10 000，某银行通过香港汇丰银行收款，其以等值港币报单 HKD77 310，划入该行账户。当日外汇牌价 HKD 汇买价 78，USD 汇卖价 607.31，其会计分录为：

借：存放同业——香港汇丰银行　　　　HKD77 310
　贷：货币兑换——HKD 汇买价 78　　　　HKD77 310
借：货币兑换——HKD 汇买价 78　　　　¥60 301.80
　汇兑损益　　　　¥429.20
　贷：货币兑换——USD 汇卖价 607.31　　　　¥60 731
借：货币兑换——USD 汇卖价 607.31　　　　USD10 000
　贷：吸收存款　　　　USD10 000

个人分拆结售汇行为特征

三、外汇存贷款业务核算

想一想

一家驻华机构来华睿银行开立存款户（美元户），从国外转账汇入 50 万美元。同时一家外贸公司来行申请外币贷款。请问华睿银行该如何处理外汇存贷款业务？

（一）外汇存款业务的核算

外汇存款业务根据不同分类标准，有不同的类型，这里只简单介绍单位外汇存款和外币储蓄存款的核算。

1. 单位外汇存款的核算

境内外企业以及各国驻华外交代表机构、商务机构等单位以外币现钞或其他币种结算款项开立和存入款项时，会计分录为：

借：库存现金等　　外币
　贷：货币兑换　　外币
借：货币兑换　　人民币
　贷：货币兑换　　人民币
借：货币兑换　　外币
　贷：吸收存款　　外币

【例 6 - 7】 某进出口公司当日存入其外汇存款户（港币）现钞 HKD50 000，当日 HKD 钞买价 78.46，当日 HKD 汇卖价 78.32，其会计分录为：

借：库存现金　　　　HKD50 000
　贷：货币兑换　　　　HKD50 000
借：货币兑换（钞买价）　　　　¥39 230
　贷：货币兑换（汇卖价）　　　　¥39 230
借：货币兑换（汇卖价）　　　　HKD50 089.38
　贷：吸收存款　　　　HKD50 089.38

支取款项时只限在 5 万美元以下支取外钞，超额需经国家外汇管理局批准。

若以原币汇往国外，则需收取手续费，会计分录如下：

借：吸收存款　　外币
　贷：汇出汇款等　　外币
　　手续费及佣金收入　　外币

若兑换成人民币，其会计分录为：

借：吸收存款　　　　　外币

　贷：货币兑换　　　　　外币

借：货币兑换　　　　　人民币

　贷：库存现金　　　　　人民币

若支取原币现钞，其会计分录为：

借：吸收存款　　　　　外币

　贷：库存现金　　　　　外币

2. 个人外汇存款的核算

根据《中华人民共和国外汇管理条例》《个人外汇管理办法》《个人外汇管理办法实施细则》等相关法规的规定，境内外个人，持本人有效身份证件，均可在银行办理外币储蓄存款业务。存款分为现汇账户和现钞账户。现汇账户是指我国港澳台地区或境外汇入外汇或携入的外汇票据转存款账户；现钞账户是指个人持有的外币现钞存款账户。

（二）外汇贷款业务的核算

外汇贷款是指银行办理的外汇资金贷款，它是外汇银行一项重要的信贷业务。

1. 出口买方信贷核算

出口买方信贷是出口国为了支持本国机电产品、成套设备、对外工程承包等资本性货物和服务的出口，由出口国银行在本国政府的支持下给予进口商或进口商银行的中长期融资便利。该贷款商务合同总金额不低于100万美元，期限一般不超过10年。

在核算时，总行采用“借入买方信贷款”科目核算，分行采用“买方信贷外汇贷款”科目核算。

（1）对外签订信贷协议。买方信贷总协议由总行统一对外签订，总协议下每个项目的具体协议按贸易合同逐笔申请贷款，可由总行或总行授权分行对外签订。协议签订后，均由总行按协议商定的定金，用“买方信贷用款限额”表外登记簿进行控制。使用时，逐笔转销表外登记。

（2）支付定金。使用买方信贷外汇贷款前，一般要先支付一定比例的定金，定金的支付银行按买方信贷协议的规定汇划。

如果使用人民币购入外汇支付定金，其会计分录为：

借：吸收存款　　　　　人民币

　贷：货币兑换　　　　　人民币

借：货币兑换　　　　　外币

　贷：存放同业　　　　　外币

（3）使用贷款。如果进口单位与供款银行总行在同城，由总行直接发放贷款，其会计分录为：

借：贷款——买方信贷外汇贷款　　　　　外币

　贷：借入买方信贷款　　　　　外币

或　　　全国联行外汇往来　　　　　外币

同时冲销用款限额。

如果进口单位与供款银行总行在异地，由分行发放贷款，其会计分录为：

借：买方信贷外汇贷款　　　　外币
　贷：全国联行外汇往来　　　　外币

总行接到分行报单，其会计分录为：

借：全国联行外汇往来　　　　外币
　贷：借入买方信贷款　　　　外币

(4) 贷款本息的偿还。在买方信贷项下借入贷款的本息由总行统一对外偿还，总行按协议规定计息，对国外贷款行发来的计息清单认真核对，并按规定及时偿付本息。其会计分录为：

借：借入买方信贷款　　　　外币
　　利息支出　　　　　　　外币
　贷：存放同业等　　　　　外币

对国内借款单位，银行按契约规定计息，并按期收回本息。如果借款单位以外汇额度偿还贷款本息，其会计分录为：

借：吸收存款　　　　人民币
　贷：货币兑换　　　　人民币

借：货币兑换　　　　　　　外币
　贷：买方信贷外汇贷款　　　外币
　　　利息收入　　　　　　　外币

如果借款单位不能按期归还贷款，银行应将贷款转入“短期外汇贷款”进行核算，并按短期外汇贷款利率计息。如果借款单位仍逾期不能偿还，银行应采取措施，促使借款单位尽快还贷。

2. 出口卖方信贷外汇贷款核算

出口卖方信贷是指出口国为支持本国机电产品、成套设备、对外工程承包等资本性货物和服务的出口，由出口国银行给予出口商的中长期融资便利。贷款金额最高不超过出口成本的总值减去定金和企业自筹资金。合同金额在 50 万美元以上，并采用一年以上延期付款方式的资金需求，可以申请出口卖方信贷，期限最长不超过 10 年（含宽限期）。

银行设置“外汇短期贷款”和“外汇中长期贷款”账户核算外汇出口卖方信贷贷款业务。

模块小结

项目	任务	知识点	具体内容
商业银行会计核算	存款业务核算	存款业务认知	存款的概念、存款的种类
		个人储蓄存款业务核算	储蓄存款的种类及特点、活期储蓄存款与定期储蓄存款核算
		单位存款业务核算	单位银行结算账户的管理、单位活期存款及定期存款的核算
		存款利息核算	利息计算的规定、存款利息的计算及账务处理

续表

项目	任务	知识点	具体内容
商业银行会计核算	贷款业务核算	贷款业务认知	贷款业务的含义、贷款业务的种类
		单位贷款业务核算	单位贷款的含义及账户设置、信用贷款与担保贷款的核算
		个人贷款业务核算	个人贷款业务的含义与分类、个人贷款业务核算
		票据贴现业务核算	票据贴现的含义与特点、票据贴现的计算与核算
		贷款损失准备金核算	贷款损失准备的含义、贷款损失准备的核算
		贷款利息核算	贷款利息的计算、利息计算的账务处理
	支付结算业务核算	支付结算业务认知	支付结算的含义、支付结算的原则和结算纪律
		票据业务核算	支票业务、银行本票、银行汇票和商业汇票业务核算
		非票据业务核算	汇兑业务、委托收款、托收承付及信用卡业务核算
	金融机构往来业务核算	商业银行与中央银行往来业务核算	商业银行向中央银行缴存存款、向中央银行借款、再贴现及票据交换的核算
		同业往来业务核算	异地跨系统转汇、同业拆借及转贴现业务核算
		系统内往来及现代支付系统业务核算	银行系统内往来业务、大额实时支付系统和小额批量支付系统核算
	外汇业务核算	外汇业务认知	外汇与汇率的含义、外汇分账制
		外汇买卖业务核算	结汇业务、售汇业务及套汇业务核算
		外汇存贷款业务核算	外汇存款业务、外汇贷款业务核算

模块测评

◎ 思考题

1. 如何进行存款业务的核算？
2. 单位存款账户有哪些？
3. 如何进行存款利息的计算与核算？
4. 如何进行贷款业务核算？
5. 什么是票据贴现？票据贴现如何进行核算？
6. 在票据结算中各种工具的结算流程是什么？如何核算？
7. 非票据结算工具有哪些？如何核算？
8. 商业银行与中央银行之间有哪些往来业务？应该如何核算？
9. 什么是分账制？其内容如何？
10. 外汇买卖应如何核算？

◎ 实务题

1. 资料：华睿银行于2020年发生如下业务：

(1) 5月10日，开户单位通信公司持银行承兑汇票申请办理贴现，汇票金额为20万元，汇票到期日为8月4日，经信贷部门审查后予以办理（月贴现率为6‰）。

(2) 5月15日，收到承兑银行同城建设银行划回的银行承兑汇票贴现票款6万元。

(3) 7月2日，开户单位新兴商场申请流动资金贷款20万元，经信贷部门审查同意发放，转入该公司存款账户。

(4) 7月6日，开户单位红星食品厂的3年期贷款50万元到期，该单位账户款项不足，转入逾期贷款账户。

(5) 7月7日，开户单位塑料厂申请办理抵押贷款50万元，以楼房作抵押，审核后办理。

(6) 7月10日，借款人服装厂抵押贷款逾期未还，本金98万元，利息4.5万元，银行将抵押房产转作抵债资产。

(7) 7月22日，借款人通信公司抵押贷款到期以存款归还，本金20万元，应收利息1.5万元。

(8) 开户单位制药公司签发转账支票，支付在同一银行的开户单位塑料公司货款70 000元，经审核无误后办理转账。

(9) 根据承兑协议，向承兑申请人制药厂收取到期的银行承兑汇票款30 000元，办理转账。

(10) 开户单位汽车集团提交银行汇票申请书，金额900 000元，该集团要去外地购买设备，经银行审核无误后予以受理，办理转账。

(11) 收到本行开户单位新兴百货公司提交的由中国工商银行太原分行签发的银行汇票，金额300 000元，要求全额兑付，经审核无误后，办理转账手续。

(12) 提入支票一张，金额为45 000元，系本行开户单位蓝天公司支付货款，经审核无误后支付票款。

(13) 开户单位新兴百货公司持异地中国工商银行签发的银行汇票及解讫通知和两联进账单来行办理入账手续，原汇票金额200 000元，实际结算金额195 000元，经审核无误后办理转账。

(14) 李明提交电汇凭证及现金26 000元，汇给异地工行李刚归还欠款，银行经审核无误后办理转账。

(15) 收到异地中国建设银行寄来邮划贷方报单及信汇凭证一份，汇给开户单位服装厂货款90 000元，经审核无误后予以收账。

(16) 本行于18日向中国人民银行申请季节性贷款，金额500万元，期限3个月，贷款月利率为5‰，经中国人民银行审查同意后，办理贷款发放手续。

(17) 本行归还于上月向中国人民银行借入的临时性借款300万元，以及利息5万元。

(18) 本行提出转账支票12张，金额75 000元；提出进账单4张，金额25 000元；提入转账支票7张，金额193 000元；提入进账单2张，金额70 000元（假设均未发生退票）。

(19) 8月8日，客户林南持HKD1 000现钞，要求兑换人民币。

(20) 8 月 8 日，王兵经批准，从其活期存款美元账户支取 USD1 000，换成等值的英镑，汇往国外支付购药费用。

(21) 8 月 31 日，在中国银行开有美元账户的某公司，需要支付 HKD20 000 汇往香港汇丰银行。

(22) 8 月 31 日，某客户王平持港币现钞 HKD2 000 要求汇至在香港汇丰银行开户的张力的账户。

注：所用汇价见下表。

人民币外汇汇价表（假设）

外币	外币单位	汇买价	汇卖价	钞买价
USD 美元	100	625.61	628.11	620.59
GBP 英镑	100	961.92	968.68	932.24
HKD 港币	100	80.68	80.99	80.03

要求：根据上述业务进行相应会计处理，并填制记账凭证。

2. 综合计算：

(1) 甲公司 2020 年第二季度在本行的活期存款账户情况为：3 月 21 日存款余额为 80 000 元，4 月 12 日存款余额为 100 000 元，5 月 26 日存款余额为 70 000 元，月利率为 5‰。

要求：1) 6 月 20 日结息时，计算计息积数和利息。

2) 编制有关利息转账的会计分录。

(2) 本行本月办理缴存款业务，有关各种存款账户期末余额合计数见下表。

华睿银行存款账户余额表金额 单位：元

项目	上期期末余额	本期期末余额	缴存比例
财政性存款	987 500	1 324 000	100%
一般性存款	35 667 000	29 867 000	20%

要求：根据上述资料计算存款准备金，并编制会计分录。

◎ 实战演练

工商银行某支行某日同城交换差额报告如下表所示。

交换差额报告单（2020 年 1 月 13 日） 单位：元

摘要	张数		金额	张数		金额
提出	借方凭证	20	320 000	贷方凭证	24	290 000
提回	借方凭证	18	96 000	贷方凭证	12	76 000

请计算：(1) 该行的应收金额是多少？

(2) 该行的应付金额是多少？

(3) 计算该行的应收应付差额，判断该差额是应收差额还是应付差额并作出相应的会计分录。

模块三

证券公司会计核算

学习目标

- 知识目标

  了解证券公司的业务特点；

  熟悉证券公司的业务类型；

  掌握证券公司的业务核算。

- 技能目标

  能够处理各项证券业务的会计事项；

  会有效组织证券公司会计工作。

案例导入

华睿证券公司是一家新型综合性证券公司，经批准可以开办证券经纪业务、证券自营业务、证券承销业务、投资咨询、融资融券业务、资产管理、回购业务等各类证券业务，那么该公司财务部门应如何组织会计工作？

任务七 证券公司业务核算

【任务分析】本任务在介绍证券业务特点和类型的基础上，重点介绍了证券经纪业务、证券自营业务、证券承销业务、融资融券业务、资产管理业务、回购业务等专业业务的会计核算。

想一想

华睿证券公司刚调来的会计小张，在熟悉公司的账务情况时提出：公司购买的支票也是有价证券，所以应该作为公司买入证券进行核算。请问你认为小张的看法正确吗？为什么？

一、证券业务认知

（一）证券与证券业务认知

1. 证券认知

（1）证券的概念。证券是各类财产所有权和债券凭证的通称，是记载并代表了一定权利的法律凭证。从一般意义上来说，证券是指用以证明或设定权利所做成的书面凭证，它表明证券持有人或第三者有权取得该证券拥有的特定权益，或证明其曾经发生过的行为，包括货币证券、货物证券和资本证券。狭义的证券通常指资本证券。

（2）证券的特征：

1）证券的产权性，指有价证券记载着权利人的财产权内容，代表着一定的财产所有权，拥有证券就意味着享有财产的占有、使用、收益和处置的权利。

2）证券的收益性，指持有证券本身可以获得一定数额的收益。这是投资者转让资本使用权的回报。

3）证券的流通性，即变现性，是指证券持有人可按自己的需要灵活地转让证券以换取现金。流通性是证券的生命力所在。

4）证券的风险性，指证券持有者面临着预期投资收益不能实现，甚至使本金也受到损失的可能。这是由未来经济状况的不确定性所导致的。

2. 证券公司的业务范围

《证券法》规定，证券公司可以经营以下部分或者全部业务：

（1）证券经纪。

（2）证券投资咨询。

（3）与证券交易、证券投资活动有关的财务顾问。

（4）证券承销与保荐。

（5）证券自营。

（6）证券资产管理。

（7）其他证券业务。

（二）证券业务的核算特点

证券公司在对所从事业务进行核算时，由于证券业务的特殊性，决定其会计核算具有其自身特点。

1. 业务针对性强

证券业务种类繁多，其业务性质、涉及范围和管理方式均不同，因此在会计核算中要准确反映各类业务的特征，就要有针对性地设置科目进行核算。

2. 价值变动频繁

各类证券是证券公司的主要流动资产，其价值反映在表内会计科目中，但数量都在表外登记中核算。因此这类证券流动性很强，其实际价值并非是账面价值，应该是市价。而市价变动频繁，在会计核算上要体现其价值的变动情况。

3. 清算关系复杂

证券交易中既涉及证券公司、交易所、中央登记结算公司、存管银行和客户等，这些都使得证券交易清算关系复杂化，在会计核算中都需要清晰体现各方关系。

二、证券经纪业务核算

想一想

华睿证券营业部某日交易清算数据如下：客户买入总金额为 50 万元，卖出总金额为 40 万元，印花税为 900 元，收取佣金 1 800 元，向交易所支付交易规费 135 元。请问证券公司应该怎样进行会计处理？

（一）证券经纪业务认知

1. 证券经纪业务的含义

证券经纪业务是指证券公司通过其设立的证券营业部，接受客户委托，按照客户的要求，代理客户买卖证券的业务。

在证券经纪业务中，证券公司，即证券经纪商，是接受客户委托、代客户买卖证券并以此收取佣金的中间人。

证券公司的客户必须开立证券账户和资金账户两种账户。

2. 证券经纪业务的内容

（1）代理买卖业务。

（2）代理新股认购。

（3）代理配股派息。

（4）代理兑付债券。

（5）代理保管证券等业务。

（二）代理买卖证券业务核算

1. 代理买卖证券业务认知

代理买卖证券业务是指证券经营机构接受投资者（客户）委托，代投资者（客户）买卖有价证券的行为，是经纪业务的核心，所以又称证券经纪业务。

2. 设置账户

在代理买卖业务核算中，证券公司通常设置“结算备付金”“代理买卖证券款”“手续费及佣金收入”“手续费及佣金支出”等账户。

3. 代理买卖证券业务会计处理

（1）代理买卖证券款存取的核算。客户的代理买卖证券款只能通过第三方存管银行进行资金的转入转出。

当客户通过存管银行转入资金时，其会计分录为：

借：银行存款——××存管行

　贷：代买卖证券款——客户

当客户通过存管银行转出资金时，其会计分录为：

借：代买卖证券款——客户

　贷：银行存款——××存管行

（2）证券公司与清算代理机构划转清算资金的核算。当证券公司从清算代理机构划回资金时，其会计分录为：

借：银行存款

　贷：结算备付金——客户（或公司）

当证券公司向清算代理机构划转资金时，其会计分录相反。

（3）代买卖证券业务的核算。

1）买差情况下的核算。买差是指买入总额大于卖出总额的差额，又称付差。

a. 证券公司按成交差价及相关费用作会计分录如下：

借：代买卖证券款（买差＋相关费用）

　贷：结算备付金——客户

b. 发生手续费及佣金支出时，作如下会计分录：

借：手续费及佣金支出——代买卖证券手续费支出

　贷：结算备付金——自有

c. 收取手续费收入时，作会计分录如下：

借：结算备付金——自有

　贷：手续费及佣金收入——代买卖证券手续费收入

【例 7-1】华睿证券营业部某日交易清算数据如下：客户买入总金额为 50 万元，卖出总金额为 40 万元，印花税为 900 元，收取佣金 1 800 元，向交易所支付交易规费 135 元。

首先，应扣收客户资金＝500 000－400 000＋900＋1 800＝102 700（元）。

根据题意作会计分录如下：

借：代买卖证券款	102 700	
贷：结算备付金——客户		102 700
借：手续费及佣金支出——交易规费	135	
结算备付金——自有	1 665	
贷：手续费及佣金收入——佣金		1 800

2）卖差情况的核算。卖差是卖出成交额大于买入的差额，又称收差。它核算时的记

账方向与买差时相反。

a. 证券公司按成交差价作会计分录如下：

借：结算备付金——客户

　贷：代买卖证券款

b. 发生手续费及佣金时，作会计分录如下：

借：手续费及佣金支出——代买卖证券手续费支出

　贷：结算备付金——自有

c. 收取手续费及佣金收入时，作如下会计分录：

借：结算备付金——自有

　贷：手续费及佣金收入——代买卖证券手续费收入

【例 7-2】华睿证券公司营业部收到清算数据，客户当日买入总额为 150 000 元，卖出总额为 200 000 元，印花税为 350 元，应向客户收取佣金 700 元，交易规费为 50 元。

客户应收资金总额＝200 000－150 000－350－700＝48 950（元）

作会计分录如下：

借：结算备付金——客户	48 950	
贷：代买卖证券款		48 950
借：手续费及佣金支出——交易规费	50	
结算备付金——自有	650	
贷：手续费及佣金收入——交易佣金		700

4. 代理认购新股业务核算

（1）代理认购新股业务认知。代理认购新股业务是指证券公司通过其设立的证券营业部，接受客户委托，按照客户要求，代客户认购新股的活动。新股认购的基本规定如下：

1）新股发行采用市值申购的方法，T－2 日（含）前 20 个交易日日均持有 1 万元非限售 A 股市值才可申购新股，上海证券交易所每持有 1 万元市值可申购 1 000 股，深圳证券交易所每持有 5 000 元市值可申购 500 股。

2）深圳证券交易所有市值的普通或信用账户才可申购，上海证券交易所只要有指定交易的账户即可申购，客户只有第一次下单有效（按发行价买入）且不能撤单。

3）客户申购时无须缴付认购资金，T＋2 日确认中签后需确保 16：00 有足够资金用于新股申购的资金交收。

4）客户中签但未足额缴款视为放弃申购，连续 12 个月内累计 3 次中签但放弃申购者，自最近一次放弃申购次日起 6 个月（按 180 个自然日计算，含次日）内不得参与网上新股申购。

（2）新股认购核算。

1）代理客户 T 日网上申购。

2）投资者申购新股摇号中签后，T＋1 日公布中签率。交存认购资金，会计分录为：

借：结算备付金——客户

　贷：代理买卖证券款

3）T＋2 日 16:00 前，中签的投资者应确保其资金账户有足额的新股认购资金，不足部分视为放弃认购。

4）T+3 日 15:00 前，认购资金交收，会计分录为：

借：代理买卖证券款

　贷：结算备付金——客户

5）T+4 日公告网上发行结果，新股登记。

【例 7-3】华睿证券公司营业部客户用市值配售形式认购新股，中签 10 个，总价款 50 000 元，缴款认购时的会计分录为：

借：代买卖证券款　　50 000

　贷：结算备付金——客户　　50 000

5. 代理客户配股业务的核算

配股是指上市公司根据业务发展需要，依据有关规定和相关程序，按一定比例，向现有股东发行新股募集资金的行为。其核算与买入股票基本相同。

客户配股交款时，证券公司的处理为：

借：代买卖证券款

　贷：结算备付金——客户

【例 7-4】华睿证券公司客户配股交款（红星股份公司）160 000 元。其会计分录为：

借：代买卖证券款　　160 000

　贷：结算备付金——客户　　160 000

6. 代理客户领取现金股利和利息的核算

股利是上市公司对股东的投资回报，股利是不固定的，其有两种形式：现金股利和股票股利。股票股利的发放也称送股，由登记公司直接记入客户的证券账户，无资金往来，所以无须记账核算。

利息主要是指客户持有的上市债券的利息。

现金股利和债券利息的发放是由登记公司通过证券公司发放给客户的。

（1）发放现金股利的核算。证券公司代理客户收到现金股利时，会计分录如下：

借：结算备付金——客户

　贷：代买卖证券款

（2）证券公司向客户支付资金存款户利息的核算。客户存在证券公司的买卖证券资金，证券公司要为其计息，通常是按季计提，于每年 6 月 30 日发放一次。

1）计提利息时的会计分录为：

借：利息支出

　贷：应付利息——应付客户资金利息

2）在 6 月 30 日支付利息时的会计分录为：

借：应付利息——应付客户资金利息

　贷：代买卖证券款

　　应交税费——利息税

（三）代理兑付证券业务核算

1. 代理兑付证券业务认知

代理兑付证券业务是指证券公司接受国家或企业的委托，对其发行的到期债券代理兑付的证券业务。

企业发行的债券按有无记名，可分为记名债券和无记名债券两种。

2. 设置账户

在兑付业务核算中通常设置“代理兑付证券”“代理兑付证券款”等账户。

3. 代理兑付业务的会计处理

（1）代理兑付无记名证券的会计处理。

1）收到委托单位的兑付资金（含手续费），其会计分录为：

借：银行存款

　贷：代理兑付证券款

2）收到客户交来的无记名证券（实物债券），按兑付金额（债券本息）作如下会计分录：

借：代理兑付证券

　贷：银行存款

3）向委托单位交回已兑付的实物债券，其会计分录为：

借：代理兑付证券款

　贷：代理兑付证券

手续费及佣金收入的核算，如果接受委托资金时未包括手续费，则结算手续费时，其会计分录为：

借：应收账款或银行存款

　贷：手续费及佣金收入

4）如果委托单位尚未拨付兑资金，并由公司垫付，收到兑付债券等时，按兑付金额作如下会计分录：

借：代理兑付证券

　贷：银行存款

5）向委托单位交回已兑付的证券并收回垫付的资金，其会计分录为：

借：银行存款

　贷：代理兑付证券

6）收到代理兑付手续费收入，其会计分录为：

借：银行存款

　贷：手续费及佣金收入——代理兑付债券手续费收入

（2）代理兑付记名债券的会计处理。

1）收到委托单位的兑付资金，其会计分录为：

借：银行存款

　贷：代理兑付证券款

2）兑付债券本息，其会计分录为：

借：代理兑付证券款

　贷：银行存款

3）公司收取的代理兑付手续费收入，其会计分录为：

借：应收账款或银行存款

贷：手续费及佣金收入——代理兑付债券手续费收入

4）如果手续费与兑付款一并汇入，当兑付债券业务完成后，确认手续费收入时的会计分录为：

借：代理兑付证券款

贷：手续费及佣金收入——代理兑付债券手续费收入

5）代理兑付债券结束后，若委托单位拨来的兑付资金有剩余，应退回委托单位。其会计分录为：

借：代理兑付证券款

贷：银行存款

代理保管证券业务，只核算保管手续费，这里不再赘述。

三、证券自营业务核算

想一想

华睿证券公司自营购买华强公司股票 2 000 股，实际成本 20 000 元，后来卖出，总价款（假如不考虑费用）30 000 元。请问证券公司应如何进行会计处理？

（一）证券自营业务认知

1. 证券自营业务的概念

证券自营业务是指证券公司以自己的名义，使用证券公司的自有资金和依法募集的资金买卖证券，以达到获利目的的业务。

2. 证券自营业务的特点

（1）决策的自主性。证券公司自营买卖业务决策的自主性，这表现交易行为的自主性、选择交易方式的自主性、选择交易品种及价格的自主性。

（2）交易的风险性。自营业务是证券公司以自己的名义和合法资金直接进行的证券买卖活动，证券公司自己作为投资者，买卖的收益与损失完全由证券公司自身承担。

（3）收益的不稳定性。证券公司进行证券自营买卖，其收益主要来源于低买高卖的价差，但这种收益不像收取代理手续费那样稳定。

3. 证券自营业务的内容

在证券自营业务操作中涉及自营买入、自营卖出、自营新股认购、自营配股派息等各项业务。

（二）自营证券买入业务核算

1. 设置账户

在自营业务核算中通常设置“交易性金融资产”“可供出售金融资产”“结算备付金”等账户。

2. 自营买入业务的会计处理

（1）开立专户。证券公司将自有资金款项存入清算代理机构，按实际金额入账。其会计分录为：

借：结算备付金——自有

贷：银行存款——自有

从清算代理机构收回资金时，作会计分录如下：

借：银行存款——自有

　贷：结算备付金——自有

(2) 自营买入交易性金融资产。证券公司自营买入以公允价值计量且其变动计入当期损益的金融资产时，按其公允价值作为初始确认金额，相关的交易费用计入当期损益。其会计分录为：

借：交易性金融资产——成本（买入时的公允价值）

　　投资收益（买入时发生的交易费用）

　贷：结算备付金

若证券公司购入的证券包含已宣告但尚未发放的股利或分期付息债券利息，其股利或债券利息应通过“应收股利”“应收利息”科目核算。其会计分录为：

借：交易性金融资产——成本

　　应收股利（或利息）

　贷：结算备付金

(3) 自营买入可供出售金融资产。当证券公司取得可供出售金融资产时，应分别按照股票投资和债券投资进行处理。

如果是股票投资，应当将取得该金融资产时的公允价值和相关交易费用之和作为初始确认金额。其会计处理为：

借：可供出售金融资产——成本（取得金融资产时的公允价值和相关交易费用之和）

　　应收股利（支付的价款中包含已宣告但尚未发放的现金股利）

　贷：结算备付金

如果是债券投资，由于债券票面利率和实际利率的差异，致使债券的公允价值与面值不相等。其会计处理有所不同，具体会计分录为：

借：可供出售金融资产——成本（债券面值）

　　应收利息（实际支付价款中包含已到期但尚未领取的债券利息）

　贷：结算备付金

借或贷：可供出售金融资产——利息调整（公允价值和面值的差额）

【例 7-5】 华睿证券公司自营购买华强公司股票 2 000 股，实际成本 20 000 元。其会计分录为：

借：交易性金融资产——成本	20 000	
贷：结算备付金——自有		20 000

（三）自营证券卖出业务核算

1. 自营证券卖出业务认知

自营业务是证券公司以盈利为目的，为自己买卖证券，并通过买卖价差获利的经营行为。

2. 自营证券卖出业务核算

(1) 售出前公允价值没有发生变动。

1) 公司卖出证券，按清算日实际收到的金额入账，其会计分录为：

借：结算备付金或银行存款（实际收到的价款）

贷：交易性金融资产——成本

投资收益

2）公司自营证券中途卖出，可将购买日至卖出日的持有期间应计利息确认为投资收益，其会计分录为：

借：结算备付金（实际收到的价款）

或　　银行存款

贷：交易性金融资产——成本

投资收益（买卖持有期间应计利息）

3）公司自营证券持有至到期兑付本息的会计分录为：

借：结算备付金（兑付的金额）

或　　银行存款

贷：交易性金融资产——成本

投资收益（到期兑付的利息）

（2）售出前公允价值发生变动。如果公司出售的该笔证券在持有期间存在公允价值变动损益，其会计分录为：

借：结算备付金（实际收到的价款）

交易性金融资产——公允价值变动（持有期间发生的公允价值变动损失）

贷：交易性金融资产——成本

交易性金融资产——公允价值变动（持有期间发生的公允价值变动利得）

投资收益（差额）

【例 7-6】华睿证券公司 2012 年 5 月出售一批红旗公司的股票，实际收到金额为 50 000 元，该批股票的实际成本为 44 000 元。则该公司卖出股票时，作会计分录如下：

借：结算备付金——自有　　50 000

贷：交易性金融资产——成本　　44 000

投资收益　　6 000

（四）认购新股业务核算

1. 认购新股业务认知

新股认购业务是指证券公司以自有资金，在指定申购时间内通过本公司营业部，采用市值申购的方法，进行申购操作的业务。

2. 认购新股业务核算

认购新股中签，证券公司交存中签款项时，其会计分录为：

借：交易性金融资产——成本

贷：结算备付金——公司

网下认购与网上认购的会计处理基本相同，唯一不同就是使用“银行存款”科目。

【例 7-7】华睿证券公司通过网上认购中华股份公司发行的新股，中签款项为 40 000 元，按时交存。

证券公司交存认购款项时，作会计分录如下：

借：交易性金融资产　　40 000

贷：结算备付金——自有 40 000

（五）配股派息业务核算

1. 配股业务核算

配股是上市公司根据公司发展的需要，依据有关规定和相应程序，旨在向原股东进一步发行新股、筹集资金的行为。按照惯例，公司配股时新股的认购权按照原有股权比例在原股东之间分配，即原股东拥有优先认购权。配股的一大特点就是，新股的价格是按照发行公告发布时的股票市价作一定的折价处理来确定的。

公司因持有股票而享有的配股权，通过网上配股的，在与证券交易所清算配股款时，按实际清缴的配股款入账，其会计分录为：

借：交易性金融资产——成本

　　可供出售金融资产等

　贷：结算备付金

通过网下配股的，按实际支付的配股款入账，其会计分录为：

借：交易性金融资产——成本

　　可供出售金融资产等

　贷：银行存款

2. 派息业务核算

派息是指股份公司在以税后利润弥补以前年度亏损、提取法定盈余公积及任意盈余公积后，将剩余利润以现金或股票的方式，按股东持股比例或按公司章程规定的办法进行分配的行为。

（1）因持有股票而分得的股票股利（也称为送股），应于股权登记日，根据本公司持有的股数和送股比例，计算确定本公司分配的股票股利数量，在交易性金融资产“数量”栏中登记。

（2）自营股票持有期间取得的现金股利，其会计分录为：

借：结算备付金——自有

　贷：投资收益

（六）期末计价业务核算

1. 证券期末计价认知

自营证券期末计价是指期末自营证券在资产负债表上反映的价值，是期末自营证券的账面价值。资产负债表日，证券公司按持有的自营证券的公允价值与其账面余额的差额，直接计入当期损益。证券公司自营证券的期末账面余额的计算，可以采用加权平均法、先进先出法等方法。

2. 证券期末计价核算

期末，证券公司持有的自营证券，公允价值大于其账面余额的，其会计分录为：

借：交易性金融资产——公允价值变动

　贷：公允价值变动损益

如果期末公允价值小于其账面余额，则其会计分录为：

借：公允价值变动损益

　贷：交易性金融资产——公允价值变动

当该证券公司将该股票全部出售时，其会计分录为：

借：银行存款

　　交易性金融资产——公允价值变动

　贷：交易性金融资产——成本

　　　投资收益

【例 7-8】2020 年 5 月末，华睿证券公司月初以 5 元/股买入的股票价格涨到 11 元/股，共 10 000 股，6 月下旬在 15 元/股时卖出。其会计分录为：

(1) 买入时：

借：交易性金融资产——成本	50 000	
贷：结算备付金——自有		50 000

(2) 期末：

借：交易性金融资产——公允价值变动	60 000	
贷：公允价值变动损益		60 000

(3) 6 月卖出时：

借：结算备付金	150 000	
贷：交易性金融资产——成本		50 000
——公允价值变动		60 000
投资收益		40 000

四、证券承销业务核算

想一想

华睿证券公司承销广立公司股票 2 000 万股，承购价 6 元，双方签订了承销合同。请问证券公司对该承销业务应如何进行会计核算？需要注意什么问题？

(一) 证券承销业务认知

1. 证券承销业务的含义

证券承销是指具有证券承销业务资格的证券公司，接受证券发行人的委托，在法律规定或约定的时间范围内，利用自己的良好信誉和销售渠道将拟发行的证券发售出去，并因此收取一定比例的承销费用的活动。

2. 证券承销业务的方式

证券承销业务是证券公司的主要业务之一，根据公司与发行人确定的发售方式有全额包销方式、余额包销方式和代销方式三种。

(二) 全额包销方式承销业务核算

1. 全额包销方式承销业务认知

全额包销方式是指证券公司与证券发行单位签订合同或协议，由公司按合同或协议确定的价格将证券从发行单位购进，然后再按市场条件转售给投资者的证券承销方式。

全额包销方式承销的特点是：

(1) 承销的证券公司与发行人之间是一种买卖关系，而不是代理关系。

（2）承销的证券公司赚取的利润来源于其购买与销售证券之间的差价，而不是承销手续费。

（3）发行人在向承销的证券公司出售其证券的同时即已取得全部价款。

采用此种方式，证券公司要承担全部发行风险，其向发行单位承购证券的价格可能低于或等于或高于证券面值，由双方在协议里确定，但发售价格由证券公司确定，发行单位原则上不干预。

2. 设置账户

在此业务核算中通常设置“代理承销证券”“手续费及佣金收入”等账户。

3. 全额包销方式承销业务的会计处理

（1）证券公司根据协议将证券全部认购，并按承购价向发行单位支付全部证券款项，其会计分录为：

借：代理承销证券

　贷：银行存款

或　　应付账款

（2）将证券转售给投资者，按承销价与承购价之间的差额作手续费及佣金收入，其会计分录为：

借：银行存款或结算备付金——自有

　贷：代理承销证券

　　手续费及佣金收入

（3）当发行期结束，将未发售完的证券结转自营证券，其会计分录为：

借：交易性金融资产或可供出售金融资产、长期股权投资等

　贷：代理承销证券

【例 7－9】 华睿证券公司代理开成公司全额包销股票 10 000 000 股，承购价为 5 元/股，发行价为 6 元/股，已按承购价支付价款。当发行期结束时股票已全部发售。假设其他费用忽略不计，手续费率为 2‰。

华睿证券公司的处理如下：

接受股票时：

借：代理承销证券　　50 000 000

　贷：银行存款　　50 000 000

将证券转售给投资者，其会计分录如下：

借：银行存款　　60 000 000

　贷：代理承销证券　　50 000 000

　　手续费及佣金收入——差价收入　　10 000 000

（三）余额包销方式承销业务核算

1. 余额包销方式承销业务认知

余额包销方式是指证券公司与委托发行单位签订合同或协议，由证券公司代理委托单位发行证券，在证券发行期内未售出的证券一般由证券公司购入作为自有证券。余额包销方式承销的特点是：

（1）承销的证券公司与发行人之间总体上是一种代理关系，但在承销期限届满后如发

生由承销的证券公司购买全部剩余证券的情况，则二者之间的关系就转变为买卖关系。

(2) 承销的证券公司所取得的收益主要来自承销手续费。

(3) 余额包销方式的承销商要承担部分发行风险。

2. 设置账户

在此业务的核算中通常设置“代理承销证券款”“手续费及佣金收入”等账户。

3. 余额包销方式下承销业务的会计处理

(1) 证券公司在收到委托单位委托发行的证券时，应按约定的承销价格，在备查簿中记录承销的证券情况。

(2) 在约定的期限内售出，证券公司与证券交易所交割清算时，其会计分录为：

借：银行存款或结算备付金

　贷：代理承销证券款

(3) 未售出部分按规定由证券公司认购，转为金融资产管理，其会计分录：

借：交易性金融资产或可供出售金融资产等

　贷：代理承销证券款

(4) 在承销期结束后，证券公司将所募集资金付给委托单位，并收取手续费，其会计分录为：

借：代理承销证券款

　贷：银行存款

　　手续费及佣金收入

【例 7-10】 华睿证券公司余额包销开成公司股票 10 000 000 股，发行价为 6 元/股，手续费率为 2‰，在发行期结束时发售了 90%的股票，价款已支付（假设其他费用忽略不计）。

华睿证券会计处理如下：

(1) 收到委托单位委托发行的证券，按约定的承销价格，在备查簿中记录承销的证券情况。

(2) 出售股票时，其会计分录为：

借：银行存款	54 000 000	
贷：代理承销证券款		54 000 000

(3) 在承销期结束后，支付价款，并收取手续费，其会计分录为：

借：代理承销证券款	60 000 000	
贷：银行存款		59 880 000
手续费及佣金收入		120 000

(4) 未售出部分按规定由证券公司认购，转为金融资产管理，其会计分录为：

借：交易性金融资产	6 000 000	
贷：代理承销证券款		6 000 000

(四) 代销方式承销业务核算

1. 代销方式承销业务认知

代销方式是指证券公司代发行人按照规定的条件，在约定的期限内发售证券，在承销期结束时，将未售出的证券全部退还给发行人的承销方式。

代销方式承销的特点是：

（1）发行人与承销商之间建立的是一种委托代理关系。在代销过程中，未售出证券的所有权属于发行人，承销商仅是受委托办理证券销售事务。

（2）承销商作为发行人的推销者，不垫付资金，对不能售出的证券不负任何责任，证券发行的风险基本上由发行人自己承担。

（3）由于承销商不承担主要风险，相对于包销而言，其所得收入（手续费）也少。

2. 会计科目设置

在代销方式承销业务中，应设置"代理承销证券款"和"手续费及佣金收入"等科目。

3. 代销方式承销业务的会计处理

（1）证券公司通过证券交易所网上发行证券，在证券网上发行日根据承销合同确认证券发行总额，按承销价在备查簿中记录承销证券的情况。

（2）在网上发行结束后，证券公司与证券交易所交割清算，按网上发行数量和承销价格计算的承销款项减去上网费用，其会计分录为：

借：结算备付金——自有

　　应收账款——应收代垫委托单位上网费

　贷：代理承销证券款

（3）证券公司将发行证券款项交给委托单位，并收取发行手续费和代垫上网费用，会计分录为：

借：代理承销证券款

　贷：应收账款——应收代垫委托单位上网费

　　　手续费及佣金收入

　　　结算备付金——自有

（4）在发行期结束后，证券公司将未售出的代承销证券退还委托单位。同时，销记在备查簿中登记的承销证券。

【例 7-11】 承上例资料，华睿证券公司的账务处理前两步相同，在发行期结束后与委托单位结算的会计分录为：

借：代理承销证券款	54 000 000	
贷：手续费及佣金收入		108 000
结算备付金		53 892 000

同时将未发行完的股票退回，并销记备查登记簿。

五、融资融券业务核算

想一想

2020 年 6 月 1 日某客户融资买入沪市 A 股票 10 000 股，成交价为 10 元/股，手续费为 100 元，过户费为 10 元。请问证券公司应该如何进行核算？

（一）融资融券业务认知

“融资融券”又称“证券信用交易”，是指投资者向具有证券交易所会员资格的证券公司提供担保物，借入资金并买入交易所上市证券或借入交易所上市证券并卖出的行为。融资融券业务是指通常投资者在看涨时，从证券公司借入资金低价买入证券再高价卖出；在看跌时，从证券公司借入证券高价卖出再低价买回，从而获得收益的交易方式。

（二）融资业务核算

1. 融资业务的含义

融资业务是指客户以其信用账户的资金或证券作为担保品，向证券公司申请融资买入，是一种保证金买长交易，又叫多头或买空。通常是看涨的股票买卖者在缴纳一部分保证金后，由证券公司为其买入某种股票。融资协议期最长不超过 6 个月。其流程如图 7-1 所示。

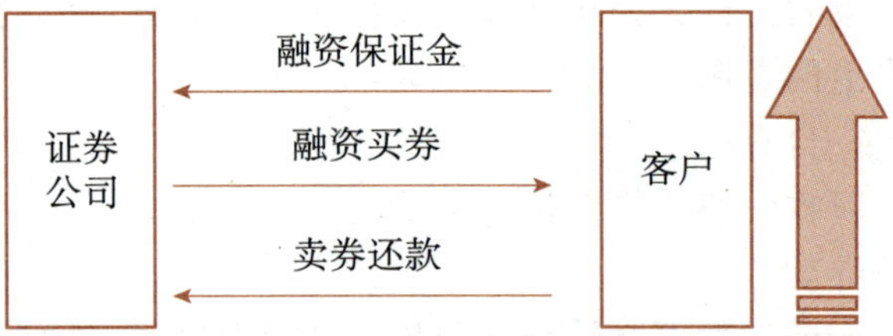

图 7-1　融资流程

2. 设置账户

在融资业务中，证券公司应设置“银行存款——客户信用资金、自有信用资金”“结算备付金——信用备付金（总公司）”“融出资金”“应收利息——融资融券业务利息”“代理买卖证券款——信用交易”“手续费及佣金收入——融资融券代理买卖证券收入”“利息收入——融资（融券）利息收入”“手续费及佣金支出——融资融券代理买卖证券支出”等账户。

3. 融资业务会计处理

在融资买入证券后，证券公司要记入客户信用证券账户；账户中同时记入一笔资金负债。

（1）客户在向证券公司申请融资时，要先按规定交存保证金。证券公司在收到客户交存的保证金时，其会计分录为：

借：银行存款——客户信用资金

　贷：代理买卖证券款——信用交易

如果证券公司收取的是保证券，则证券公司不作会计处理。证券公司对于客户提交的保证券应采用逐日盯市的原则进行每日评估，当保证券的余额不足时，证券公司有权要求客户立刻补足担保品，可以是现金，也可以是股票，只要使担保品价值足额即可。

（2）按协议，证券公司融资给客户时，其会计分录为：

借：融出资金

　贷：代理买卖证券款——信用交易

借：结算备付金——客户信用资金

贷：银行存款——自有信用资金

（3）客户动用信用资金买入证券时，其会计分录为：

借：代理买卖证券款——信用交易

贷：结算备付金——客户信用资金

借：手续费及佣金支出——融资融券代理买卖证券支出

贷：结算备付金或银行存款——自有

手续费及佣金收入——融资融券代理买卖证券收入

（4）融资到期，客户以卖券还款或者直接还款的方式偿还融资。

客户以存管信用证券账户证券卖出（包括公司根据合同约定对担保证券采取强制平仓）时，资金先归还公司融资款，余额转入客户信用资金账户，其会计分录为：

借：银行存款或结算备付金——客户

贷：代理买卖证券款——信用交易

借：手续费及佣金支出——融资融券代理买卖证券支出

贷：结算备付金或银行存款——自有

手续费及佣金收入——融资融券代理买卖证券收入

当客户归还融资时，扣减信用交易代理买卖证券款，归还融出资金。其会计分录为：

借：代理买卖证券款——信用交易

贷：融出资金

借：银行存款——自有信用资金

贷：结算备付金——客户信用资金

如果客户直接用其信用资金存款归还融资，则需要先转入客户保证金账户，然后进行还款，其账务处理大致相同。

（5）计收融资客户利息、罚息及其他费用的账务处理。

根据权责发生制原则，证券公司按月计提融出资金的应收利息，同时收取客户管理费，其会计分录为：

借：应收利息——融资融券业务利息

贷：利息收入——融资融券利息收入

借：其他应收款——应收融资融券客户款

贷：其他业务收入——融资融券业务管理费收入

当收到客户融资利息、罚息及其他费用时，其会计分录为：

借：代理买卖证券款——信用交易

贷：应收利息——融资融券业务利息

其他应收款——应收融资融券客户款

借：银行存款——自有信用资金

贷：结算备付金或银行存款——客户信用资金

【例 7－12】 2020 年 11 月 1 日，假设大盘指数在 1 800 点（假设为相对低位）时，华睿证券公司融出资金 1 000 000 元给乙客户。乙客户以 5 元/股的单价买了 200 000 股 A 公司股票，年利率为 8%，期限为 6 个月，首期交割日为 2020 年 11 月 1 日，到期交割日为 2021 年 4 月 30 日。乙客户向华睿证券公司支付 50%的保证金 500 000 元。

假定2021年4月30日，乙客户通过交易所撮合交易以10元/股的单价卖出A公司股票100 000股，佣金率为1‰，手续费及佣金支出综合费率为0.2‰。

(1) 乙客户向华睿证券公司按规定交存保证金时，其会计分录为：

借：银行存款——客户信用资金　500 000

　贷：代理买卖证券款——信用交易　500 000

(2) 2020年11月1日，华睿证券公司融资给乙客户时，其会计分录为：

借：融出资金　1 000 000

　贷：代理买卖证券款——信用交易　1 000 000

借：银行存款——客户信用资金　1 000 000

　贷：银行存款——自有信用资金　1 000 000

(3) 乙客户动用信用资金买入证券时，其会计分录为：

借：代理买卖证券款——信用交易　1 001 000

　贷：结算备付金——客户　1 001 000

借：手续费及佣金支出——融资融券代理买卖证券支出　200

　　结算备付金——自有　800

　贷：手续费及佣金收入——融资融券代理买卖证券收入　1 000

(4) 2021年4月30日，乙客户通过交易所撮合交易以10元/股的单价卖出A公司股票100 000股时，其会计分录为：

借：结算备付金——客户　999 000

　贷：代理买卖证券款——信用交易　999 000

借：手续费及佣金支出——融资融券代理买卖证券支出　200

　　结算备付金——自有　800

　贷：手续费及佣金收入——融资融券代理买卖证券收入　1 000

当乙客户归还融入资金时，其会计分录为：

借：代理买卖证券款——信用交易　1 000 000

　贷：融出资金　1 000 000

借：银行存款——自有信用资金　1 000 000

　贷：银行存款——客户信用资金　1 000 000

(5) 证券公司计提融出资金的应收利息，同时收取乙客户管理费时，其会计分录为：

借：应收利息——融资融券业务利息　40 000

　贷：利息收入——融资融券利息收入　40 000

借：其他应收款——应收融资融券客户款　1 000

　贷：其他业务收入——融资融券业务管理费收入　1 000

当收到乙客户融资利息、罚息及其他费用时，其会计分录为：

借：代理买卖证券款——信用交易　41 000

　贷：应收利息——融资融券业务利息　40 000

　　　其他应收款——应收融资融券客户款　1 000

借：银行存款——自有信用资金　41 000

　贷：银行存款——客户信用资金　41 000

（三）融券业务核算

1. 融券业务的含义

融券业务是指客户以其信用账户中的资金或证券作为担保品，向证券公司申请融券卖出，是一种保证金卖短交易，又叫空头或卖空。通常是看跌的股票买卖者在缴纳一部分保证金后，通过证券公司为其借入某种股票并卖出。

融券业务就是在证券价格高位时客户缴纳保证金并从证券公司借入证券，然后卖出，以便在证券价格走低之后低价买回同种证券，在归还证券公司借入证券的同时赚取差价。其流程如图 7－2 所示。

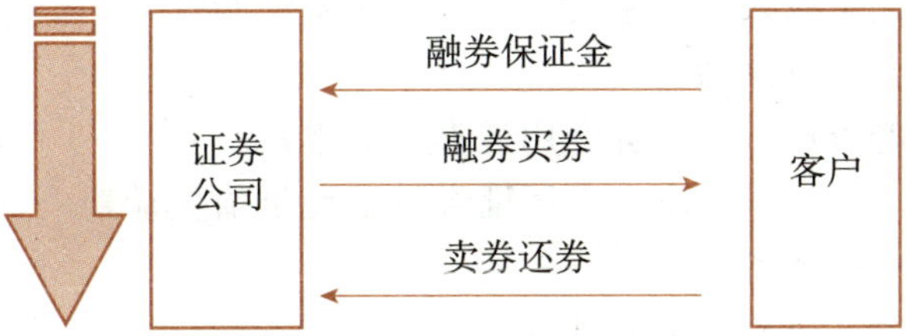

图 7－2　融券流程

2. 设置账户

在融券业务中，证券公司应设置“银行存款”“结算备付金”“融出证券”“可供出售金融资产”“代理买卖证券款”“手续费及佣金收入”“利息收入”“手续费及佣金支出”等账户。

3. 融券业务的会计处理

（1）客户向证券公司申请融券时，要先按规定交存保证金。证券公司收到客户交存的保证金时，其会计分录为：

借：银行存款——客户信用资金

　贷：代理买卖证券款——信用交易

（2）证券公司将自营账户的证券划转到融券专用证券账户上时，其会计分录为：

借：可供出售金融资产——融券专用证券（成本）

　贷：可供出售金融资产——成本

借：可供出售金融资产——融券专用证券（公允价值变动）

　贷：可供出售金融资产——公允价值变动

若公允价值跌价则会计分录相反。

（3）证券公司融券转账，其会计分录为：

借：融出证券——成本

　　　　　　——公允价值变动

　贷：可供出售金融资产——融券专用证券（成本）

　　　　　　　　　　　——融券专用证券（公允价值变动）

若跌价，公允价值结转正好相反。

（4）融券卖出，其会计分录为：

借：结算备付金——客户

　贷：代理买卖证券款——信用交易

借：手续费及佣金支出——融资融券代理买卖证券支出
结算备付金——自有
贷：手续费及佣金收入——融资融券代理收入

（5）到期买券，其会计分录为：
借：代理买卖证券款——信用交易
贷：结算备付金——客户
借：手续费及佣金支出——融资融券代理买卖证券支出
结算备付金——自有
贷：手续费及佣金收入——融资融券代理买卖证券收入

（6）还券时，其会计分录为：
借：可供出售金融资产——融券专用证券（成本）
——融券专用证券（公允价值变动）
贷：融出证券——成本
——公允价值变动
若跌价，公允价值结转相反。

（7）计提利息、费用，其会计分录为：
借：应收利息——融资融券业务利息
贷：利息收入——融资融券利息收入
借：其他应收款——应收融资融券客户款
贷：其他业务收入——融资融券业务管理费收入
当收到客户融资利息、费用时，其会计分录为：
借：代理买卖证券款——信用交易
贷：应收利息——融资融券业务利息
其他应收款——应收融资融券客户款
借：银行存款——自有信用资金
贷：银行存款——客户信用资金

（8）融券证券转入自营证券，其会计分录为：
借：可供出售金融资产——成本
——公允价值变动
贷：可供出售金融资产——融券专用证券（成本）
——融券专用证券（公允价值变动）
若跌价，公允价值结转相反。

【例7-13】2020年4月1日，华睿证券公司将自营账户的证券100亿元（10亿股）（其中成本90亿元，公允价值变动10亿元）划转到融券专用证券账户上。同日，客户乙卖出融入证券A公司股票10万股，每股10元，计100万元，年利率为8%，期限为6个月，首期交割日为2020年4月1日，到期交割日为2020年10月1日，客户乙购买A公司股票10万股，每股9.5元，用于归还融入证券。假设佣金率为1‰，手续费及佣金支出综合费率为0.2‰。

2020年4月1日备券，会计分录为：

借：可供出售金融资产——融券专用证券（成本） 9 000 000 000
　贷：可供出售金融资产——成本 9 000 000 000
借：可供出售金融资产——融券专用证券（公允价值变动） 1 000 000 000
　贷：可供出售金融资产——公允价值变动 1 000 000 000

同日，华睿证券公司融券给客户，会计分录为：

借：融出证券——成本 900 000
　　　　——公允价值变动 100 000
　贷：可供出售金融资产——融券专用证券（成本） 900 000
　　　　——融券专用证券（公允价值变动） 100 000

同时收取客户50%的保证金的会计分录为：

借：银行存款——客户信用资金 500 000
　贷：代理买卖证券款——信用交易 500 000

同日代理客户卖出：

借：结算备付金——信用备付金 999 000
　贷：代理买卖证券款——信用交易 999 000
借：手续费及佣金支出——融资融券代理支出 200
　贷：结算备付金——自有 200
借：结算备付金——自有 1 000
　贷：手续费及佣金收入——融资融券代理收入 1 000

2020年10月1日代理客户买券，会计分录为：

借：代理买卖证券款——信用交易 950 950
　贷：结算备付金——信用备金 950 950
借：手续费及佣金支出——融资融券代理支出 190
　贷：结算备付金——自有 190
借：结算备付金——自有 950
　贷：手续费及佣金收入——融资融券代理收入 950

2020年10月1日，客户乙归还A公司股票10万股，每股9.5元，会计分录为：

借：可供出售金融资产——融券专用证券（成本） 900 000
　　　　——融券专用证券（公允价值变动） 50 000
　贷：融出证券——成本 900 000
　　融出证券——公允价值变动 50 000

证券公司将借出的10万股收回，账面“融出证券——公允价值变动”借方50 000元及“可供出售金融资产——融券专用证券（公允价值变动）”贷方50 000元对冲。会计分录为：

借：可供出售金融资产——融券专用证券（公允价值变动） 50 000
　贷：融出证券——公允价值变动 50 000

假定华睿证券公司利率为8%，则6个月利息为40 000元，收取利息的会计分录为：

借：代理买卖证券款 40 000
　贷：利息收入——融资利息收入 40 000
同时，借：银行存款——自有信用资金 40 000

贷：结算备付金——信用备付金 40 000

六、其他证券业务核算

想一想

华睿证券公司通过上海证券交易所逆回购融入标准券 1 000 万元，回购交易品种为 R28（28 天回购），成交收益率为 3.6%。请问证券公司在回购买入证券时和到期返售证券时将如何进行会计处理？

（一）其他证券业务的内容

其他证券业务是指经批准在国家许可范围内经营的除自营、经纪、承销等主营证券业务以外的一些与证券交易有关的业务。主要包括受托资产管理业务、证券回购业务等。

（二）受托资产管理业务核算

1. 受托资产管理业务认知

受托资产管理业务是指证券公司接受委托，负责经营管理受托资产的业务。证券公司受托经营管理的资产，应按实际受托资产的款项，同时确认为一项资产和一项负债；证券公司对受托管理的资产进行证券买卖，按代买卖证券业务的会计核算进行处理；当合同到期时，证券公司与委托单位结算收益或损失，按合同规定的比例计算的由证券公司享有的收益或承担的损失，应确认为当期的收益或损失。

2. 设置账户

在此业务核算中通常设置“代理业务资产”“代理业务负债”等账户。

3. 受托资产管理业务的会计处理

（1）证券公司收到委托单位汇入款项，其会计分录为：

借：银行存款

　贷：代理业务负债

（2）证券公司将资金划入清算公司账户，其会计分录为：

借：结算备付金——客户

　贷：银行存款——客户

（3）证券公司用受托资金购买证券，其会计分录为：

借：代理业务资产——成本

　贷：结算备付金——客户

（4）证券公司将购买的证券卖出，其会计分录为：

借：结算备付金——客户

　贷：代理业务资产——成本

　　　　　　　　——已实现未结算损益

（5）证券公司与委托单位结算，如为收益，其会计分录为：

借：代理业务资产——已实现未结算损益

　贷：代理业务负债

　　手续费及佣金收入

证券公司与委托单位结算，如为损失，其会计分录为：

借：代理业务负债

　　手续费及佣金支出

　贷：代理业务资产——已实现未结算损益

如果证券公司在不承担损失风险的情况下，则不论盈亏，证券公司都收取管理报酬，其会计分录为：

借：代理业务负债

　贷：代理业务资产——已实现未结算损益

　　　手续费及佣金收入

（6）证券公司到期退还委托管理的资金及损益，其会计分录为：

借：代理业务负债

　贷：银行存款

【例 7-14】 华睿证券公司接受 A 公司委托为其进行资产管理，6 月 1 日收到 A 公司汇入资金 1 500 000 元。6 月 10 日华睿证券公司用委托资金购入股票，实际成本为 900 000 元。7 月 10 日华睿证券公司将购入的股票售出，扣除佣金和印花税后实际收入为 960 000 元。7 月底合同到期，华睿证券公司与 A 公司结算时，根据合同规定，华睿证券公司获得的资产管理手续费收入为总收益的 20%，A 公司获得总收益的 80%，在合同到期后华睿证券公司将资金和资产管理收益退还给 A 公司。华睿证券公司的会计分录如下：

（1）6 月 1 日收到委托单位汇入款项时，其会计分录为：

借：银行存款——受托管理客户存款	1 500 000	
贷：代理业务负债		1 500 000

（2）将委托资金款项划入清算公司时，其会计分录为：

借：结算备付金——受托管理客户备付金——A 公司	1 500 000	
贷：银行存款——受托管理客户存款		1 500 000

（3）6 月 10 日用受托资金购买证券时，其会计分录为：

借：代理业务资产——A 公司（成本）	900 000	
贷：结算备付金——受托管理客户备付金——A 公司		900 000

（4）7 月 10 日出售股票时，其会计分录为：

借：结算备付金——受托管理客户备付金——A 公司	960 000	
贷：代理业务资产——A 公司（成本）		900 000
——A 公司（已实现未结算损益）		60 000

（5）7 月底，合同到期与 A 公司结算时，其会计分录为：

借：代理业务资产——A 公司（已实现未结算损益）	60 000	
贷：手续费及佣金收入——受托资产管理业务收入		12 000
代理业务负债——A 公司		48 000

（6）合同到期时，退还 A 公司的资金及收益，其会计分录为：

借：代理业务负债——A 公司	1 548 000	
贷：银行存款——A 公司		1 548 000

（三）证券回购业务核算

1. 证券回购业务认知

证券回购业务是指证券交易商或投资者在卖出某种证券的同时，约定在将来的某一确定日期以事先确定的价格再将该等量证券购回的交易；或者相反，证券交易商或投资者在买入某种证券的同时，约定在将来的某一确定日期以事先确定的价格再将该等量证券售出的交易。前者称为回购交易，后者称为逆回购交易。其流程如图 7-3 所示。

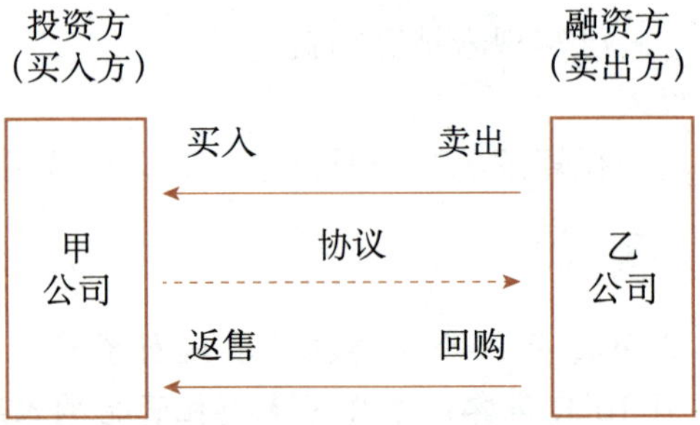

图 7-3 回购业务流程

2. 买入返售证券业务核算

证券公司应于买入某种证券时，按实际发生的成本确认为一项资产；证券在到期返售时，按返售价格与买入成本价格的差额，确认为当期收入。

（1）公司通过国家规定的场所买入证券，应按实际支付的款项作会计分录如下：

借：买入返售金融资产

　贷：结算备付金——自有

（2）公司证券到期返售，应按实际收到的金额作会计分录如下：

借：结算备付金——自有

　贷：买入返售金融资产

　　应收利息

　　利息收入（差额）

【例 7-15】 华睿证券公司与客户签订协议，从深圳证券交易所买入国债 2 000 000 元，合同买入价为每百元 212 元，合同返售价为每百元 220 元，期限为 3 个月。根据上述业务，华睿证券公司所作的会计处理如下：

购入时：

借：买入返售金融资产	4 240 000	
贷：结算备付金——自有		4 240 000

返售时：

借：结算备付金——自有	4 400 000	
贷：买入返售金融资产		4 240 000
利息收入（差额）		160 000

3. 卖出回购证券业务核算

卖出回购证券业务是指证券公司与其他企业以合同或协议的方式，按一定价格卖出证券，到期日再按合同规定的价格买回该批证券，以获得在一定时期内资金的使用权的业务。证券公司应于卖出证券时，按实际收到的款项确认为一项负债；证券到期购回时，按实际支付的款项与卖出证券时实际收到的款项的差额，确认为当期费用。

（1）公司通过国家规定的场所卖出证券，按实际收到的款项，其会计分录为：

借：结算备付金——自有

　贷：卖出回购金融资产款

（2）公司到期购回该批证券，按实际支付的款项，其会计分录为：

借：卖出回购金融资产款

　　利息支出（差额）

　贷：结算备付金——自有

【例 7－16】 华睿证券公司与客户签订合同，从深圳证券交易所卖给客户国债 2 000 000 元，合同卖出价为每百元 102 元，合同回购价为每百元 105 元，期限为 6 个月。华睿证券公司会计处理如下：

卖出时：

借：结算备付金——自有	2 040 000	
贷：卖出回购金融资产款		2 040 000

到期购回该批证券时：

借：卖出回购金融资产款	2 040 000	
利息支出（差额）	60 000	
贷：结算备付金——自有		2 100 000

模块小结

项目	任务	知识点	具体内容
证券公司会计核算	证券公司业务核算	证券业务认知	证券认知、证券公司的业务范围认知、证券业务的核算特点
		证券经纪业务核算	证券经纪业务认知、代理买卖证券业务核算、代理兑付证券业务核算
		证券自营业务核算	证券自营业务认知、自营证券买入业务核算、自营证券卖出业务核算、认购新股业务核算、配股派息业务核算、期末计价业务核算
		证券承销业务核算	证券承销业务认知、全额包销方式承销业务核算、余额包销方式承销业务核算、代销方式承销业务核算
		融资融券业务核算	融资融券业务认知、融资业务核算、融券业务核算
		其他证券业务核算	其他证券业务的内容、受托资产管理业务核算、证券回购业务核算

模块测评

◎ 思考题

1. 证券业务核算有什么特点?
2. 如何进行自营业务的核算?
3. 经纪业务包括哪些内容?应该如何核算?
4. 承销业务有哪些方式?这些方式应该如何核算?
5. 什么是融资融券?应该如何核算?
6. 回购业务如何核算?
7. 资产管理业务如何核算?

◎ 实务题

目的:能熟练操作证券业务的会计处理。

资料:某证券公司发生下列经济业务:

1. 通过证交所购买某股票 2 000 股,实际成本 24 000 元。
2. 通过证交所售出甲公司债券,实际收到价款 10 000 元,成本 6 000 元。
3. 向客户融资 1 000 000 元。
4. 收到海瑞公司代理兑付债券资金 2 000 000 元。
5. 从证交所购入返售国债 200 000 元。
6. 通过证交所卖出回购国债 300 000 元。
7. 代理客户买卖证券,清算差额为卖出大于买入 200 000 元。
8. 以全额承购包销方式接受发行股票 10 000 000 股,每股承购价 5 元,款项已支付。
9. 收到受托管理的资金 20 000 000 元。
10. 卖出债券归还融资款 1 000 000 元,利息 30 000 元。
11. 代理兑付客户记名债券面值 20 000 000 元,利息 80 000 元。
12. 以转账方式收到代理手续费 5 000 元。
13. 认购新股,中签金额为 2 000 000 元。
14. 购买的股票期末每股上涨 2 元,共 2 000 股。
15. 办理融资融券业务,今日融券给客户 100 000 股,价值 1 000 000 元。

要求:根据上述业务进行会计处理,并填制有关记账凭证。

模块四

保险公司会计核算

学习目标

- 知识目标

了解保险业务的含义及分类；

熟悉保险业务核算的特点；

掌握财产保险、人寿保险及再保险业务核算。

- 技能目标

能够准确处理各项保险业务的会计事项；

会有效组织保险公司会计工作。

案例导入

华睿保险公司下设华睿财险部、华睿寿险部和华睿再保险部，假定你是该公司财务负责人，那么该如何组织该公司三个部门的会计工作？

任务八　保险公司业务核算

【任务分析】本任务介绍了保险的概念、分类及保险业务核算的特点，在此基础上重点介绍了财产保险业务、人寿保险业务和再保险业务的核算。

一、保险业务认知

想一想

2020年4月某一天，客户李东前来咨询：父母已经缴纳基本医疗保险，不确定是否需要购买重大疾病保险的事宜。请问你会如何为李东解答？

（一）保险认知

1. 保险的含义

保险是指投保人根据合同约定，向保险人支付保险费，保险人对于合同约定的可能发生的事故因其发生所造成的财产损失承担赔偿保险金责任，或者当被保险人死亡、伤残、疾病或者达到合同约定的年龄、期限时承担给付保险金责任的行为。通常保险主要包括政策性保险与商业保险。政策性保险一般有社会福利性质，甚至带有强制性，主要有社会保险、机动车交通事故责任强制保险（交强险）等。商业保险具有商业性质，不具有强制性，其实是一种金融产品。以下介绍的仅指商业保险。

2. 保险的分类

（1）根据保险标的不同，保险可分为财产保险和人身保险。

财产保险是指以财产及其相关利益为保险标的的保险，包括财产损失保险、责任保险、信用保险、保证保险、农业保险等。它是以有形或无形财产及其相关利益为保险标的的一类补偿性保险。

人身保险是以人的寿命和身体为保险标的的保险。当人们遭受不幸事故或因疾病、年老以致丧失工作能力、伤残、死亡或年老退休时，根据保险合同的约定，保险人对被保险人或受益人给付保险金或年金，以解决其因病、残、老、死所造成的经济困难。

（2）根据合同关系人不同，保险可分为原保险和再保险。

原保险是指保险人直接承保并与投保人签订保险合同，构成保险人权利和义务的保险。它是由投保人与保险人之间直接签订保险合同而形成的保险关系，即投保人将风险转嫁给保险人，具体分为寿险和非寿险。

再保险又称分保，是指保险公司在直接承保合同的基础上，通过签订分保合同，将其所承保的部分风险和责任向其他保险公司进行保险的行为，即对保险人的保险。

（二）保险合同认知

保险合同是指保险人与投保人约定保险权利义务关系，并承担源于被保险人保险风险的协议，其中，保险人是指与投保人订立保险合同，并承担赔偿或者给付保险金责任的保险公司。

保险合同分为原保险合同和再保险合同。

原保险合同是指保险人向投保人收取保费，对约定可能发生的事故因其发生所造成的财产损失承担赔偿保险金责任，或者当被保险人死亡、伤残、疾病或者达到合同约定的年龄、期限时承担给付保险金责任的保险合同。

根据保险人在原保险合同延长期内是否承担赔付保险金责任，应将原保险合同分为寿险原保险合同和非寿险原保险合同。

如果保险人在原保险合同延长期内承担赔付保险金责任，那么该原保险合同为寿险原保险合同；如果保险人在原保险合同延长期内不承担赔付保险金责任，那么该原保险合同为非寿险原保险合同。原保险合同延长期，是指投保人自上一期保费到期日未交纳保费，保险人仍承担赔付保险金责任的期间。原保险合同是否存在延长期取决于保单是否存在现金价值。在保单存在现金价值时，即使投保人后期未交保费，保险人仍可以保单现金价值自动垫缴保费，从而延长原保险合同有效期，直至保单现金价值用完为止。也就是说，保单存在现金价值，原保险合同存在延长期，否则，原保险合同不存在延长期。原保险合同延长期不同于宽限期，宽限期是保险人给予投保人延期缴费的一种优惠，由合同加以约定，被保险人在宽限期内发生保险事故，保险人应负保险责任。具体内容如图 8－1 所示。

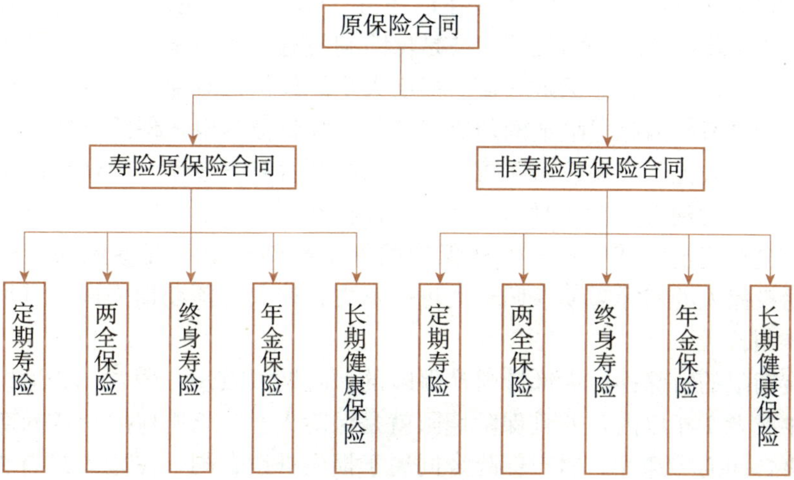

图 8－1　原保险合同内容

（三）保险业务核算的特点

保险公司业务的特殊性决定了其会计核算的特殊性，具体表现在：

（1）在会计核算中各险种类别独立建账，独立核算盈亏。

（2）资产构成以金融资产为主。

（3）负债构成各种准备金。

（4）所有者权益包括总准备金。

（5）年终决算要进行保险责任准备金的充足性测试。

二、财产保险业务核算

想一想

2020 年 6 月 29 日，华睿保险公司与客户签订了一份财产保险合同，合同于 7 月 1 日零时起生效。客户于 6 月 30 日凌晨所投保的财产发生火灾，损失财产约 200 万元。华睿保险公司应如何处理？该财产是否属于赔付范围？

（一）财产保险业务认知

1. 财产保险的含义

财产保险是以物质财富及其相关的利益作为保险标的的保险。包括财产保险、农业保险、责任保险、保证保险、信用保险等。

2. 财产保险的特点

（1）财产风险的特殊性。财产保险所要处理的风险是多种多样的。各种自然灾害、意外事故、法律责任以及信用行为均可作为财产保险承保的风险和保险责任。

（2）保险标的特殊性。财产保险的保险标的必须是可以用货币衡量价值的财产或利益，而无法用货币衡量价值的财产或利益不能作为财产保险的保险标的，如空气、江河、国有土地等。

（3）保险利益的特殊性。具体体现在以下几个方面：一是利益产生于人与物间的关系，即投保人与保险标的之间的关系。二是保险利益有量的限定，不仅要考虑投保人对标的有没有保险利益，还要考虑保险利益的额度大小。投保人对保险标的的保险利益仅限于保险标的的实际价值，因此保险金额须以财产的实际价值为限，保险金额超过财产的实际价值部分将因投保人无保险利益而无效。三是保险利益有时效性，财产保险的保险利益要求在保险合同订立时到损失发生时的全过程中都存在。

（4）保险金额确定的特殊性。财产保险的保险金额确定一般参照保险标的的实际价值，或者根据投保人的实际需要参照最大可能损失、最大可预期损失确定其所购买的财产保险的保险金额。

（5）保险期限的特殊性。大部分财产保险的保险期限较短。通常，普通财产保险的保险期限为 1 年或者 1 年以内，并且保险期限就是保险人实际承担保险责任的期限。

（6）保险合同的特殊性。财产保险合同属于损失补偿合同，保险人只有在合同约定的保险事故发生并造成被保险人的财产损失时才承担经济补偿责任，而且补偿的额度以被保险人在经济利益上恢复到损失以前的状况为限，绝不允许被保险人获得额外利益。

3. 财产保险业务核算的特点

（1）保费收入在合同生效时按保费总额确认。

（2）责任准备金提取包括未到期责任准备金和未决赔款准备金。

（3）存在代位追偿款的核算。

（二）设置账户

在财产保险业务核算中通常设置“保费收入”“应收保费”“保户储金”“赔付支出”“应收代位追偿款”“损余物资”“未到期责任准备金”“保险责任准备金”等账户。

（三）保费收入核算

1. 保费收入的确认和计量

财产保险保费收入同时满足下列条件时，才能予以确认：

（1）原保险合同成立并承担相应保险责任。

（2）与原保险合同相关的经济利益很可能流入企业。

（3）与原保险合同相关的收入能够可靠计量。

财产保险的保险期间一般较短，保费通常一次性收取。即使在分期收取保费的情况下，投保人一般也不能单方面取消合同，保险人在签订原保险合同时通常可认为保费收回的可能性大于不能收回的可能性。因此，保险人应当根据原保险合同约定的保费总额确定保费收入金额。

2. 保费收入的核算

财产保险在会计核算中遵循非寿险合同准则。

（1）保险合同生效，同时收妥保费，进行账务处理，其会计分录为：

借：银行存款

　贷：保费收入等

（2）保险合同订立，保险公司尚未收到保费时，其会计分录为：

借：应收保费

　贷：保费收入

（3）保险合同订立，但投保人分期交费的，其会计分录为：

借：应收保费（未收保费）

　　银行存款（已收保费）

　贷：保费收入等

（4）按合同收取保户储金时，其会计分录为：

借：银行存款

　贷：保户储金

（5）按预定利息转保费收入时，会计分录为：

借：应收利息

　贷：保费收入

【例 8－1】2020 年 1 月 1 日，华睿保险公司与李某签订一份家庭财产保险合同，保险金额为 200 000 元，保险期间为 1 年，保费为 500 元。合同规定，华睿保险公司自 2 月 1 日零时起开始承担保险责任。合同签订当日，华睿保险公司收到李某的全部保费并存入银行。华睿保险公司的账务处理如下：

（1）1 月 1 日收到保费 500 元时，其会计分录为：

借：银行存款　　500

　贷：预收保费　　500

（2）2 月 1 日确认原保费收入 500 元时，其会计分录为：

借：预收保费　　500

　贷：保费收入　　500

【例8-2】2020年1月1日，华睿保险公司与丙公司签订一份工程保险合同，保险金额为1 000 000元，保险期间为2020年1月1日零时至2021年12月31日24时；保费总额为2 000元，分两年于每年年初等额收取。合同生效当日，华睿保险公司收到第一期保费并存入银行。华睿保险公司的账务处理如下：

（1）2020年1月1日收到保费1 000元，确认原保费收入2 000元，其会计分录为：

借：银行存款　　1 000

　　应收保费　　1 000

　贷：保费收入　　2 000

（2）2021年1月1日收取保费1 000元，其会计分录为：

借：银行存款　　1 000

　贷：应收保费　　1 000

3. 退保的核算

对于非寿险原保险合同，投保人在保险责任开始后要求提前解除原保险合同的，保险人可以收取自保险责任开始之日起至合同解除之日止期间的保险费，剩余的保险费，即为退保费，应当退还投保人。投保人在保险责任开始前要求提前解除原保险合同的，投保人应当向保险人支付手续费，保险人应当退还保险费。同时，转销相关的尚未赚取的保费收入，即转销相关未到期责任准备金余额。

其会计处理如下：

借：保费收入（应退保费）

　贷：应收保费（尚欠保费）

　　　银行存款（退款额）

同时冲销已确认的未到期责任准备金：

借：未到期责任准备金

　贷：提取未到期责任准备金

【例8-3】2020年10月8日，华睿保险公司收到甲公司通知，要求提前解除投保的企业财产保险合同。华睿保险公司按约定计算应退还甲公司保费8 000元，并于当日以银行存款转账支付。假定华睿保险公司已为该企业财产保险合同确认未到期责任准备金6 000元。

华睿保险公司的账务处理如下：

借：保费收入　　8 000

　贷：银行存款　　8 000

借：未到期责任准备金　　6 000

　贷：提取未到期责任准备金　　6 000

（四）赔付成本的核算

财产保险赔付成本包括保险人支付的赔款，以及在理赔过程中发生的律师费、诉讼费、损失检验费、相关理赔人员薪酬等理赔费用。

1. 赔款支出的核算

保险人在确定了实际应支付赔偿款项金额的当期，首先应当将确定支付的赔偿款项金额计入当期赔付支出；已提取未决赔款准备金的同时冲减相应的保险责任准备金（未决赔款准备金）余额。

【例 8－4】 2020 年 4 月 12 日，保险公司确定应赔偿张某投保的家庭财产保险款 40 000 元，款项尚未支付。2020 年 4 月 30 日，保险公司为该保险事故确认的未决赔款准备金金额为 40 000 元。保险公司的账务处理如下：

借：赔付支出	40 000	
贷：应付赔付款		40 000
借：保险责任准备金	40 000	
贷：提取保险责任准备金		40 000

保险人在保险事故发生后当月能够结案定损的，保险人不需要先确认未决赔款准备金，直接将确定支付的赔付款项金额计入当期损益。

【例 8－5】 2020 年 5 月 15 日，华睿保险公司某被保险人因发生交通事故死亡；5 月 20 日，保险公司确定应赔偿该保险受益人保险款 100 000 元，并于当日支付。保险公司的账务处理如：

借：赔付支出	100 000	
贷：银行存款		100 000

2. 发生理赔费用

保险人发生的理赔费用，应当在实际发生的当期计入赔付支出，同时冲减相应的保险责任准备金（未决赔款准备金）余额。在理赔费用准备金中包括的相关理赔人员薪酬，应当在实际分配的当期计入赔付支出，同时冲减相应的保险责任准备金（未决赔款准备金）余额。

【例 8－6】 2020 年 5 月 31 日，华睿保险公司分配相关理赔人员薪酬 52 000 元，其中与财险有关的金额为 32 000 元，与短期健康险责任准备金有关的金额为 20 000 元。华睿保险公司的账务处理如下：

借：赔付支出	52 000	
贷：应付职工薪酬		52 000
借：保险责任准备金——未决赔款（理赔费用）准备金	32 000	
——短期健康险责任准备金	20 000	
贷：提取保险责任准备金		52 000

3. 损余物资

损余物资是指保险人对非寿险保险事故承担赔偿保险金责任后取得的原保险标的受损后的财产。

在通常情况下，保险人承担赔偿保险金责任时，一般将取得的有关财产折价给受益人，该财产不属于保险人的损余物资，不应当纳入保险人的资产负债表内反映，而应当将其从应支付的赔偿款项中予以扣除，按扣除后的金额支付给受益人。

如果保险人承担赔偿保险金责任时，没有将取得的原保险标的受损后的有关财产折价给受益人，则该资产属于保险人的损余物资，在满足确认条件时应纳入保险人的资产负债表内反映。保险人取得的损余物资是对其发生赔付支出的补偿，因此，在确认损余物资时，应当按照同类或类似资产的市场价格计算确定的金额确认为资产，同时冲减赔付支出。同类或类似资产，通常是指与损余物资的性质相同、功能相近的资产。保险人在处置损余物资时，应当按收到的金额与相关损余物资账面价值的差额，调整当期赔付支出。

【例 8-7】王某投保的小轿车发生被盗保险事故，华睿保险公司已支付保险金并结案。2020 年 4 月 12 日，保险公司通过公安部门找回了该被盗小轿车，参照同类资产的市场价格确定的入账价值为 80 000 元。保险公司的账务处理如下：

借：损余物资	80 000	
贷：赔付支出		80 000

4. 代位追偿款

代位追偿款是指保险人承担赔偿保险金责任后，依法从被保险人取得代位追偿权并向第三者责任人索赔而应取得的赔款。

保险人承担赔付保险金责任后应取得的代位追偿款，只有在同时满足准则规定的条件时才能予以确认。对于不满足确认条件的代位追偿款，保险人不应当确认。在判断代位追偿款能否收回时，保险人应当根据以往的经验、第三者责任人的财务状况和现金流量等相关信息进行合理估计。如果判断代位追偿款收回的可能性大于不能收回的可能性，就应当认为代位追偿款能够收回。如果判断代位追偿款收回的可能性小于不能收回的可能性，就不应当确认应收代位追偿款，但应当提供确凿的证据。

保险人确认的应收代位追偿款，其实质是对保险人发生的赔付支出的补偿，在确认时应当冲减赔付支出。在收到应收代位追偿款时，保险人应当按照收到的金额与相关应收代位追偿款账面价值的差额，调整当期赔付支出。

【例 8-8】2020 年 5 月 15 日，张某投保的小轿车发生碰撞保险事故，华睿保险公司赔偿保险金责任后，取得向责任方代位追偿的权利，估计能够收回的代位追偿款为 30 000 元。6 月 23 日，保险公司从责任方收到代位追偿款 29 000 元，款项已存入银行。保险公司的账务处理如下：

(1) 5 月 15 日确认应收代位追偿款 30 000 元时，其会计分录为：

借：应收代位追偿款	30 000	
贷：赔付支出		30 000

(2) 6 月 23 日收到应收代位追偿款 29 000 元时，其会计分录为：

借：银行存款	29 000	
赔付支出	1 000	
贷：应收代位追偿款		30 000

（五）财产保险准备金的核算

根据《企业会计准则第 25 号——原保险合同》的规定，原保险合同准备金是指为了实现对被保险人的因保险事故所受损失的经济补偿，而提取建立的准备金，这可以保证保险人有足够的资金来履行自己的保险责任。财产保险准备金包括未到期责任准备金和未决赔款准备金。

1. 未到期责任准备金的核算

未到期责任准备金是指保险人为尚未终止的财产保险责任提取的准备金。在保险人按原保险合同约定的保费总额确认保费收入的情况下，为了真实地反映保险人当期已赚取的保费收入，保险人就有必要在确认保费收入的当期期末，按照保险精算确定的未到期责任准备金金额，提取未到期责任准备金，作为保费收入的调整，并确认未到期责任准备金负债。

通常，保险人在资产负债表日按照保险精算重新计算确定的未到期责任准备金金额应当小于在上一资产负债表日已确认的未到期责任准备金余额。保险人应当在资产负债表日，按照保险精算重新计算确定的未到期责任准备金金额与已确认的未到期责任准备金余额的差额，对未到期责任准备金余额进行调整。

【例8-9】 2020年11月1日，华睿保险公司确认甲公司投保的A财产保险合同保费收入为54 000元；11月30日，保险公司保险精算部门计算确定A财产保险合同未到期责任准备金金额为50 000元；12月31日，保险公司保险精算部门计算确定A财产保险合同未到期责任准备金金额为45 000元。保险公司的账务处理如下：

(1) 11月1日确认原保费收入54 000元时，其会计分录为：

借：银行存款	54 000	
贷：保费收入		54 000

(2) 11月30日确认未到期责任准备金50 000元时，其会计分录为：

借：提取未到期责任准备金	50 000	
贷：未到期责任准备金		50 000

(3) 12月31日调减未到期责任准备金5 000（50 000－45 000）元时，其会计分录为：

借：未到期责任准备金	5 000	
贷：提取未到期责任准备金		5 000

2. 未决赔款准备金的核算

未决赔款准备金是指保险人为非寿险保险事故已发生尚未结案的赔案提取的准备金，包括已发生已报案未决赔款准备金、已发生未报案未决赔款准备金和理赔费用准备金。其中，已发生已报案未决赔款准备金是指保险人为非寿险保险事故已发生并已向保险人提出索赔、尚未结案的赔案提取的准备金。已发生已报案未决赔款准备金的基础数据主要来源于理赔部门，应当反映理赔部门对于理赔模式、赔付支出变化、零赔案、大赔案等问题的经验和判断。已发生未报案未决赔款准备金是指保险人为非寿险保险事故已发生、尚未向保险人提出索赔的赔案提取的准备金。理赔费用准备金是指保险人为非寿险保险事故已发生尚未结案的赔案可能发生的律师费、诉讼费、损失检验费、相关理赔人员薪酬等理赔查勘费用提取的准备金。

保险人与投保人签订原保险合同，向投保人收取保费，同时承担了在保险事故发生时向受益人赔付保险金的责任。对于财产保险业务，在保险事故发生之前，保险人承担的向受益人赔付保险金的责任是一种潜在义务，不满足负债的确认条件，因此不应当确认为一项负债。保险事故一旦发生，保险人承担的向受益人赔付保险金的责任变成一种现时义务，满足负债的确认条件，应当确认为负债。因此，保险人应当在非寿险保险事故发生的当期，按照保险精算确定的未决赔款准备金金额，提取未决赔款准备金，并确认未决赔款准备金负债。

【例8-10】 2020年5月31日，华睿保险公司保险精算部门计算确定的某类财产保险合同未决赔款准备金金额为100 000元，其中，已发生已报案未决赔款准备金为60 000元，已发生未报案未决赔款准备金为20 000元，理赔费用准备金为20 000元。保险公司的账务处理如下：

借：提取保险责任准备金 100 000

贷：保险责任准备金 100 000

3. 保险责任准备金充足性测试

保险公司在财产保险事故发生的当期，已经根据保险精算部门确定的未决赔款准备金金额确认了保险责任准备金（未决赔款准备金）。但是，随着理赔案件调查的深入（如未决赔款准备金），原定保险精算假设可能发生变化，从而导致已确认的保险责任准备金金额与保险公司应承担的赔付保险金责任不一致。基于会计信息质量特征中的谨慎性要求，并考虑成本效益原则，保险人应当至少于每年年度终了，以掌握的有关资料为依据，选择恰当的方法对保险责任准备金进行充足性测试。如果保险人按照保险精算重新计算确定的相关保险责任准备金金额超过充足性测试日已确认的相关保险责任准备金余额，则应当按照其差额补提相关保险责任准备金；如果保险人按照保险精算重新计算确定的相关保险责任准备金金额小于充足性测试日已确认的相关保险责任准备金余额，则不调整相关保险责任准备金。

【例 8－11】2020 年 12 月 31 日，华睿保险公司保险精算部门计算确定的某财产保险合同未决赔款准备金金额为 160 000 元，前期已确认的相关未决赔款准备金金额为 110 000 元。保险公司的账务处理如下：

保险公司应补提的未决赔款准备金＝160 000－110 000＝50 000（元）

借：提取保险责任准备金 50 000

贷：保险责任准备金 50 000

三、人寿保险业务核算

想一想

华睿保险公司与客户王先生签订了一份家庭寿险合同，保费共计 4 000 元，分两期于前两年年初交纳。签订合同当日，王先生转账交纳第一期保费 2 000 元。请问保险公司应如何进行会计处理？

（一）人寿保险业务认知

1. 人寿保险的含义

人寿保险是主要以人的寿命为保障对象、以被保险人在保险期间内生存或身故为给付保险金的条件的人身保险。人寿保险按照保险责任分为定期寿险、终身寿险、两全保险、年金保险、长期健康保险等。

2. 人寿保险的特征

（1）风险的特殊性。人寿保险保障的风险从整体上说，具有一定的稳定性；而从个体上说，又具有变动性。

（2）业务的长期性。人寿保险一般采用长期性业务，保险期限少则几年，多则十几年或几十年以至终身。

（3）储蓄性。在人寿保险中，保险人每年收取的保险费超过其当时需要支付的保险金。这个超过部分是投保人提前交给保险人，用于履行未来义务的资金。在它还没有履行保险义务期间，它相当于投保人存在保险人处的长期性的储蓄存款。

通常人寿保险业务遵循寿险原保险合同的有关规定处理。

3. 人寿保险核算的特点

（1）保费收入在合同生效时确认，并按照当期保费确定。

（2）责任准备金只有寿险责任保证金。

（3）存在“三差”损益计算与核算。

（二）设置账户

在寿险业务核算中通常设置“保费收入”“退保金”“赔付支出”“保单红利支出”“保险责任准备金”等账户。

（三）保费收入的核算

1. 保费收入的确认与计量

根据《企业会计准则第 25 号——原保险合同》的规定，人寿保险业务的保费收入在确认时，要同时满足下列条件：

（1）原保险合同成立并承担相应保险责任。

（2）与原保险合同相关的经济利益很可能流入企业。

（3）与原保险合同相关的收入能够可靠地计量。

寿险的保险期间一般较长，保费通常分期收取，一次性趸交的较少；投保人可以单方面取消合同，保费的收回存在不确定性。因此，对于分期收取保费的寿险原保险合同，保险人应当根据当期应收取的保费确定保费收入金额；对于一次性收取保费寿险原保险合同，保险人应当根据一次性应收取的保费确定保费收入金额。

2. 保费收入的核算

保险企业在核算人寿保险业务时，应设置“保费收入”和“预收保费”科目来核算和监督寿险保费的收取情况。

当客户来投保时，保险公司应根据保险业专用发票进行账务处理，其会计分录为：

借：银行存款

或　　库存现金

　　贷：保费收入

或　　　预收保费等

期末，“保费收入”科目发生额应转入“本年利润”科目，其会计分录为：

借：保费收入

　　贷：本年利润

【例 8-12】 2017 年 12 月 31 日，华睿保险公司与王某签订一份定期寿险合同，保险金额为 1 000 000 元，保险期间为 2018 年 1 月 1 日零时至 2037 年 12 月 31 日 24 时；保费总额为 60 000 元，分 5 期于前 5 年每年 1 月 1 日等额收取。合同生效当日，保险公司收到王某的第一期保费 12 000（60 000÷5）元，保险公司的账务处理如下：

借：银行存款　　　　12 000

　　贷：保费收入　　　　12 000

以后各年收取保费的账务处理同上。

【例 8－13】2017 年 12 月 31 日，华睿保险公司与李某签订一份两全保险合同，保险金额为 500 000 元，保费总额为 80 000 元，保险期间为 2018 年 1 月 1 日零时至 2027 年 12 月 31 日 24 时。合同生效当日，保险公司收到李某的保费总额 80 000 元。保险公司的账务处理如下：

借：银行存款　　80 000

　贷：保费收入　　80 000

3. 退保金的核算

由于种种原因，被保险人在保险期未满的情况下要求退保，经保险公司审核批准后，根据不同险种的具体规定核定其已交费年期和退保金额。会计部门根据有关单证付款并记账。

保险公司在办理退保业务时，应设置“退保金”科目来核算和监督退保金。

保户要求退保时，其会计分录为：

借：退保金

　贷：库存现金

或　　银行存款

(四) 赔付成本的核算

1. 保险金给付

寿险赔付成本包括保险人支付的给付款项，以及在理赔过程中发生的律师费、诉讼费、损失检验费、相关理赔人员薪酬等理赔费用。

对于寿险业务，保险人在确认保费收入当期，已经根据保险精算部门计算确定的寿险责任准备金、长期健康险责任准备金金额，确认了保险责任准备金（寿险责任准备金、长期健康险责任准备金）负债，同时确认提取保险责任准备金，计入当期损益。保险人在确定了实际支付给付款项金额的当期，首先应当将确定支付的给付款项金额，计入当期赔付支出；其次，应当按照确定支付的给付款项金额冲减相应的保险责任准备金（寿险责任准备金、长期健康险责任准备金）余额。

【例 8－14】2020 年 6 月 30 日，保险公司确定应给付李某投保的团体终身寿险款项为 600 000 元，款项尚未支付。保险公司的账务处理如下：

借：赔付支出　　600 000

　贷：应付赔付款　　600 000

借：保险责任准备金　　600 000

　贷：提取保险责任准备金　　600 000

2. 发生理赔费用

保险事故发生后保险人发生的理赔费用，应当在实际发生的当期计入赔付支出，同时冲减相应的保险责任准备金（寿险责任准备金、长期健康险责任准备金）余额。在理赔费用准备金中包括的相关理赔人员薪酬，应当在实际分配的当期计入赔付支出，同时冲减相应的保险责任准备金（寿险责任准备金、长期健康险责任准备金）余额。

【例 8－15】2020 年 5 月 31 日，保险公司分配相关理赔人员薪酬 43 000 元，其中与寿险责任准备金相关的金额为 23 000 元，与长期健康险责任准备金相关的金额为 20 000 元。保险公司的账务处理如下：

借：赔付支出　　43 000

贷：应付职工薪酬　　43 000

借：保险责任准备金——寿险责任准备金　　23 000

——长期健康险责任准备金　　20 000

贷：提取保险责任准备金　　43 000

（五）保单红利支出的核算

由于人寿保险合同期限较长，以预定的死亡率、利率和费用率为依据确定的保费标准通常与实际情况不一致，保险公司在预定费率中通常考虑一定的安全系数，保险费过剩便成了人寿保险业务中的普遍现象，这也是保险公司利润的成因，其实质是对客户利益的占有，保险公司应该用分红利的方式将“三差”益返还给保户。

为了核算保险公司发放红利的情况，保险公司应设置“保单红利支出”科目。该科目属于损益类科目，专门用来核算保险企业按原保险合同约定支付给投保人的红利。

保险公司按照合同约定计提应支付的保单红利时，其会计分录为：

借：保单红利支出

贷：应付保单红利

当实际支付保户利差时，其会计分录为：

借：应付保单红利

贷：库存现金

或　　银行存款

期末，应将“保单红利支出”科目发生额转入“本年利润”科目借方，结转后应无余额。

【例8-16】某人寿保险公司期末根据保险精算，应支付的利差返还保单的红利为300 000元。其会计分录为：

借：保单红利支出　　300 000

贷：应付保单红利　　300 000

当实际向客户支付红利时，其会计分录为：

借：应付保单红利　　300 000

贷：库存现金　　300 000

（六）人寿保险责任准备金的核算

1. 人寿保险责任准备金提取的核算

人寿保险原保险合同规定，人寿保险责任准备金包括寿险责任准备金、长期健康险责任准备金。

保险人与投保人签订寿险原保险合同，向投保人收取保费，同时承担了再保险事故发生时向受益人赔付保险金的责任，这种责任是保险人承担的现时义务。首先人寿保险事故的表现形式是被保险人死亡、伤残、疾病或者达到约定的年龄、期限，对于这类保险事故，保险人承担赔付保险金责任导致经济利益流出的可能性超过50%。虽然寿险原保险合同保险事故具体发生的时间具有不确定性，保险事故发生时具体应当给付的金额具有不确定性，但是，根据保险精算的原理，保险人能够可靠地估计承担的向受益人赔付保险金责任的大小和时间。因此，保险人承担的向受益人赔付保险金的责任满足负债的确认条件，应当确认为负债，即保险人应当在确认寿险保费收入的当期，按照保险精算确定的寿险责任准备金金额，提取寿险责任准备金、长期健康险责任准备金，并确认为负债。

寿险责任准备金是指保险人为尚未终止的人寿保险责任提取的准备金。长期健康险责任准备金是指保险人为尚未终止的长期健康保险责任提取的准备金。在通常情况下，对于定期寿险、终身寿险、两全寿险、年金寿险等原保险合同，保险人应当在确认保费收入的当期，根据保险精算部门确定的寿险责任准备金确认寿险责任准备金负债；对于长期健康保险等原保险合同，保险人应当在确认保费收入的当期，根据保险精算部门确定的长期健康险责任准备金确认长期健康险责任准备金负债。

【例 8-17】 2020 年 12 月 31 日，保险公司保险精算部门计算确定的某团体终身寿险合同寿险责任准备金的金额为 120 000 元。保险公司的账务处理如下：

借：提取保险责任准备金	120 000	
贷：保险责任准备金		120 000

2. 人寿保险责任准备金充足性测试

保险人在确认寿险保费收入的当期，已经根据保险精算部门确定的寿险责任准备金、长期健康险责任准备金的金额确认了保险责任准备金。但是，随着理赔案件时间的推移，原定保险精算假设可能发生变化，从而导致已确认的保险责任准备金的金额与保险人应承担的赔付保险金责任不一致。此时，如果不对已确认的保险责任准备金的金额进行调整，就不能真实地反映保险人承担的赔付保险金责任。

所以保险人应当至少于每年年度终了，以掌握的有关资料为依据，选择恰当的方法对保险责任准备金进行充足性测试。如果保险人按照保险精算重新计算确定的相关保险责任准备金的金额超过充足性测试日已确认的相关保险责任准备金余额的，应当按照其差额补提相关保险责任准备金；如果保险人按照保险精算重新计算确定的相关保险责任准备金的金额小于充足性测试日已确认的相关保险责任准备金余额的，不调整相关保险责任准备金。

【例 8-18】 2020 年 12 月 31 日，华睿保险公司保险精算部门计算确定的某团体寿险责任准备金的金额为 140 000 元，前期已确认的相关准备金的金额为 100 000 元。保险公司的账务处理如下：

保险公司应补提的寿险责任准备金＝140 000－100 000＝40 000（元）

借：提取保险责任准备金	40 000	
贷：保险责任准备金		40 000

四、再保险业务核算

想一想

华睿保险公司与宏达保险公司就某一财产保险签订了一份再保险合同，3 年后华睿保险公司按照合同约定计算出应向宏达保险公司收取的纯益手续费金额为 100 万元，经双方确认一致。请问双方公司应该如何处理？

（一）再保险业务认知

1. 再保险的含义

再保险又称分保，是指保险人在原保险合同的基础上，通过签订分保合同，将其所承保的部分风险和责任向其他保险人进行保险的行为。

保险人可以通过再保险将超过其自身财力所及的保险责任向其他保险人进行分保，从而起到分散风险、保证保险业务稳定的作用，而且当保险企业业务扩大时，也可以通过再保险来突破法定资本的限制，因而再保险在保险经营中占有极为重要的地位。

2. 再保险的种类

再保险按原保险人与再保险人之间对保险责任的分配方式划分为比例再保险和非比例再保险两大类。

（1）比例再保险。比例再保险是指以原保险合同保险金额为自留额和分保额计算基础的一种再保险合同。在该种再保险方式下，再保险分出人与再保险接受人按照保险金额的一定比例分担责任，并按此比例分出保费和分摊赔付款。比例再保险合同又分为成数再保险和溢额再保险。

（2）非比例再保险。非比例再保险是指以再保险分出人赔付款金额（实际损失）为自留额和分保额计算基础的一种再保险合同。在该种再保险方式下，再保险分出人与再保险接受人并不是按比例分配相关的保费和赔付款，而是通常先规定两个限额：一是再保险分出人自己承担的赔付限额（赔款限额或赔付率限额）；二是再保险接受人承担的最高赔付限额。再保险分出人按合同规定在期初向再保险接受人预付一定的保费，合同责任期满后再对预付保费进行调整；当原保险发生保险事故后的赔付金额或全年赔付率不超过再保险分出人自负的责任限额时，相关损失由再保险分出人自行承担；对于超过自负责任限额部分的赔付款由再保险接受人承担，但不超过约定应承担的最高限额。非比例再保险是在比例再保险承担补偿责任以后才承担补偿责任的再保险。非比例再保险又分为超额赔款再保险和赔付率超赔再保险。

3. 再保险合同的特点

再保险合同属于保险合同，与原保险合同相比较，具有以下特征：

（1）再保险合同是保险人与保险人之间签订的合同，一方为再保险分出人，另一方为再保险接受人。

（2）再保险合同是补偿性合同。不论原保险合同是寿险合同还是非寿险合同，再保险合同的标的都是再保险分出人所承担的保险责任。再保险合同不具有直接对原保险合同标的进行赔偿或给付的性质，而是以补偿再保险分出人对原保险合同所承担的保险责任为目的，即对于原保险合同标的发生保险事故所产生的损失，先由再保险分出人全额进行赔偿或给付，再将应由再保险接受人承担的部分摊回，然后由再保险接受人向再保险分出人进行补偿。

（3）再保险合同独立于原保险合同。再保险合同的再保险接受人与原保险合同的投保人和保险受益人之间不发生任何法律或业务关系，再保险合同的再保险接受人无权向原保险合同的投保人收取保费，原保险合同的保险受益人无权直接向再保险合同的再保险接受人提出索赔要求。原保险合同的保险人（再保险合同的再保险分出人）也不得以再保险接受人不对其履行补偿义务为借口而拒绝、减少或延迟履行其对保险受益人的赔偿或给付义务。

4. 分保账单

再保险业务包括分出业务和分入业务。再保险分出业务涉及分出保费、摊回分保手续费、摊回赔付成本等基本业务。再保险分入业务涉及收取分保费、支付分保手续费、支付分保赔付款等基本业务。

保险人之间履行再保险合同的约定、办理再保险业务和进行再保险资金结算的主要凭据是分保账单。其格式见表 8-1。

表 8-1　分保账单

分出公司名称：　　　　　　　　　　分入公司名称：
账单期：　　　　　　　　　　　　　业务年度：
合同名称：　　　　　　　　　　　　货币单位：

借　方		贷　方	
分保手续费 分保赔款 纯益手续费用 保费准备金扣存 赔款准备金扣存 税款及杂项		分保费 保费准备金返还 赔款准备金返还 赔款追回款 退回分保手续费 保费准备金利息	
应付你方余额		应付我方余额	
合　计		合　计	
你方成分（%）			
备　注			

分保账单一般由再保险分出人按季度编制。为了减少付款次数和不必要的汇款费用，再保险合同双方通常约定按照账单上各项应收应付款相抵后的净额结算。表 8-1 中“应付你方余额”为账单贷方金额合计减去借方金额合计后的净额，是再保险分出人应向再保险接受人实际支付的金额；“应付我方余额”为账单借方金额合计减去贷方金额合计后的净额，是再保险接受人应向再保险分出人实际支付的金额。

（二）分出分保业务的核算

1. 设置账户

为了反映再保险业务的分出情况，公司应设置“存入保证金”“分出保费”“摊回分保费用”“摊回赔付支出”“摊回保险责任准备金”“应收分保账款”“应收分保未到期责任准备金”“应收分保保险责任准备金”“应付分保账款”等账户。

2. 应收分保准备金的核算

再保险分出人应当在确认非寿险原保险合同保费收入的当期，按照相关再保险合同的约定，计算确认相关的应收分保未到期责任准备金资产，并冲减提取未到期责任准备金。再保险分出人应当在提取原保险合同未决赔款准备金、寿险责任准备金、长期健康险责任准备金的当期，按照相关再保险合同的约定，计算确定应向再保险接受人摊回的相应准备金，确认为一项相应的应收分保准备金资产。

应收分保未到期责任准备金实质属于分出的未赚保费，确认应收分保未到期责任准备金是对当期分出保费的调整，并非收入的实现。提取未到期责任准备金（含分保未到期责任准备金）和确认应收分保未到期责任准备金的最终结果都是对当期自留保费（原保险合同保费收入加上分保费收入再减去分出保费后的金额）的调整，即将当期的自留保费调整为已赚保费。因此，确认应收分保未到期责任准备金时应作冲减提取未到期责任准备金处理，通过“提取未到期责任准备金”科目集中反映将当期自留保费调整为已赚保费的调整金额。而应收分保未决赔款准备金、应收分保寿险责任准备金和应收分保长期健康险责任准备金都表示再保险分出人预期从再保险接受人处获得补偿的金额，具有收入性质，确认时应作摊回相应准备金处理。

【例 8-19】 2020 年 12 月 2 日，华睿保险股份有限公司（以下简称华睿公司）与佳宝保险股份有限公司（以下简称佳宝公司）签订了一份成数分保财险再保险合同，将合同规定范围内的原保险业务向佳宝公司办理分保。合同约定，分保比例为 10%；分保手续费以分出保费作为计算基础，分保手续费率为 25%；合同起期日为 2021 年 1 月 1 日，保险责任期间为 1 年。2021 年 1 月 1 日，华睿公司就该再保险合同规定业务范围内的飞龙公司财产保险合同确认保费收入 1 200 万元；1 月 31 日，华睿公司就飞龙公司财产保险合同提取未到期责任准备金 1 100 万元；3 月 18 日，飞龙公司财产保险合同约定的保险事故发生，至 3 月 31 日尚未结案定损，华睿公司就该合同提取未决赔款准备金 1 200 万元。华睿公司确认应收分保准备金的会计处理如下：

（1）2021 年 1 月 31 日，确认应收分保未到期责任准备金：

华睿公司应确认的对佳宝公司应收分保未到期责任准备金=1 100×10%=110（万元）

其会计分录为：

借：应收分保未到期责任准备金　　11 000 000

　贷：提取未到期责任准备金　　11 000 000

（2）2021 年 3 月 31 日，确认应收分保未决赔款准备金：

华睿公司应确认的对佳宝公司应收分保未决赔款准备金=1 200×10%=120（万元）

其会计分录为：

借：应收分保保险责任准备金——未决赔款准备金　　1 200 000

　贷：摊回保险责任准备金——未决赔款准备金　　1 200 000

3. 分出保费的核算

再保险分出人应当在确认原保险合同保费收入的当期，按照相关再保险合同的约定，计算确定分出保费，计入当期损益。

【例 8-20】 2020 年 5 月 10 日，华睿保险公司与乙再保险公司签订了一份溢额再保险合同，经确认华睿保险公司向乙再保险公司分出保费 5 万元。

华睿保险公司的会计分录为：

借：分出保费　　50 000

　贷：应付分保账款——乙公司　　50 000

4. 摊回分保手续费、摊回赔付成本的核算

再保险分出人应在确认原保险合同保费收入的当期，按照再保险合同约定计算再保险接受人摊回的分保手续费，计入当期损益。再保险分出人应当在确定支付赔付款项金额或实际发生理赔费用而冲减原保险合同相应准备金余额的当期，冲减相应的应收分保准备金余额；同时，按照相关再保险合同的约定，计算确定应向再保险接受人摊回的赔付成本，计入当期损益。

摊回准备金和摊回赔付成本的区别在于：摊回准备金是预计由再保险接受人补偿的金额；摊回赔付成本是由再保险接受人实际补偿的金额。因此，在确认摊回赔付成本的同时应冲减相应的摊回准备金。

【例 8-21】 2020 年 1 月 31 日，华睿保险公司与客户王某签订了一份人身意外伤害保险合同，保险金额为 360 万元，自 2020 年 2 月 1 日零时起合同生效，保险期间为 1 年；王某于合同生效当日一次性交纳保险费 0.72 万元，华睿保险公司开始承担保险责任并确认了保费收入。该份人身意外伤害保险合同属于华睿保险公司与 W 保险股份有限公司签订的溢额再保险合同约定的业务范围。该再保险合同约定：每一位被保险人的意外险自留额为 100 万元，W 公司的分保额最高限额为 300 万元，分保手续费率为 25%。2020 年 7 月 10 日，被保险人王某发生车祸死亡，华睿保险公司确定该事故属于全额赔偿责任范围，于事故发生当月确认了赔付成本 360 万元。2020 年 7 月 29 日，华睿保险公司向王某家属支付了保险赔款，该保险事故结案。

华睿保险公司就上述业务计算出应向 W 公司分出的保费金额为 0.52 [0.72×（360－100）÷360)] 万元，分保手续费金额为 0.13（0.52×25%）万元，应从 W 公司摊回赔款金额为 260 [360×（360－100）÷360] 万元，华睿保险公司分出保费、摊回分保费用、摊回赔付成本的账务处理如下：

（1）2020 年 2 月，确认分出保费及摊回分保费用，其会计分录为：

借：分出保费	5 200	
贷：应付分保账款——W 公司		5 200
借：应收分保账款——W 公司	1 300	
贷：摊回分保费用		1 300

（2）2020 年 7 月，确认应摊回的赔付成本，其会计分录为：

借：应收分保账款——W 公司	2 600 000	
贷：摊回赔付支出		2 600 000

再保险分出人应当根据相关再保险合同的约定，在能够计算确定应向再保险接受人收取的纯益手续费时，将该项纯益手续费作为摊回分保费用计入当期损益。

【例 8-22】 华睿公司与 H 保险股份有限公司（以下简称 H 公司）签订了一份成数分保财产再保险合同，将约定的原保险业务向 H 公司办理分保。假定再保险合同签订 3 年后华睿公司按照合同约定计算出应向 H 公司收取的纯益手续费金额为 144 万元，经双方确认一致的纯益手续费金额为 140.4 万元。华睿公司应于双方确认一致时作如下账务处理：

借：应收分保账款——H 公司	1 404 000	
贷：摊回分保费用		1 404 000

5. 存入分保保证金的核算

分保保证金是再保险分出人从应付给再保险接受人的分保费中以一定比例扣存，作为再保险接受人履行分保未了责任的保证金。该保证金留存期一般为 12 个月，至次年同期归还，归还时要支付利息。分保保证金从性质上看属于再保险接受人的预付款。当再保险接受人无力履行分保赔付责任时，扣存的分保保证金给再保险分出人提供了一定的安全保障。在再保险合同约定再保险分出人扣存分保保证金的情况下，在相关分保业务账单借方栏中会增加“扣存分保保证金”项目，在贷方栏中会增加“转回上年度扣存的分保保证金”“分保保证金利息”等项目。

因再保险分出人扣存分保保证金的交易具体体现在分保业务账单中，再保险分出人应当在发出分保业务账单时，依据账单标明的相关金额进行会计处理。再保险分出人对于存入的分保保证金，应当按期计提利息。

【例 8-23】 2020 年 12 月 8 日，华睿公司作为分出人与 M 保险股份有限公司（以下简称 M 公司）签订了一份溢额再保险合同，合同起期日为 2021 年 1 月 1 日，保险责任期间为 1 年。合同约定：华睿公司在每季度账单中，从应付给 M 公司的分保费中按照一定比例计算扣存分保保证金，扣存期为 12 个月，次年同期归还，归还同时支付利息，保证金年利率为 4%。假定在华睿公司 2021 年 4 月 15 日发出的当年第一季度账单中，“扣存本期分保保证金”项目金额为 360 万元。华睿公司相关账务处理如下：

借：应付分保账款——M 公司　　3 600 000

　贷：存入保证金　　3 600 000

华睿公司应自 2020 年 1 月至 12 月每月计提分保保证金利息：

每月分保保证金利息＝360×4%÷12＝1.2（万元）

每月计提分保保证金利息时，其会计分录为：

借：利息支出　　12 000

　贷：应付分保账款——M 公司　　12 000

华睿公司在于 2021 年 1 月发出的 2020 年第四季度对 M 公司的分保业务账单中，“转回上年同期扣存分保保证金”项目金额为 360 万元。华睿公司账务处理如下：

借：存入保证金　　3 600 000

　贷：应付分保账款——M 公司　　3 600 000

（三）分入分保业务的核算

1. 设置账户

分入分保业务的会计核算与分出分保业务的会计核算应一一对应，方向相反。为了反映再保险分入业务的情况，应设置“存出保证金”“保费收入”“赔付支出”“分保费用”“保险责任准备金”“应收分保账款”“应付分保账款”等账户。

2. 分保费收入及分保费用的核算

（1）分保费收入的确认。分保费收入必须同时满足下列条件才能予以确认：

1）再保险合同成立并承担相应的保险责任；

2）与再保险合同相关的经济利益很可能流入企业；

3）与再保险合同相关的收入能够可靠地计量。

【例 8-24】 2020 年 12 月 22 日，宏达保险股份有限公司（以下简称宏达公司）与华睿保险股份有限公司（以下简称华睿公司）签订了一份成数再保险合同，接受华睿公司分出的原保险业务。合同约定的分保比例为 40%，分保手续费率为 35%。合同起期日为 2021 年 1 月 1 日，保险责任期间为 1 年。宏达公司的经验、技术等方面比较成熟，采用预估方法确认每期的分保费收入。假定宏达公司预估 2021 年第一季度各月份与华睿公司再保险合同项下的分保费收入金额为：1 月份 680 万元，2 月份 730 万元，3 月份 600 万元。宏达公司于 5 月 20 日收到华睿公司发来的第一季度的分保业务账单，账单标明的分保费为 2 100 万元，分保手续费为 735 万元。

宏达公司相关账务处理如下：

(1) 2021 年 1 月，其会计分录为：

借：应收分保账款——华睿公司　　6 800 000

　贷：保费收入　　6 800 000

借：分保费用　　2 380 000（680 万×35%）

　贷：应付分保账款——华睿公司　　2 380 000

(2) 2021 年 2 月，其会计分录为：

借：应收分保账款——华睿公司　　7 300 000

　贷：保费收入　　7 300 000

借：分保费用　　2 555 000

　贷：应付分保账款——华睿公司　　2 555 000

(3) 2021 年 3 月，其会计分录为：

借：应收分保账款——华睿公司　　6 000 000

　贷：保费收入　　6 000 000

借：分保费用　　2 100 000

　贷：应付分保账款——华睿公司　　2 100 000

(4) 2021 年 4 月预估确认分保费收入和分保费用的会计分录略。

(5) 2021 年 5 月 20 日，收到账单时调整第一季度确认的分保费收入和分保费用：

分保费收入调整金额＝2 100－(680＋730＋600)＝90(万元)

分保手续费调整金额＝735－(238＋255.5＋210)＝31.5(万元)

其会计分录为：

借：应收分保账款——华睿公司　　900 000

　贷：保费收入　　900 000

借：分保费用　　315 000

　贷：应付分保账款——华睿公司　　315 000

在此例中，若宏达公司不具备对分保费收入进行预估确认的条件，则宏达公司应在 2021 年 5 月 20 日收到分保业务账单时直接作如下账务处理：

借：应收分保账款——华睿公司　　21 000 000

　贷：保费收入　　21 000 000

借：分保费用　　7 350 000

　贷：应付分保账款——华睿公司　　7 350 000

(2) 纯益手续费的核算。因纯益手续费计算的特殊性，再保险接受人应当根据相关再保险合同的约定，在能够计算确定应向再保险分出人支付的纯益手续费时，将该项纯益手续费作为分保费用，计入当期损益。再保险接受人确认入账的纯益手续费支出金额应为经双方确认一致后的金额。

【例 8-25】沿用【例 8-22】的资料，H 公司确认纯益手续费支出的账务处理如下：

借：分保费用　　1 404 000

　　贷：应付分保账款——华睿公司　　1 404 000

3. 分保赔付成本的核算

再保险接受人确认分保赔付成本的会计处理与保险人确认原保险合同赔付成本的会计处理相类似，即再保险接受人应当在收到分保业务账单的当期，按照账单标明的分保赔付款项金额，作为分保赔付成本，计入当期损益；同时，冲减相应的分保准备金余额。

【例 8-26】 沿用【例 8-24】的资料，宏达公司于 2021 年 5 月 20 日收到华睿公司发来的第一季度分保业务账单中标明的分保赔款金额为 900 万元，宏达公司已提取的相应分保未决赔款准备金为 800 万元。宏达公司相关账务处理如下：

借：赔付支出——分保赔付支出　　9 000 000

　　贷：应付分保账款——华睿公司　　9 000 000

借：未决赔款准备金　　8 000 000

　　贷：提取未决赔款准备金　　8 000 000

4. 存出分保保证金的核算

再保险接受人应当在收到分保业务账单时，依据账单标明的相关金额进行存出分保保证金的会计处理。再保险接受人对存出的分保保证金，应当按期计提利息。其会计处理为：

借：存出保证金

　　贷：应付分保账款

再保险业务分出人、分入人的会计核算，如图 8-2 所示。

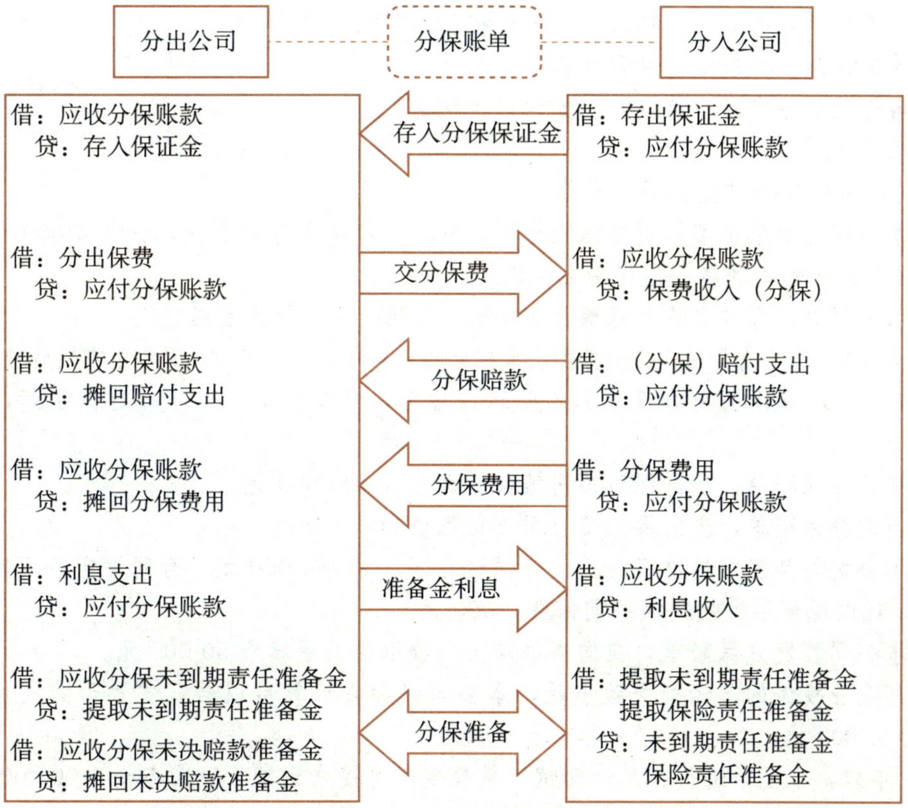

图 8-2　再保险核算示意

模块小结

项目	任务	知识点	具体内容
保险公司会计核算	保险公司业务核算	保险业务认知	保险认知、保险合同认知、保险业务核算的特点
		财产保险业务核算	财产保险业务认知、保费收入核算、赔付成本的核算、财产保险准备金的核算
		人寿保险业务核算	人寿保险业务认知、保费收入的核算、赔付成本的核算、保单红利支出的核算、人寿保险准备金的核算
		再保险业务核算	再保险业务认知、分出分保业务的核算、分入分保业务的核算

模块测评

◎ 思考题

1. 什么是保险？商业保险和社会保险有什么不同？
2. 财产保险业务有什么特点？其会计核算有什么特点？
3. 财产保险业务应如何进行核算？
4. 人寿保险业务有什么特点？其会计核算有什么特点？
5. 人寿保险业务应如何进行核算？
6. 再保险业务有什么特点？应如何进行核算？

◎ 实务题

资料：某保险公司发生下列业务：

1. 本公司与甲单位签订财产保险合同，从即日起承担保险责任，保费 4 000 元，分两期交纳，当日转账收到第一期保费 2 000 元。
2. 本公司以现金方式收到保费 2 000 元，但尚未承担保险责任。
3. 某人寿保险业务期满，经业务部门审核后同意给付保险金 20 000 元，于审核后转账支付。
4. 客户王东来本公司办理家庭寿险退保业务，经审核后予以办理退保手续，退还保费 2 000 元。
5. 根据分保账单，从再保险公司摊回分保赔款 100 000 元。
6. 签发分保账单，应向再保险公司支付保费 500 000 元。
7. 本公司与某客户签订了一份人寿保险合同，保费 4 000 元，合同规定分两期平均交纳保费，现以现金形式收到第一期保费 2 000 元。
8. 本公司签发分保账单，应向再保险公司收取纯益手续费 50 000 元。
9. 某企业投保的车辆损失险出险，本公司经勘查计算后以转账支票形式支付被保险人赔款 100 000 元。
10. 年末，本公司进行充足性测试，按规定应补提未到期责任准备金 1 000 000 元。

要求：根据上述业务进行会计处理，并填制有关记账凭证。

模块五

金融企业共性业务核算

学习目标

- 知识目标

了解金融企业共性业务的含义；

熟悉金融企业共性业务的内容；

掌握金融企业各项共性业务的核算。

- 技能目标

能够正确核算各类共性业务；

会恰当组织金融企业共性业务会计工作。

案例导入

华睿金融公司是一家货币性金融机构，该公司除了经营日常金融业务外，还有货币资金业务、固定资产业务、职工薪酬业务、各项税费业务、所有者权益业务、损益及年终决算等。请问应如何组织这些会计工作？

任务九 资产业务核算

【任务分析】本任务介绍了资产的含义及特征，在此基础上重点介绍了现金、银行存款及固定资产的会计核算。

金融企业资产是指过去的交易、事项形成并由企业拥有或控制的资源，该资源预期会给企业带来经济利益，通常分为流动资产和非流动资产两类。

在这里只介绍金融企业共有的主要资产，即现金、银行存款及固定资产。

一、现金业务核算

想一想

华睿公司发工资的当日恰逢职工交集资款，于是财务人员为了节省时间直接将职工的集资款用于发放工资，事后将垫付的工资与剩余的集资款转存银行。从账面看没有错误。请问华睿公司的财务处理存在什么问题？

货币资金是指企业在生产经营过程中处于货币形态的那部分资金，包括库存现金、银行存款和其他货币资金。

（一）库存现金管理规定

库存现金是指通常存放于企业财会部门、由出纳经管的货币。

1. 库存现金的使用范围

根据国务院颁布的《现金管理暂行条例》的规定，单位可使用现金支付的款项包括：

（1）职工工资、奖金、津贴和补贴。

（2）个人劳务报酬。

（3）根据国家规定颁发给个人的科学技术、文化艺术、体育等各种奖金。

（4）各种劳保、福利费用以及国家规定的对个人的其他支出。

（5）向个人收购农副产品和其他物资的价款。

（6）出差人员必须随身携带的差旅费。

（7）结算起点（1 000 元人民币）以下的零星支出。

（8）中国人民银行确定需要支付现金的其他支出。

除上述情况可以使用现金支付外，其他款项的支付均应通过银行转账结算。

2. 库存现金限额

库存现金限额是指为保证各单位日常零星支出按规定允许留存现金的最高数额。库存现金的限额，由开户银行根据开户单位的实际需要和距离银行远近等情况核定。其限额一般按照单位 3～5 天日常零星开支所需现金确定。远离银行或交通不便的企业的库存现金限额，可按多于 5 天但不超过 15 天的正常开支需要量来核定。库存现金限额一经核定，要求企业必须严格遵守，不得任意超过，超过限额的现金应及时存入银行；当库存现金低于限额时，企业可以签发现金支票从银行提取现金，以补足限额。

3. 现金收支的规定

（1）未经批准不得“坐支”。

（2）企业不得用不符合财务制度的凭证顶替库存现金，即不得“白条顶库”。

（3）不准谎报用途套取现金。

（4）不准用银行账户代其他单位和个人存入或支取现金。

（5）不准用单位收入的现金以个人名义存入储蓄，不准保留账外公款，即不得“公款私存”，不得设置“小金库”等。

4. 要建立内部管理制度

现金管理要建立内部管理制度：一是专人管理制度；二是现金登记制度；三是内部审计制度。

（二）现金收支核算

为了记录库存现金的收付变动和结存情况，企业需要设置“库存现金”总分类科目，借方登记现金的增加，贷方登记现金的减少，期末余额在借方，表示现金的实存数。企业还应当设置“库存现金日记账”，由出纳人员根据现金收付款凭证以及有关的银行存款收付款凭证，按业务发生的顺序逐笔登记。每日终了，企业应计算当日现金收入、支出合计数和结余数，并与现金的实际库存数相核对，以做到账款相符。月末企业应将库存现金日记账余额与总分类账余额核对相符，做到日清月结，以保证账账相符。有外币现金的企业，应当分别以人民币和各种外币设置“库存现金日记账”进行明细核算。

（1）从银行提取现金备用时，根据现金支票存根，其会计分录为：

借：库存现金

　贷：银行存款

（2）当存入银行现金时，根据存款凭证回单，其会计分录为：

借：银行存款

　贷：库存现金

（3）备用金，分以下几种情况：

1）当职工出差临时借款时，其会计分录为：

借：其他应收款——××（借款人）

　贷：库存现金

2）使用后报销时（实报实销，多退少补），其会计分录为：

借：业务及管理费（或管理费用、销售费用等）

　　库存现金（多退，由经办人员退回的现金）

　贷：其他应收款——××（借款人）

或　借：业务及管理费等（或管理费用、销售费用等）

　贷：其他应收款——××（借款人）

　　库存现金（少补，应补给经办人员的现金）

（三）现金清查

现金清查，一般采用实地盘点法，对于清查的结果应当编制库存现金盘点报告单。如果账款不符，发现的有待查明原因的现金短缺或溢余，应先通过“待处理财产损溢”科目核算。

1. 现金短缺

现金短缺，属于应由责任人赔偿或保险公司赔偿的，计入其他应收款；属于无法查明原因的，计入管理费用。

发现现金盘亏，在报经批准前，作如下处理：

借：待处理财产损溢

　贷：库存现金

在报经批准后，按规定处理：

借：其他应收款（应由责任人赔偿或保险公司赔偿的）

　　业务及管理费等（无法查明原因的）

　贷：待处理财产损溢

2. 现金溢余

现金溢余，属于应支付给有关人员或单位的，计入其他应付款；属于无法查明原因的，计入营业外收入。

发现现金盘盈，在报经批准前，作如下处理：

借：库存现金

　贷：待处理财产损溢

在报经批准后，按规定处理：

借：待处理财产损溢

　贷：其他应付款（应支付给有关人员或单位的）

　　　营业外收入（无法查明原因的）

二、银行存款业务核算

想一想

审计部门在对华睿公司进行财务检查时，发现该公司的银行存款账余额是红字，经进一步检查发现，出纳持有的支票存根全部为空白，经仔细盘问，出纳道出：支票都是领导开的，开多少，干什么，只有领导知道。她是根据估计数字记存款账的。你认为华睿公司在财务管理方面存在什么问题？

（一）银行结算制度

1. 银行结算账户

银行结算账户是指银行为存款人开立的办理资金收付结算的人民币活期存款账户。单位银行结算账户按用途分为基本存款账户、一般存款账户、专用存款账户、临时存款账户。

2. 银行支付结算

银行支付结算是指单位、个人在社会经济活动中使用票据、信用卡和汇兑、托收承付、委托收款等结算方式进行货币给付及其资金清算的行为。

根据中国人民银行有关支付结算办法的规定，目前企业发生的货币资金收付业务，可以采用支票、银行本票、银行汇票、商业汇票、信用卡、汇兑、托收承付、委托收款等结算方式，通过银行办理转账结算。

（二）银行存款核算

为了总括地反映企业银行存款的收支、结存情况，企业应设置“银行存款”账户。

企业可按开户银行和其他金融机构、存款种类等设置“银行存款日记账”，根据收付款凭证，按照业务的发生顺序逐笔登记，于每日终了结出余额。

企业将款项存入银行或其他金融机构，借记本科目，贷记“库存现金”等有关科目；提取现金和支出款项，借记“库存现金”等有关科目，贷记本科目。

（三）银行存款清查

“银行存款日记账”应定期与“银行对账单”核对，至少每月核对一次。企业银行存款账面余额与银行对账单余额之间如有差额，应编制“银行存款余额调节表”调节相符，如没有记账错误，调节后的双方余额应相等。

企业银行存款账面余额与银行对账单余额之间不一致的原因，主要是因为存在未达账项。发生未达账项的具体情况有以下四种：

（1）企业已收款入账，银行尚未收款入账。

（2）企业已付款入账，银行尚未付款入账。

（3）银行已收款入账，企业尚未收款入账。

（4）银行已付款入账，企业尚未付款入账。

【例 9-1】华睿公司 2020 年 9 月 30 日将银行存款日记账与银行对账单核对，银行存款日记账余额为 432 万元，银行转来的对账单余额为 664 万元。经逐笔核对，发现以下未达账项：

（1）华睿公司 9 月 28 日收到的 W 公司赔款 480 万元登记入账，但银行尚未记账。

（2）收款单位 H 公司尚未将 9 月 29 日收到的 360 万元支票送存银行。

（3）华睿公司委托银行代收 A 公司的购货款 384 万元，银行已于 9 月 30 日收妥并登记入账，但华睿公司尚未收到收款通知。

（4）9 月份华睿公司发生借款利息 32 万元，银行已减少其存款，但华睿公司尚未收到银行的付款通知。

华睿公司编制“银行存款余额调节表”如表 9-1 所示。

表 9-1　银行存款余额调节表

2020 年 9 月 30 日　　单位：万元

项　目	金　额	项　目	金　额
企业银行存款日记账余额	432	银行对账单余额	664
加：银行已收、企业未收款	384	加：企业已收、银行未收款	480
减：银行已付、企业未付款	32	减：企业已付、银行未付款	360
调节后的存款日记账余额	784	调节后的对账单余额	784

其他货币资金是指企业除库存现金、银行存款以外的各种货币资金，主要包括银行汇票存款、银行本票存款、信用卡存款、信用证保证金存款和外埠存款等。

三、固定资产业务核算

想一想

华睿证券公司拟新设立一个分支机构，办公场所是租用的，业务设备是自行购买的，保安系统是一家合作单位捐赠的。请问公司对租用的办公场所应该如何核算？

（一）固定资产认知

1. 固定资产的概念

固定资产是指同时具有以下特征的有形资产：

（1）为生产商品、提供劳务、出租或经营管理而持有的。

（2）使用寿命超过1个会计年度。

2. 固定资产的特征

从固定资产的定义看，固定资产具有以下三个特征：

（1）固定资产是为生产商品、提供劳务、出租或经营管理而持有的，不是直接用于出售的产品。

（2）固定资产的使用寿命超过1个会计年度。

（3）固定资产为有形资产。

3. 固定资产的计价方法

固定资产的计价方法主要有以下三种：

（1）按历史成本计价。

历史成本也称为原始价值或原始购置成本，是指企业在购建某项固定资产达到可使用状态前所发生的一切合理的、必要的支出。一般企业新购建固定资产的计价，确定计提折旧的依据等均采用这种计价方法。

（2）按重置完全价值计价。

重置完全价值也称为现时重置成本，是指在当时的生产技术条件下，重新购建同样的固定资产所需要的全部支出。这种方法一般在计价投入的固定资产、接受捐赠的固定资产时采用。

（3）按净值计价。

固定资产净值也称为折余价值，是指固定资产原始价值或重置完全价值减去已提折旧后的净额。它可以反映企业实际占用固定资产的金额和固定资产的新旧程度。这种计价方法主要用于计算盘盈、盘亏、毁损固定资产的损益等。

（二）固定资产增加的核算

1. 外购固定资产的核算

企业外购固定资产的成本，包括购买价款、相关税费（增值税转型改革后，企业购进、接受捐赠、实物投资、自制、改扩建和安装生产用固定资产发生的增值税进项税额，可以从销项税额中抵扣，不计入固定资产成本）、在使固定资产达到预定可使用状态前所发生的可归属于该项资产的运输费、装卸费、安装费和专业人员服务费等。

（1）购入不需要安装的固定资产。购入不需要安装的固定资产是指企业购置的不需要安装即可直接交付使用的固定资产。企业应按实际支付的购买价款、相关税费以及在使固定资产达到预定可使用状态前所发生的可归属于该项资产的运输费、装卸费和专业人员服务费（关键点）等，作为固定资产成本，借记“固定资产”科目，贷记“银行存款”等科目。

【例 9-2】 华睿证券公司 2020 年购入一台不需要安装即可投入使用的设备，取得的增值税专用发票上注明的设备价款为 200 万元，增值税税额为 34 万元，另支付保险费 2 万元，包装费 3 万元。款项以银行存款支付。华睿证券公司的会计处理如下：

借：固定资产	2 050 000	
应交税费——应交增值税（进项税额）	340 000	
贷：银行存款		2 390 000

(2) 购入需要安装的固定资产。购入需要安装的固定资产时，企业应在购入的固定资产取得成本的基础上加上安装调试成本等，作为购入固定资产的成本，先通过“在建工程”科目核算，待安装完毕达到预定可使用状态时，再由“在建工程”科目转入“固定资产”科目。

【例 9-3】 华睿证券公司 2020 年购入一套设备系统。该设备购买价格为 500 万元，增值税税额为 85 万元，支付保险费 20 万元，支付运输费 5 万元（可按 9%抵扣进项税额）。在该系统安装期间，领用原材料的实际成本为 50 万元，发生安装工人薪酬 5 万元，此外支付测试费 10 万元，外聘专业人员服务费 5 万元，以上款项均以银行存款支付。

甲公司在购入设备时作账务处理如下：

在建工程款＝500＋20＋5×91%＝524.55（万元）

应交增值税（进项税额）＝85＋5×9%＝85.45（万元）

借：在建工程	5 245 500	
应交税费——应交增值税（进项税额）	854 500	
贷：银行存款		6 100 000
借：在建工程	700 000	
贷：原材料		500 000
应付职工薪酬		50 000
银行存款		150 000

固定资产入账价值＝524.65＋70＝594.65（万元）

借：固定资产	5 946 500	
贷：在建工程		5 946 500

2. 自行建造固定资产的核算

企业自行建造固定资产，应按在建造该项资产达到预定可使用状态前所发生的必要支出，作为固定资产的成本。企业自行建造的固定资产，主要有自营建造和出包建造两种方式，由于采用的建造方式不同，其会计处理也不同，这里只介绍出包建造。

自行建造固定资产应先通过“在建工程”账户核算，当工程达到预定可使用状态时，再从“在建工程”账户转入“固定资产”账户。

企业以出包方式建造固定资产，其成本由在建造该项固定资产达到预定可使用状态前所发生的必要支出构成，包括发生的建筑工程支出、安装工程支出以及需分摊计入各固定资产价值的待摊支出。

（1）预付工程款项，其会计分录为：

借：预付账款

  贷：银行存款

（2）企业按合理估计的发包工程进度和合同规定向建造承包商结算进度款，其会计分录为：

借：在建工程

  贷：银行存款

或 预付账款

（3）在工程完成时按合同规定补付工程款，其会计分录为：

借：在建工程

  贷：银行存款

（4）企业为建造固定资产发生的待摊支出，其会计分录为：

借：在建工程——待摊支出

  贷：银行存款、应付职工薪酬、长期借款等

（5）工程达到预定可使用状态时，按其成本计入固定资产，其会计分录为：

借：固定资产

  贷：在建工程

【例 9-4】 华睿证券公司将一幢办公房的建造工程出包给乙公司承建，按合理估计的发包工程进度和合同规定向乙公司结算进度款 80 万元，在工程完工后，收到乙公司有关工程结算单据，补付工程款 50 万元。工程现已完工并达到预定可使用状态。该企业应作如下会计处理：

（1）按合理估计的发包工程进度和合同规定向乙公司结算进度款，其会计分录为：

借：在建工程 800 000

  贷：银行存款 800 000

（2）补付工程款，其会计分录为：

借：在建工程 500 000

  贷：银行存款 500 000

（3）工程完工并达到预定可使用状态时，其会计分录为：

借：固定资产 1 300 000

  贷：在建工程 1 300 000

3. 投入固定资产的核算

接受固定资产投资的企业，在办理了固定资产移交手续之后，应按投资合同或协议约定的价值加上应支付的相关税费作为固定资产的入账价值，但合同或协议约定价值不公允的除外。

【例 9-5】 甲企业收到乙企业作为资本投入的不需要安装的机器设备 1 台。该设备按投资合同或协议确认的价值为 62 000 元。甲企业编制如下会计分录：

借：固定资产 62 000

贷：实收资本——乙企业 62 000

4. 接受捐赠固定资产的核算

（1）接受捐赠固定资产计价。

接受捐赠固定资产是指企业接受捐赠的各种达到固定资产标准的物品。接受捐赠的固定资产，企业应按以下规定确定其入账价值：

1）捐赠方提供了有关凭证的固定资产，应按凭证上标明的金额加上应支付的相关税费，作为入账价值。

2）捐赠方没有提供有关凭据的固定资产，应按以下顺序确定其入账价值：

第一，同类或类似固定资产存在活跃市场的，应按同类或类似固定资产的市场价格估计的金额，加上应支付的相关税费，作为入账价值。

第二，同类或类似固定资产不存在活跃市场的，应按该接受捐赠固定资产的预计未来现金流量现值作为其入账价值。

第三，如受赠的系旧的固定资产，应按上述方法确认的固定资产原价，减去按该项资产的新旧程度估计的价值损耗后的余额，作为入账价值。

（2）接受捐赠固定资产的核算。

接受捐赠固定资产的核算方法如下：

借：固定资产（确定的入账价值）

　贷：递延所得税负债（确定的入账价值×所得税税率）

　　营业外收入［确定的入账价值×（1－所得税税率）］

【例 9-6】 华睿证券公司 2020 年 3 月 8 日接受乙公司捐赠的汽车一辆，当天办妥有关手续。乙公司提供的增值税专用发票上注明的价款为 150 000 元，增值税税额为 25 500 元。华睿证券公司适用的所得税税率为 25%，在不考虑其他相关税费的情况下，华睿证券公司在接受捐赠时，其会计处理如下：

借：固定资产 175 500

　贷：递延所得税负债 43 875

　　营业外收入 131 625

（三）固定资产折旧的核算

1. 固定资产计提折旧的范围

折旧是指在固定资产使用寿命内，按照确定的方法对应计折旧额进行系统分摊。固定资产折旧实际是对固定资产由于磨损和损耗而转移到成本费用中去的那一部分价值的补偿。固定资产磨损和损耗包括固定资产的有形损耗和无形损耗。应计折旧额是指应当计提折旧的固定资产的原价扣除其预计净残值后的金额，已计提减值准备的固定资产，还应当扣除已计提的固定资产减值准备累计金额。

企业在确定计提固定资产折旧的范围时，还应注意以下几点：

（1）固定资产应当按月计提折旧，当月增加的固定资产，当月不计提折旧，从下月起计提折旧；当月减少的固定资产，当月仍计提折旧，从下月起不计提折旧。

（2）固定资产提足折旧后，不论能否继续使用，均不再计提折旧；提前报废的固定资产，也不再补提折旧。提足折旧，是指已经提足该项固定资产的应计折旧额。

（3）已达到预定可使用状态但尚未办理竣工决算的固定资产，应当按照估计价值确定其成本，并计提折旧；待办理竣工决算后，再按实际成本调整原来的暂估价值，但不需要调整原已计提的折旧额。

（4）处于更新改造过程中停止使用的固定资产，不计提折旧。

（5）因大修理而停用的固定资产，照提折旧。

2. 固定资产折旧计提与核算

（1）固定资产折旧的计提方法。企业可选用的折旧方法包括年限平均法、工作量法、双倍余额递减法和年数总和法等。

1）年限平均法。年限平均法又称直线法，是指将固定资产的应计折旧额均衡地分摊到固定资产预计使用寿命内的一种方法。采用这种方法计算的每期折旧额均相等。其计算公式如下：

年折旧率＝（1－预计净残值率）÷预计使用寿命（年）×100％

月折旧率＝年折旧率÷12

月折旧额＝固定资产原价×月折旧率

【例 9－7】华睿证券公司新办公楼交付使用，采用年限平均法计提折旧。该办公楼原价为 620 万元，预计使用年限为 20 年，预计净残值为 20 万元。

华睿公司该办公楼月折旧额＝（620－20）÷20÷12＝2.5（万元）

2）工作量法。工作量法是指根据实际工作量计算每期应提折旧额的一种方法。其计算公式如下：

单位工作量折旧额＝固定资产原价×（1－预计净残值率）÷预计总工作量

某项固定资产月折旧额＝该项固定资产当月工作量×单位工作量折旧额

【例 9－8】华睿证券公司购买一辆运钞车供营业部使用，采用工作量法计提折旧。该车原价为 60 万元，预计总工作量为 200 000 千米，预计净残值为 5 万元。该汽车 2020 年 5 月份的工作量为 4 000 千米。

该车辆月折旧额＝（60－5）÷20×0.4＝1.1（万元）

3）双倍余额递减法。双倍余额递减法是指在不考虑固定资产预计净残值的情况下，根据每期期初固定资产原价减去累计折旧后的金额和双倍的直线法折旧率计算固定资产折旧的一种方法。应用这种方法在计算折旧额时，由于每年年初固定资产净值没有扣除预计净残值，所以在计算固定资产折旧额时，应在其折旧年限到期的前两年内，将固定资产净值扣除预计净残值后的余额平均摊销。其计算公式如下：

年折旧率＝2÷预计使用寿命（年）×100％

月折旧率＝年折旧率÷12

月折旧额＝年初固定资产账面净额×月折旧率

最后两年的折旧额计算公式为：

年折旧额＝（年初固定资产账面净额－预计净残值）÷2

【例 9－9】华睿证券公司的一项固定资产安装完毕后投入使用，该设备成本为 500 万元，预计使用年限为 5 年，预计净残值为 20 万元。假定 2020 年 12 月 10 日安装完毕并交付使用。采用双倍余额递减法计提折旧。

年折旧率＝2÷5×100%＝40%

2020 年年折旧额＝500×40%＝200（万元）

2021 年年折旧额＝（500－200）×40%＝120（万元）

2022 年年折旧额＝（500－200－120）×40%＝72（万元）

2023 年、2024 年年折旧额＝（500－200－120－72－20）÷2＝44（万元）

4）年数总和法。年数总和法又称年限合计法，是指将固定资产的原价减去预计净残值后的余额，乘以一个以固定资产尚可使用寿命为分子、以预计使用寿命逐年数字之和为分母的逐年递减的分数计算每年的折旧额的一种方法。其计算公式如下：

年折旧率＝尚可使用年限÷预计使用寿命的年数总和×100%

月折旧率＝年折旧率÷12

月折旧额＝（固定资产原价－预计净残值）×月折旧率

【例 9－10】甲公司的一项固定资产安装完毕后投入使用，该设备的成本为 500 万元，预计使用年限为 5 年，预计净残值为 20 万元。假定 2020 年 12 月 10 日安装完毕并交付使用。采用年数总和法计提折旧。

2021 年：

折旧率＝5÷（1＋2＋3＋4＋5）＝$\frac{1}{3}$

年折旧额＝（500－20）×$\frac{1}{3}$＝160（万元）

2022 年：

折旧率＝4÷（1＋2＋3＋4＋5）＝$\frac{4}{15}$

年折旧额＝（500－20）×$\frac{4}{15}$＝128（万元）

2023 年：

折旧率＝3÷（1＋2＋3＋4＋5）＝$\frac{1}{5}$

年折旧额＝（500－20）×$\frac{1}{5}$＝96（万元）

2024 年：

折旧率＝2÷（1＋2＋3＋4＋5）＝$\frac{2}{15}$

年折旧额＝（500－20）×$\frac{2}{15}$＝64（万元）

2025 年：

$$折旧率=1\div(1+2+3+4+5)=\frac{1}{15}$$

$$年折旧额=(500-20)\times\frac{1}{15}=32（万元）$$

（2）固定资产折旧的核算。固定资产应当按月计提折旧，计提的折旧应通过“累计折旧”账户核算，并根据用途计入相关资产的成本或者当期损益。

金融机构计提折旧的会计分录为：

借：业务及管理费

　贷：累计折旧

（四）固定资产后续支出的核算

1. 固定资产的后续支出的含义

固定资产的后续支出是指固定资产在使用过程中发生的更新改造支出、修理费用等。后续支出的处理原则为：符合固定资产确认条件的，应当计入固定资产成本，同时将被替换部分的账面价值扣除；不符合固定资产确认条件的，应当计入当期损益。

2. 资本化的后续支出的核算

固定资产在发生可资本化的后续支出时，企业一般应将该固定资产的原价、已计提的累计折旧和减值准备转销，将固定资产的账面价值转入在建工程，并停止计提折旧。固定资产发生的后续支出，通过“在建工程”账户核算。在固定资产发生的后续支出完工并达到预定可使用状态时，再从在建工程转为固定资产，并按重新确定的使用寿命、预计净残值和折旧方法计提折旧。

【例 9－11】 2020 年 2 月 1 日，甲银行为了满足业务发展的需要，将现有的一套写字楼进行改扩建，原价为 500 万元，已提取 50 万元折旧。经过 3 个月的改扩建，该写字楼按期完成了改造，并达到预定可使用状态，共发生支出 100 万元，全部以银行存款支付。

（1）2020 年 2 月 1 日，固定资产转入改扩建工程，其会计分录为：

借：在建工程	4 500 000	
累计折旧	500 000	
贷：固定资产		5 000 000

（2）2020 年 2 月 1 日至 4 月 30 日，发生改扩建工程支出，其会计分录为：

借：在建工程	1 000 000	
贷：银行存款		1 000 000

（3）2020 年 4 月 30 日，楼房改扩建工程达到预定可使用状态，入账价值为：

固定资产的入账价值＝4 500 000＋1 000 000＝5 500 000（元）

其会计分录为：

借：固定资产	5 500 000	
贷：在建工程		5 500 000

金融企业发生的一些固定资产后续支出可能涉及替换原固定资产的某组成部分，当发生的后续支出符合固定资产确认条件时，应将其计入固定资产成本，同时将被替换部分的账面价值扣除。企业对固定资产进行定期检查发生的大修理费用，有确凿证据表明符合固

定资产确认条件的部分，可以计入固定资产成本；不符合固定资产确认条件的部分应当予以费用化，并计入当期损益。固定资产在定期大修理间隔期间，照提折旧。

3. 费用化的后续支出的核算

与固定资产有关的修理费用等后续支出，不符合固定资产确认条件的，应当根据不同情况分别在发生时计入当期费用。

在一般情况下，固定资产投入使用之后，由于固定资产磨损、各组成部分耐用程度不同，可能导致固定资产的局部损坏，为了维护固定资产的正常运转和使用，充分发挥其使用效能，金融企业要对固定资产进行必要维护。固定资产的日常修理费用在发生时应直接计入当期损益。金融机构发生费用化的固定资产后续支出，其会计分录为：

借：业务及管理费

　贷：银行存款等

（五）固定资产减少的核算

1. 固定资产处置的核算

（1）固定资产处置的含义。固定资产处置包括固定资产的出售、转让、报废或毁损、对外投资、非货币性资产交换、债务重组等。处于处置状态的固定资产不再用于生产商品、提供劳务、出租或经营管理，因此不再符合固定资产的定义，应予以终止确认。

（2）固定资产处置的账务处理。企业出售、转让、报废固定资产或发生固定资产毁损，应当将处置收入扣除账面价值和相关税费后的金额计入当期损益。

固定资产处置一般通过“固定资产清理”“资产处置损益”账户进行核算。

企业因出售、报废或毁损、对外投资、非货币性资产交换、债务重组等原因处置固定资产，其会计处理一般经过以下几个步骤：

第一，将固定资产转入清理。固定资产在转入清理时，按固定资产账面价值，借记“固定资产清理”账户，按已计提的累计折旧，借记“累计折旧”账户，按已计提的减值准备，借记“固定资产减值准备”账户，按固定资产账面余额，贷记“固定资产”账户。

第二，发生清理费用。固定资产在清理过程中发生的有关费用以及应支付的相关税费，借记“固定资产清理”账户，贷记“银行存款”“应交税费”等账户。

第三，出售收入和残料等的处理。企业收回出售固定资产的价款、残料价值和变价收入等，应冲减清理支出，按实际收到的出售价款以及残料变价收入等，借记“银行存款”等账户，贷记“固定资产清理”账户。

第四，保险赔偿的处理。企业计算或收到的应由保险公司或过失人赔偿的损失，应冲减清理支出，借记“其他应收款”“银行存款”等账户，贷记“固定资产清理”账户。

第五，清理净损益的处理。固定资产清理完成后的净损失，属于生产经营期间正常的处理损失，借记“资产处置损益”账户，贷记“固定资产清理”科目；属于生产经营期间由于自然灾害等非正常原因造成的，借记“营业外支出——非常损失”账户，贷记“固定资产清理”账户。固定资产清理完成后的净收益，借记“固定资产清理”账户，贷记“资产处置损益”账户。

【例 9－12】华睿证券公司将一台闲置的价值为 12 万元、已提取 8 万元折旧的设备处理变卖，获得价款 6 万元，其处置费用为 1 万元，所有款项均通过银行存款收付。华睿证券公司的会计处理如下：

(1) 固定资产转入清理时，其会计分录为：

借：固定资产清理　　40 000

　　累计折旧　　80 000

　贷：固定资产　　120 000

(2) 发生清理费时，其会计分录为：

借：固定资产清理　　10 000

　贷：银行存款　　10 000

(3) 出售时，其会计分录为：

借：银行存款　　60 000

　贷：固定资产清理　　60 000

(4) 清理净损益处理时，其会计分录为：

借：固定资产清理　　10 000

　贷：资产处置损益　　10 000

2. 固定资产盘点的核算

企业应当定期或者至少于每年年末对固定资产进行清查盘点，如果在清查过程中发现固定资产的损溢，应及时查明原因，在期末结账前处理完毕。

(1) 固定资产盘盈的核算。企业在财产清查过程中盘盈的固定资产，应作为前期差错处理。企业在财产清查过程中盘盈的固定资产，在按管理权限报经批准处理前应先通过“以前年度损益调整”账户核算；对于盘盈的固定资产，应按重置成本确定其入账价值。其会计分录为：

借：固定资产

　贷：以前年度损益调整

【例9-13】华睿证券公司于2020年12月在财产清查过程中，发现一台设备未入账，其重置成本为30万元（假定与其计税基础不存在差异）。假定华睿证券公司按净利润的10%计提法定盈余公积，不考虑相关税费的影响。

华睿公司作如下会计处理：

(1) 盘盈固定资产时，其会计分录为：

借：固定资产　　300 000

　贷：以前年度损益调整　　300 000

(2) 结转为留存收益时，其会计分录为：

借：以前年度损益调整　　300 000

　贷：盈余公积——法定盈余公积　　30 000

　　　利润分配——未分配利润　　270 000

(2) 固定资产盘亏的核算。

企业在财产清查过程中发现盘亏的固定资产，按盘亏固定资产的账面价值，借记“待处理财产损溢”账户，按已计提的累计折旧，借记“累计折旧”账户，按已计提的减值准备，借记“固定资产减值准备”账户，按固定资产的原价，贷记“固定资产”账户。在按管理权限报经批准后处理时，企业按可收回的保险赔偿或过失人赔偿，借记“其他应收款”账户，按应计入营业外支出的金额，借记“营业外支出”账户，贷记“待处理财产损溢”账户。

【例 9 - 14】 华睿证券公司于 2020 年 12 月进行财产清查时发现盘亏固定资产一台，其原价为 10 万元，已计提折旧 4 万元，已计提固定资产减值准备 1 万元。

华睿证券公司作如下会计处理：

(1) 盘亏固定资产时，其会计分录为：

借：待处理财产损溢	50 000	
累计折旧	40 000	
固定资产减值准备	10 000	
贷：固定资产		100 000

(2) 报经批准转销时，其会计分录为：

借：营业外支出——盘亏损失	50 000	
贷：待处理财产损溢		50 000

3. 固定资产减值的核算

固定资产在资产负债表日存在可能发生减值的迹象时，其可收回金额低于账面价值的，企业应当将该固定资产的账面价值减记至可收回金额，减记的金额确认为减值损失，计入当期损益，同时计提相应的资产减值准备，借记“资产减值损失”账户，贷记“固定资产减值准备”账户。固定资产减值损失一经确认，在以后会计期间不得转回。

【例 9 - 15】 2020 年 12 月 31 日，华睿证券公司的一套设备系统存在可能发生减值的迹象。经计算，该设备系统的可收回金额合计为 80 万元，原值为 200 万元，按 10 年计提折旧，已计提折旧 5 年，净残值为 0，按照直线法计提折旧。以前年度未对该设备系统计提过减值准备。

华睿证券公司作如下账务处理：

固定资产账面价值$=200-200\div10\times5=100$（万元）

固定资产减值准备$=100-80=20$（万元）

其会计分录为：

借：资产减值损失	200 000	
贷：固定资产减值准备		200 000

任务十　负债业务核算

【任务分析】 本任务介绍了金融企业职工薪酬和应交税费的含义及内容，在此基础上重点介绍了职工薪酬和应交税费的核算。

金融企业负债是指过去的交易、事项形成的现时义务，履行该义务预期会导致经济利益流出企业，包括向中央银行借款、拆入资金、交易性金融负债、应付职工薪酬、吸收存款、衍生金融负债、应付分保账款、保户储金及投资款、未到期责任准备金、代理买卖证券款、应交税费、长期借款等。

这里只介绍金融企业共有的应付职工薪酬和应交税费等。

一、应付职工薪酬业务核算

想一想

华睿证券公司为提高职工福利，将给职工购买的基本养老保险和商业养老保险计入集体福利支出。请问这样处理正确吗？如果不正确，你认为该如何处理？

（一）应付职工薪酬认知

1. 职工薪酬的范围

职工薪酬是指为获得职工提供的服务或解除劳动关系而给予的各种形式的报酬或补偿。

《企业会计准则第 9 号——职工薪酬》规定的职工薪酬主要包括短期薪酬、离职后福利、辞退福利和其他长期职工福利。

（1）短期薪酬。主要包括：

1）职工工资、奖金、津贴和补贴。

2）职工福利费。

3）医疗保险费、工伤保险费和生育保险费等社会保险费。

4）住房公积金。

5）工会经费和职工教育经费。

6）短期带薪缺勤。

7）短期利润分享计划。

8）其他短期薪酬。

（2）离职后福利。离职后福利，是指企业为获得职工提供的服务而在职工退休或与企业解除劳动关系后，提供的各种形式的报酬和福利，属于短期薪酬和辞退福利的除外。

（3）辞退福利。辞退福利，是指企业在职工劳动合同到期之前解除与职工的劳动关系，或者为鼓励职工自愿接受裁减而给予职工的补偿。

（4）其他长期职工福利。其他长期职工福利，是指除短期薪酬、离职后福利、辞退福利之外所有的职工薪酬，包括长期带薪缺勤、长期残疾福利、长期利润分享计划等。

2. 职工薪酬的确认和计量

（1）职工薪酬的确认。职工薪酬准则规定，企业应当在职工为其提供服务的会计期间，将应付的职工薪酬确认为负债，除因解除与职工的劳动关系给予的补偿外，应当根据职工提供服务的受益对象，分别下列情况处理：

1）应由在建工程、无形资产负担的职工薪酬，记入“在建工程”“研发支出”账户。

2）除建造固定资产人员、开发无形资产人员以外的职工，金融机构的职工薪酬记入“业务及管理费”账户。

（2）职工薪酬的计量。对于货币性薪酬，国家规定计提标准和计提比例的，企业应当根据职工提供服务的情况和职工货币性薪酬标准计算应计入职工薪酬的金额。例如，“五险一金”、工会经费和职工教育经费等。

对于国家没有规定计提标准和计提比例的职工福利费，企业应当根据历史经验数据和当期福利计划，预计当期应计入职工薪酬的福利费金额；在每一个资产负债表日，企业应当对实际发生的福利费金额和预计金额进行调整。

企业发生的职工福利费，应当在实际发生时根据实际发生额计入当期损益或相关资产成本。企业向职工提供非货币性福利的，应当按照公允价值计量。如果企业以自产的产品作为非货币性福利提供给职工的，应当按照该产品的公允价值和相关税费确定职工薪酬金额，并计入当期损益或相关资产成本。相关收入的确认、销售成本的结转以及相关税费的处理，与企业正常商品销售的会计处理相同。企业以外购的商品作为非货币性福利提供给职工的，应当按照该商品的公允价值和相关税费确定职工薪酬的金额，并计入当期损益或相关资产成本。

（二）应付职工薪酬的核算

1. 货币性职工薪酬的核算

（1）分配职工薪酬。对于货币性薪酬，企业应当根据职工提供服务的情况和职工货币性薪酬的标准计算应计入职工薪酬的金额，按照受益对象计入相关的成本或当期费用，借记“业务及管理费”等账户，贷记“应付职工薪酬”账户。

【例 10-1】华睿公司 2020 年 10 月有关职工薪酬业务如下：

（1）按照工资总额的标准分配工资费用，其中营销人员工资为 50 万元，行政管理人员工资为 20 万元，后勤服务人员工资为 10 万元，柜台人员工资为 10 万元，内部开发人员工资为 20 万元（符合资本化条件）。

（2）所在地政府规定：按照工资总额的 10%、12%、2%和 10.5%计提医疗保险费、养老保险费、失业保险费和住房公积金。

（3）根据 2019 年实际发放的职工福利情况，公司预计 2020 年应承担职工福利费金额为工资总额的 4%。

（4）按照工资总额的 2%和 8%计提工会经费和职工教育经费。

华睿公司的会计处理如下：

（1）计算各项职工薪酬：

工资总额＝50＋20＋10＋10＋20＝110（万元）

社会保险费＝110×(10%＋12%＋2%)＝26.4（万元）

住房公积金＝110×10.5%＝11.55（万元）

职工福利费＝110×4%＝4.4（万元）

工会经费＝110×2%＝2.2（万元）

职工教育经费＝110×8%＝8.8（万元）

研发人员职工薪酬＝20＋20×48.5%＝29.7（万元）

（2）编制会计分录：

借：业务及管理费	1 336 500	
研发支出——资本化支出	297 000	
贷：应付职工薪酬——工资		1 100 000
——社会保险费		264 000

——住房公积金　　115 500

——职工福利费　　44 000

——工会经费　　22 000

——职工教育经费　　88 000

(2) 支付职工工资、奖金、津贴和补贴。

1) 企业按照有关规定向职工支付工资、奖金、津贴和补贴时，其会计分录为：

借：应付职工薪酬——工资

　贷：银行存款

或　　库存现金

2) 企业从应付职工薪酬中扣还各种款项（代垫的家属药费、个人所得税等）时，其会计分录为：

借：应付职工薪酬

　贷：其他应收款（代垫的家属药费）

　　应交税费——应交个人所得税（代扣个人所得税）

【例 10-2】（承【例 10-1】）华睿公司发放 2020 年 10 月份职工工资 133.65 万元，其中代扣职工房租 1 万元，企业代垫职工家属医药费 4 万元，实发工资 128.65 万元，通过银行转入个人工资账户。

华睿公司的会计处理如下：

借：应付职工薪酬——工资　　1 336 500

　贷：其他应付款　　10 000

　　其他应收款　　40 000

　　银行存款　　1 286 500

(3) 支付职工福利费。企业向职工食堂、职工医院、生活困难职工等支付职工福利费时，其会计分录为：

借：应付职工薪酬——职工福利

　贷：银行存款

或　　库存现金

【例 10-3】 华睿公司 2020 年 10 月以福利费支付食堂补贴 4 万元、职工生活困难补助 0.4 万元，以上款项均通过银行存款支付。华睿公司的会计处理如下：

借：应付职工薪酬——职工福利　　44 000

　贷：银行存款　　44 000

(4) 缴纳职工基本养老保险。企业向社会保险经办机构缴纳职工基本养老保险费时，其会计分录为：

借：应付职工薪酬——社会保险费

　贷：银行存款

2. 非货币性福利的核算

(1) 金融机构购入商品发放给职工。金融机构购入日常生活商品发放给职工时，其会计分录为：

借：业务及管理费

　　贷：应付职工薪酬

借：应付职工薪酬

　　贷：银行存款

【例 10-4】华睿公司 2020 年 12 月购入一批米、面、油、肉食等作为福利发放给公司人员，食品价值 50 000 元。不考虑其他相关税费。

华睿公司的会计处理如下：

借：业务及管理费　　50 000

　　贷：应付职工薪酬　　50 000

借：应付职工薪酬　　50 000

　　贷：银行存款　　50 000

（2）将企业拥有的房屋等资产无偿提供给职工使用。金融机构将企业拥有的房屋等资产无偿提供给职工使用时，应当将该住房每期应计提的折旧计入当期损益，同时确认应付职工薪酬，借记“业务及管理费”等账户，贷记“应付职工薪酬——非货币性福利”账户，并且同时借记“应付职工薪酬——非货币性福利”账户，贷记“累计折旧”账户。

【例 10-5】华睿公司为职工 50 人提供免费住宿，月计提折旧合计为 2 万元，其会计分录为：

借：业务及管理费　　20 000

　　贷：应付职工薪酬——非货币性福利　　20 000

借：应付职工薪酬——非货币性福利　　20 000

　　贷：累计折旧　　20 000

（3）租赁住房等资产供职工无偿使用。金融机构租赁住房等资产供职工无偿使用时，应当将每期应付的租金计入当期损益，并且同时借记“应付职工薪酬——非货币性福利”账户。

【例 10-6】华睿公司为一名企业高管租赁一套公寓免费供其居住使用，月租金为 2 万元，按月以银行存款支付，其会计分录为：

借：业务及管理费　　20 000

　　贷：应付职工薪酬——非货币性福利　　20 000

借：应付职工薪酬——非货币性福利　　20 000

　　贷：银行存款　　20 000

二、应交税费业务核算

想一想

华睿保险公司是新设立的公司，财务人员想了解公司需要交纳哪些税费，并如何进行核算？请你为其解答这些问题。

（一）应交税费认知

1. 应交税费的含义

应交税费是指企业根据在一定时期内取得的营业收入、实现的利润等，按照现行税法的规定，采用一定的计税方法计提的应交纳的各种税费。企业在经营过程中，经常发生税法所规定的纳税义务，如收入的形成、利润的实现、特殊行为的发生等都需交纳相应的税费。但纳税义务的发生和完成并不是同步的，纳税是定期进行的，从纳税义务产生到完成总会形成一定的时间间隔，应交税费正是企业应交而未交的债务。

2. 应交税费的内容

金融企业应交税费包括企业依法交纳的增值税、企业所得税、土地增值税、城市维护建设税、房产税、城镇土地使用税、车船税、教育费附加、印花税、耕地占用税等税费，以及在上缴国家之前，由企业代收代缴的个人所得税等。

（二）应交税费的核算

1. 设置账户

金融企业应设置“应交税费”账户核算其各种应交未交的税费。

2. 增值税业务核算

（1）征税范围。金融企业增值税是对提供金融服务而征收的一种流转税。金融服务包括：贷款服务、直接收费金融服务、保险服务和金融商品转让。

贷款服务是指将资金贷与他人使用而取得利息收入的业务活动。各种占用、拆借资金取得的收入，包括金融商品持有期间（含到期）利息（保本收益、报酬、资金占用费、补偿金等）收入、信用卡透支利息收入、买入返售金融商品利息收入、融资融券收取的利息收入，以及融资性售后回租、押汇、罚息、票据贴现、转贷等业务取得的利息及利息性质的收入，按照贷款服务缴纳增值税。

直接收费金融服务是指为货币资金融通及其他金融业务提供相关服务并且收取费用的业务活动。包括提供货币兑换、账户管理、电子银行、信用卡、信用证、财务担保、资产管理、信托管理、基金管理、金融交易场所（平台）管理、资金结算、资金清算、金融支付等服务。

保险服务是指投保人根据合同约定，向保险人支付保险费，保险人对于合同约定的可能发生的事故因其发生所造成的财产损失承担赔偿保险金责任，或者当被保险人死亡、伤残、疾病或者达到合同约定的年龄、期限等条件时，承担给付保险金责任的商业保险行为。包括人身保险服务和财产保险服务。

金融商品转让是指转让外汇、有价证券、非货物期货和其他金融商品所有权的业务活动。

（2）税率。金融企业纳税人提供金融服务的年应征增值税销售额超过500万元（含本数）的为一般纳税人，未超过规定标准的纳税人为小规模纳税人。

一般纳税人适用税率为6%；小规模纳税人提供金融服务，以及特定金融机构中的一般纳税人提供的可选择简易计税方法的金融服务，征收率为3%。

（3）账户。对于增值税的核算应当在“应交税费”账户下设置“应交增值税”“未交增值税”“预交增值税”“待抵扣进项税额”“待认证进项税额”“待转销项税额”“增值税留抵税额”“简易计税”“转让金融商品应交增值税”“代扣代交增值税”等明细账户。

其中一般纳税人应在“应交增值税”明细账内设置“进项税额”“销项税额抵减”“已交税金”“转出未交增值税”“销项税额”“进项税额转出”“转出多交增值税”等专栏。

（4）应交增值税的会计核算。

1）提供金融服务的增值税账务处理。根据取得的营业收入计算销项税额，作会计分录如下：

借：应收利息或银行存款等

　贷：利息收入或手续费及佣金收入等

　　　应交税费——应交增值税（销项税额）

根据发生的营业成本计算进项税额，作会计分录如下：

借：利息支出或手续费及佣金支出等

　　应交税费——应交增值税（进项税额）

　贷：应付利息或银行存款等

【例 10-7】 华睿银行向当地一家饰品公司发放贷款，2020 年第一季度含税贷款利息为 84 800 元，季末收到利息，同时当季度付出该企业含税存款利息支出 63 600 元。该银行适用于 6%的增值税税率。

华睿银行会计处理如下：

由于贷款利息产生的销项税额=84 800÷（1+6%）×6%=4 800（元），利息支出产生的进项税额=63 600÷（1+6%）×6%=3 600（元）。

应编制会计分录为：

取得贷款利息收入时：

借：应收利息——饰品公司应收利息户	84 800	
贷：利息收入——短期贷款利息收入		80 000
应交税费——应交增值税（销项税额）		4 800

同时，

借：吸收存款——单位活期存款——饰品公司户	84 800	
贷：应收利息——饰品公司应收利息户		84 800

付出利息支出时：

借：利息支出——饰品公司活期存款利息支出户	60 000	
应交税费——应交增值税（进项税额）	3 600	
贷：应付利息——饰品公司活期存款应付利息户		63 600

2）采购等业务进项税额允许抵扣的账务处理。日常购买的固定资产、机械设备、打印机和低值易耗品产生的进项税额进行抵扣时，其会计处理如下：

借：固定资产或业务及管理费等（按应计入相关成本费用或资产的金额）

　　应交税费——应交增值税（进项税额）

　贷：应付账款或银行存款等（按应付或实际支付的金额）

发生退货的，如原增值税专用发票已作认证，应根据税务机关开具的红字增值税专用发票作相反的会计分录；如原增值税专用发票未作认证，应将发票退回并作相反的会计分录。

3）采购等业务进项税额不得抵扣的账务处理。一般纳税人购进货物、加工修理修配劳务、服务、无形资产或不动产，用于简易计税方法计税项目、免征增值税项目、集体福利或个人消费等，其进项税额按照现行增值税制度的规定不得从销项税额中抵扣的，取得增值税专用发票时，其会计处理如下：

借：库存商品或固定资产等

应交税费——待认证进项税额

贷：银行存款等

经税务机关认证后，其会计处理如下：

借：库存商品或固定资产等

贷：应交税费——应交增值税（进项税额转出）

4）购进不动产或不动产在建工程按规定进项税额分年抵扣的账务处理。一般纳税人自 2016 年 5 月 1 日后取得并按固定资产核算的不动产或者 2016 年 5 月 1 日后取得的不动产在建工程，其进项税额按现行增值税制度的规定自取得之日起分 2 年从销项税额中抵扣的，其会计处理如下：

借：固定资产或在建工程（按取得成本）

应交税费——应交增值税（进项税额）（按当期可抵扣的增值税税额）

——待抵扣进项税额（按以后期间可抵扣的增值税税额）

贷：应付账款或银行存款等（按应付或实际支付的金额）

尚未抵扣的进项税额待以后期间允许抵扣时，按允许抵扣的金额，借记“应交税费——应交增值税（进项税额）”科目，贷记“应交税费——待抵扣进项税额”科目。

【例 10-8】 2020 年 7 月 10 日，增值税一般纳税人华睿公司购进办公大楼一座，计入固定资产，并于次月开始计提折旧。7 月 20 日，该纳税人取得该大楼的增值税专用发票并认证相符，专用发票注明的金额为 1 000 万元，增值税税额为 110 万元。

华睿公司的会计处理如下：

借：固定资产——办公楼	10 000 000	
应交税费——应交增值税（进项税额）	660 000	
——待抵扣进项税额	440 000	
贷：银行存款		11 100 000

剩余的 40%款项于取得扣税凭证的当月起第 13 个月（2021 年 7 月）抵扣时的会计处理如下：

借：应交税费——应交增值税（进项税额）	440 000	
贷：应交税费——待抵扣进项税额		440 000

5）小规模纳税人采购等业务的账务处理。小规模纳税人购买物资、服务、无形资产或不动产，取得的增值税专用发票上注明的增值税税额应计入相关成本费用或资产，不通过“应交税费——应交增值税”科目核算。

（5）未交增值税的会计核算。“未交增值税”明细账户，核算一般纳税人月度终了从“应交增值税”或“预交增值税”明细账户转入当月应交未交、多交或预交的增值税税额，以及当月交纳以前期间未交的增值税税额。

1）月份终了，将当月应交未交增值税税额从“应交税费——应交增值税”账户转入“未交增值税”账户。

借：应交税费——应交增值税（转出未交增值税）

贷：应交税费——未交增值税

2）月份终了，将当月多交的增值税税额自“应交税费——应交增值税”账户转入“未交增值税”账户。

借：应交税费——未交增值税

　贷：应交税费——应交增值税（转出多交增值税）

3）月份终了，将当月预交的增值税税额自“应交税费——预交增值税”账户转入“未交增值税”账户。

借：应交税费——未交增值税

　贷：应交税费——预交增值税

（6）当月交纳以前期间未交的增值税税额的会计核算。

应作会计分录如下：

借：应交税费——未交增值税

　贷：银行存款

3. 所得税业务核算

根据《中华人民共和国企业所得税法》的规定，金融企业所得税按年计算，分月或分季预缴。金融企业应纳税额的计算方法如下：

应纳税额＝应纳税所得额×税率

应纳税所得额＝利润总额±税收调整项目金额

（1）按月或按季计算应预缴所得税税额和缴纳所得税时，编制会计分录如下：

借：所得税费用

　贷：应交税费——应交企业所得税

借：应交税费——应交企业所得税

　贷：银行存款

【例 10－9】 2020 年华睿公司计算应预缴所得税 20 万元，并予以缴纳。其会计分录如下：

借：所得税费用　　200 000

　贷：应交税费——应交所得税　　200 000

（2）年终按自报应纳税所得额进行年度汇算清缴，计算出全年应纳所得税额，减去已预缴税额后为应补税额，编制会计分录如下：

借：所得税费用

　贷：应交税费——应交企业所得税

（3）缴纳年终汇算应缴税款时，编制会计分录如下：

借：应交税费——应交企业所得税

　贷：银行存款

4. 其他税费业务核算

（1）税金及附加的会计核算。企业经营活动发生的城市维护建设税、资源税、教育费附加及房产税、城镇土地使用税、车船税等相关税费，计提时，记入“税金及附加”科目借方，同时贷记“应交税费”科目。其中城市维护建设税和教育费附加是以消费税和增值税为基础计算的。

借：税金及附加

　贷：应交税费——应交消费税

——应交资源税
——应交城市维护建设税
——应交教育费附加
——应交土地增值税
——应交房产税
——应交车船税
——应交城镇土地使用税

【例 10-10】 华睿公司应缴纳增值税 30 万元，城建税税率为 7%，教育费附加率为 3%。则应缴纳的城市维护建设税和教育费附加为：

城市维护建设税=300 000×7%=21 000（元）
教育费附加=300 000×3%=9 000（元）

其会计分录为：

借：税金及附加	30 000	
贷：应交税费——应交城市维护建设税		21 000
——应交教育费附加		9 000

（2）应交土地增值税的会计核算。

1）企业转让的国有土地使用权连同地上建筑物及其附着物一并在“固定资产”或“在建工程”等账户核算的，转让时，应交纳土地增值税，其会计分录为：

借：固定资产清理
　贷：应交税费——应交土地增值税

2）交纳土地增值税时，其会计分录为：

借：应交税费——应交土地增值税
　贷：银行存款

（3）应交个人所得税的会计核算。

1）企业按规定计算应代扣代交职工个人所得税时，其会计分录为：

借：应付职工薪酬
　贷：应交税费——应交个人所得税

2）交纳个人所得税时，其会计分录为：

借：应交税费——应交个人所得税
　贷：银行存款

（4）应交保险保障基金的会计核算。

1）保险企业按规定计算应交保险保障基金时，其会计分录为：

借：业务及管理费
　贷：应交税费——应交保险保障基金

2）交纳保险保障基金时，其会计分录为：

借：应交税费——应交保险保障基金
　贷：银行存款

任务十一　所有者权益业务核算

【任务分析】本任务介绍了所有者权益的含义及内容，在此基础上重点介绍了实收资本、资本公积、留存收益的核算。

一、所有者权益认知

想一想

华睿证券公司拟增资扩股，原有3个投资者，注册资金为5 000万元，现在投资者C欲出资1 500万元投资华睿证券公司，双方约定投资者C的注册资本为1 480万元。请问投资者C出资的1 500万元属于所有者权益吗？为什么？

（一）所有者权益的内容

所有者权益是指企业资产扣除负债后由所有者享有的剩余权益。股份公司所有者权益又称为股东权益。所有者权益包括所有者投入的资本、直接计入所有者权益的利得和损失、留存收益等。

（二）所有者权益的特征

所有者权益具有以下特征：

（1）除非发生减资、清算或分派现金股利，企业不需要偿还所有者权益。

（2）企业在清算时，只有在清偿所有负债后，所有者权益才返还给所有者。

（3）所有者凭借所有者权益能够参与企业利润的分配。

二、所有者权益的核算

想一想

华睿证券公司接受一股东捐赠的一批太阳能电池板，价值50万元。请问财务部应如何进行会计处理？

（一）实收资本的核算

实收资本是指企业按照章程规定或合同、协议约定，接受投资者投入企业的资本。实收资本的构成比例或股东的股份比例，是确定所有者在企业所有者权益中份额的基础，也是企业进行利润或股利分配的主要依据。

企业一般应设置“实收资本”或“股本”账户核算。

1. 接受现金资产投资

（1）有限责任公司接受现金资产投资。

有限责任公司接受现金资产投资时，作以下会计分录：

借：银行存款

　　贷：实收资本

　　　　资本公积——资本溢价

【例 11-1】甲公司、乙公司、丙公司共同投资设立 F 有限责任公司，注册资本为 2 000 万元，甲公司、乙公司、丙公司的持股比例分别为 60%、25%和 15%。按照章程规定，甲公司、乙公司、丙公司投入资本分别为 1 200 万元、500 万元和 300 万元。F 有限责任公司已如期收到各投资者一次缴足的款项。F 有限责任公司在进行会计处理时，应编制会计分录如下：

借：银行存款	20 000 000	
贷：实收资本——甲公司		12 000 000
——乙公司		5 000 000
——丙公司		3 000 000

（2）股份有限公司接受现金资产投资。

股份有限公司在发行股票时，既可以按面值发行，也可以溢价发行（我国目前不允许折价发行股票）。股份有限公司在核定的股本总额及股份总额的范围内发行股票时，应在实际收到现金资产时进行会计处理。发行股票发生的手续费、佣金等交易费用，应从溢价中抵扣，即冲减资本公积（股本溢价）。溢价不足冲减的部分冲减盈余公积和未分配利润。其会计分录为：

借：银行存款（发行价格×发行数量－发行费用）

　　贷：股本（股数×面值）

　　　　资本公积——股本溢价（扣减发行费用）

【例 11-2】华睿证券公司发行普通股 10 000 000 股，每股面值 1 元，每股发行价格为 5 元，支付手续费 200 000 元，支付咨询费 600 000 元。

该公司的会计处理如下：

借：银行存款	50 000 000	
贷：股本		10 000 000
资本公积——股本溢价		40 000 000
借：资本公积——股本溢价	800 000	
贷：银行存款		800 000

2. 接受非现金资产投资

企业接受投资者作价投入的存货、固定资产和无形资产，应按投资合同或协议约定价值确定资产价值（但投资合同或协议约定的价值不公允的除外）以及在注册资本中应享有的份额。其会计分录为：

借：库存商品

　　固定资产

　　应交税费——应交增值税（进项税额）

　　无形资产

　　贷：实收资本

【例 11-3】华睿证券公司于 2020 年 5 月 10 日设立时收到乙公司作为资本投入的不需要安装的生产设备一台，合同约定该生产设备的含税价值为 1 160 万元（与公允价值相符）。收到的增值税专用发票上注明：价款为 1 000 万元，增值税税额为 160 万元。华睿证券公司增加注册资本 1 160 万元，乙公司持股比例为 10%。该进项税额允许抵扣。

华睿证券公司的会计处理为：

借：固定资产　　10 000 000
　　应交税费——应交增值税（进项税额）　　1 600 000
　贷：实收资本　　11 600 000

【例 11－4】 A 公司、B 公司、C 公司共同投资设立甲有限责任公司，注册资本为 1 000 万元。A 公司、B 公司、C 公司的持股比例分别为 40%、24%和 36%。按照章程的规定，甲有限责任公司于设立时收到 A 公司作为资本投入的营业用房，合同约定该营业用房价值为 400 万元。收到 B 公司作为资本投入的一批原材料，合同约定该批原材料的含税价值为 240 万元，增值税税额为 35 万元。B 公司已开具了增值税专用发票。收到 C 公司作为资本投入的无形资产，合同约定价值为 360 万元。上述合同约定的资产价值与公允价值相符，不考虑其他因素，甲有限责任公司在进行会计处理时，应编制会计分录如下：

借：固定资产——营业用房　　4 000 000
　　原材料　　2 050 000
　　应交税费——应交增值税（进项税额）　　350 000
　　无形资产　　3 600 000
　贷：实收资本——A 公司　　4 000 000
　　　　　　　——B 公司　　2 400 000
　　　　　　　——C 公司　　3 600 000

3. 实收资本（或股本）的增加

一般企业增加资本主要有以下三个途径：接受投资者追加投资、资本公积转增资本和盈余公积转增资本。

股份公司或有限责任公司应该按照原投资者出资比例相应增加各投资者的出资额。

（1）接受投资者追加投资时，其会计分录为：

借：银行存款等（接受投资的资产）
　贷：实收资本（追加部分享有的份额）
　　　资本公积——资本溢价（超过享有份额的部分）

（2）用资本公积转增资本时，其会计分录为：

借：资本公积
　贷：实收资本（或股本）

（3）用盈余公积转增资本时，其会计分录为：

借：盈余公积
　贷：实收资本（或股本）

【例 11－5】 2017 年 2 月 1 日，甲、乙、丙三方共同投资设立 A 有限责任公司，原注册资本为 4 000 万元。甲、乙、丙三方分别出资 480 万元、2 000 万元和 1 520 万元，三方的持股比例分别为 12%、50%和 38%。为扩大经营规模，2020 年 2 月 1 日经批准，A 有限责任公司的注册资本扩大为 5 000 万元，甲、乙、丙按照原出资比例追加投资共 1 000 万元，并收到银行存款。A 有限责任公司的会计处理如下：

（1）计算因追加投资A有限责任公司收到甲、乙、丙追加的银行存款的投资额。

A有限责任公司收到甲公司投资额＝1 000×12%＝120（万元）

A有限责任公司收到乙公司投资额＝1 000×50%＝500（万元）

A有限责任公司收到丙公司投资额＝1 000×38%＝380（万元）

（2）编制会计分录：

借：银行存款	10 000 000	
贷：实收资本——甲		1 200 000
——乙		5 000 000
——丙		3 800 000

假定经批准，A有限责任公司按原出资比例将资本公积1 000万元转增资本，A有限责任公司编制会计分录如下：

借：资本公积	10 000 000	
贷：实收资本——甲		1 200 000
——乙		5 000 000
——丙		3 800 000

假定将盈余公积1 000万元转增资本，A有限责任公司编制会计分录如下：

借：盈余公积	10 000 000	
贷：实收资本——甲		1 200 000
——乙		5 000 000
——丙		3 800 000

（二）资本公积的核算

1. 资本公积的形成

资本公积是指企业收到的投资者出资额超出其在注册资本（或股本）中所占份额的部分，以及直接计入所有者权益的利得和损失等。资本公积包括资本溢价（或股本溢价）和直接计入所有者权益的利得和损失等。

（1）资本溢价。

形成资本溢价（或股本溢价）的原因有溢价发行股票和投资者超额缴入资本等。

（2）直接计入所有者权益的利得和损失。

直接计入所有者权益的利得和损失是指不应计入当期损益、会导致所有者权益发生增减变动的、与所有者投入资本或者向所有者分配利润无关的利得或者损失，具体包括：

1）企业的长期股权投资采用权益法核算时，因被投资单位除净损益以外所有者权益的其他变动，投资企业按应享有份额而增加或减少的资本公积。

2）企业根据国家有关规定实行股权激励的，如果在等待期内取消了授予的权益工具，企业应在进行权益工具加速行权处理时，将剩余在等待期内应确认的金额立即计入当期损益，并同时确认资本公积。

2. 资本公积与实收资本（或股本）、留存收益的区别

（1）资本公积与实收资本（或股本）的区别。

1）从来源和性质看。实收资本（或股本）是指投资者按照企业章程或合同、协议

的约定，实际投入企业并依法进行注册的资本，体现了企业所有者对企业的基本产权关系。

资本公积是指在投资者的出资中超出其在注册资本所占份额的部分，以及直接计入所有者权益的利得和损失，它不直接表明所有者对企业的基本产权关系。

2）从用途看。实收资本（或股本）的构成比例是确定所有者参与企业财务经营决策的基础，也是企业进行利润分配或股利分配的依据，同时还是企业在清算时确定所有者对净资产的要求权的依据。

资本公积的用途主要是转增资本（或股本）。资本公积不体现各所有者的占有比例，也不能作为所有者参与企业财务经营决策或进行利润分配（或股利分配）的依据。

（2）资本公积与留存收益的区别。

留存收益是指企业从历年实现的利润中提取或形成的留存于企业的内部积累，来源于企业生产经营活动实现的利润。资本公积的来源不是企业实现的利润，而主要来自资本溢价（或股本溢价）等。

3. 资本公积的核算

（1）资本溢价的核算。

有限责任公司在创立时，投资者认缴的出资额与注册资本一致，一般不会产生资本溢价，但在企业重组或有新的投资者加入时，常常会出现资本溢价。

【例 11－6】 A有限责任公司由两位投资者投资200万元设立，每人出资100万元。一年后，为扩大经营规模，经批准，A有限责任公司的注册资本增加到了300万元，并引入了第三位投资者。按照投资协议，新投资者需缴入现金110万元，同时享有该公司三分之一的股份。A有限责任公司已收到该投资者的现金投资。假定不考虑其他因素，A有限责任公司的会计处理如下：

借：银行存款	1 100 000	
贷：实收资本		1 000 000
资本公积——资本溢价		100 000

（2）股本溢价的核算。

股份有限公司是以发行股票的方式筹集股本的，股票可按面值发行，也可溢价发行，我国目前不准折价发行。在按面值发行股票的情况下，企业发行股票取得的收入，应全部作为股本处理；在溢价发行股票的情况下，企业发行股票取得的收入，等于股票面值的部分作为股本处理，超出股票面值的溢价部分应作为股本溢价处理。

与发行股票相关的手续费、佣金等交易费用，如果是溢价发行股票的，应从溢价中抵扣，冲减资本公积（股本溢价）；无溢价发行股票或溢价金额不足以抵扣的，应将不足抵扣的部分冲减盈余公积和未分配利润。

【例 11－7】 华睿证券公司委托A证券公司发行普通股，股票面值总额5 000万元，发行总额20 000万元，发行费按发行总额的2%计算（不考虑其他因素），股票发行净收入全部收到。华睿证券公司的会计处理为：

该笔业务记入“资本公积”科目的金额＝20 000－5 000－20 000×2%
＝14 600（万元）

借：银行存款　　196 000 000

　贷：股本　　50 000 000

　　资本公积——股本溢价　　146 000 000

（3）其他资本公积的核算。

其他资本公积是指除资本溢价（或股本溢价）项目以外所形成的资本公积，其中主要是直接计入所有者权益的利得和损失。

企业对某被投资单位的长期股权投资采用权益法核算的，在持股比例不变的情况下，对因被投资单位除净损益以外的所有者权益的其他变动，如果是利得，则应按持股比例计算其应享有被投资单位所有者权益的增加数额。其会计分录如下：

借：长期股权投资——其他权益变动

　贷：资本公积——其他资本公积

如果是损失，则作相反的会计分录。

以后将该长期股权投资处置时，那么计入资本公积的部分应该转入当期损益，即投资收益。其会计分录为：

借：资本公积——其他资本公积

　贷：投资收益

如果是损失，则作相反的会计分录。

【例 11-8】华睿证券公司于 2020 年 1 月 1 日以银行存款向 H 公司投资 6 000 万元，拥有该公司 20%的股份，当日 H 公司净资产的账面价值与公允价值一致，均为 40 000 万元。华睿证券公司对 H 公司有重大影响，因而对 H 公司的长期股权投资采用权益法核算。2020 年 12 月 31 日，H 公司实现净利润 2 000 万元，H 公司除净损益之外的所有者权益增加了 1 000 万元。假定除此以外，H 公司的所有者权益没有变化，华睿证券公司的持股比例也没有变化，不考虑其他因素。华睿证券公司的会计处理如下：

借：长期股权投资——成本　　60 000 000

　贷：银行存款　　60 000 000

6 000 万元＜40 000 万元×20%，差额为 2 000 万元，计入营业外收入，其会计分录为：

借：长期股权投资——成本　　20 000 000

　贷：营业外收入　　20 000 000

借：长期股权投资——损益调整　　4 000 000

　贷：投资收益　　4 000 000

借：长期股权投资——其他权益变动　　2 000 000

　贷：资本公积——其他资本公积　　2 000 000

2020 年年末长期股权投资的账面价值＝6 000＋2 000＋400＋200＝8 600（万元）

4. 资本公积转增资本的核算

经股东大会或类似机构决议，用资本公积转增资本时，应冲减资本公积，同时按照转增前的实收资本（或股本）的结构或比例，将转增的金额记入“实收资本”（或“股本”）科目下各所有者的明细分类账。其会计分录为：

借：资本公积

　贷：实收资本（或股本）

（三）留存收益的核算

1. 留存收益的内容

留存收益是指企业从历年实现的利润中提取或形成的留存于企业的内部积累，包括盈余公积、一般风险准备和未分配利润。

盈余公积是指企业按照有关规定从净利润中提取的积累资金。公司制企业的盈余公积包括法定盈余公积和任意盈余公积。法定盈余公积是指企业按照规定的比例从净利润中提取的盈余公积。任意盈余公积是指企业按照股东大会的决议提取的盈余公积。

企业提取的盈余公积可用于弥补亏损、扩大生产经营、转增资本或派送新股等。

一般风险准备是指从事金融活动的金融企业按一定比例从净利润中提取的，用于弥补尚未识别的可能性损失的一般风险准备，该项准备金作为利润分配处理，并作为所有者权益的组成部分。

未分配利润是指企业实现的净利润经过弥补亏损、提取盈余公积、提取一般风险准备和向投资者分配利润后留存在企业的、历年结存的利润。相对于所有者权益的其他部分来说，企业对于未分配利润的使用有较大的自主权。

2. 留存收益的账务处理

（1）盈余公积的核算。

1）提取法定盈余公积。根据《金融企业财务规则》（以下简称《财务规则》）的规定，金融企业按净利润的10%提取法定盈余公积，但此项公积已达到注册资本的50%时，可以不再提取。企业应设置“盈余公积——法定盈余公积”账户，反映法定盈余公积的提取与使用。

【例11-9】华睿证券公司2020年度的净利润为8 000 000元，由于公司的盈余公积尚未达到注册资本的50%，按《财务规则》的规定，应按净利润的10%提取法定盈余公积。假设以前年度无未弥补亏损，则华睿证券公司应提取的法定盈余公积为800 000（8 000 000×10%）元。在提取法定盈余公积时，华睿证券公司应作以下会计分录：

借：利润分配——提取法定盈余公积　　800 000

　贷：盈余公积——法定盈余公积　　800 000

2）提取任意盈余公积。企业的任意盈余公积一般按照股东大会的决议提取。

【例11-10】华睿证券公司董事会通过决议，从本年度净利润中提取300 000元的任意盈余公积，其会计分录为：

借：利润分配——提取任意盈余公积　　300 000

　贷：盈余公积——任意盈余公积　　300 000

3）盈余公积的使用。企业提取的法定盈余公积和任意盈余公积主要用于以下三个方面：

第一，弥补亏损。

企业发生亏损，应由企业自行弥补。企业弥补亏损的渠道主要有三条：一是用以后年度的税前利润弥补；二是用以后年度的税后利润即净利润弥补；三是用盈余公积弥补。

【例11-11】华睿证券公司经研究决定用法定盈余公积600 000元和任意盈余公积200 000元弥补亏损，其会计分录为：

借：盈余公积——法定盈余公积　　600 000

——任意盈余公积　　200 000

贷：利润分配——盈余公积补亏　　800 000

第二，转增资本。

为了满足扩大再生产对资本的需求，经股东大会决议，企业可将盈余公积转增资本或股本。

【例 11-12】 华睿证券公司经研究决定用法定盈余公积 400 000 元和任意盈余公积 100 000 元转增资本，相关手续已经办理完毕，其会计分录为：

借：盈余公积——法定盈余公积　　400 000

——任意盈余公积　　100 000

贷：实收资本　　500 000

第三，发放现金股利或利润。

当企业用盈余公积发放现金股利或利润时，其会计分录为：

借：盈余公积

贷：应付股利

（2）一般风险准备的核算。金融企业应当于每年年度终了对承担风险和损失的资产计提一般准备。一般准备由金融企业总行（总公司）统一计提和管理。一般风险准备按净利润的一定比例计提，其用途只能用于弥补亏损。

从事银行业务的金融企业，应于每年年度终了根据承担风险和损失的资产余额的一定比例提取一般风险准备，用于弥补尚未识别的可能性损失。一般风险准备的计提比例由金融企业综合考虑其所面临的风险状况等因素确定，原则上不低于风险资产期末余额的1%。

从事保险业务的金融企业，应按本年实现净利润的10%提取总准备金，用于巨灾风险的补偿，不得用于分红、转增资本。

从事证券业务的金融企业，应按本年实现净利润的10%提取交易风险准备金，用于弥补证券交易的损失，不得用于分红、转增资本。

1）一般风险准备的提取，应编制会计分录如下：

借：利润分配——提取一般风险准备

贷：一般风险准备

【例 11-13】 华睿证券公司 2020 年度的净利润为 8 000 000 元，按 10%提取一般风险准备，其会计分录为：

借：利润分配——提取一般风险准备　　800 000

贷：一般风险准备　　800 000

2）用风险准备弥补亏损，应编制会计分录如下：

借：一般风险准备

贷：利润分配——一般风险准备补亏

（3）未分配利润的核算。企业年终应将“利润分配”账户除“未分配利润”明细账户外的其他明细账户的余额转入“利润分配——未分配利润”明细账户。结转后，除“未分配利润”明细账户外，其他明细账户均无余额。年末“利润分配——未分配利润”明细账户如为贷方余额，表示累计的未分配利润；如为借方余额，表示累计的未弥补亏损。

具体核算见任务十二。

任务十二　损益业务核算

【任务分析】本任务介绍了损益的含义、内容及特殊性，在此基础上重点介绍了收支、利润的计算与核算。

一、收入业务核算

想一想

经检查发现，华睿证券公司将一客户赞助的一辆汽车记入“其他业务收入”账户内。这辆汽车是因为公司帮助客户理财使其获得巨额收益，客户给予的回报。请问该公司的会计处理是否正确？你认为该如何处理？

损益又称财务成果，是指金融企业在一定的经营时期内，以各项收入抵补各项支出之后的最终结果，如果收入大于支出，其结果表现为利润；如果收入小于支出，其结果表现为亏损。因此，损益是金融企业业务经营的最终成果，是综合反映一个金融企业经营状况的重要指标。

（一）收入的确认

收入是指企业在日常活动中形成的、会导致所有者权益增加的、与所有者投入资本无关的经济利益的总流入。收入主要包括企业为完成其经营目标所从事的经常性活动实现的收入，如商业银行对外贷款、保险公司签发保单、租赁公司出租资产等实现的收入；另外，企业发生的与经常性活动相关的其他活动，如企业对外出售不需用的原材料、利用闲置资金对外投资、对外转让无形资产使用权等所形成的经济利益的总流入也构成收入。

金融企业收入同时满足下列条件的，才能予以确认：

第一，相关的经济利益很可能流入企业。

第二，经济利益流入企业的结果会导致资产的增加或者负债的减少。

第三，经济利益的流入额能够可靠地计量。

（二）收入的分类

金融企业的收入主要包括：利息收入、手续费及佣金收入、保费收入（保险企业）、分保费收入（保险企业）、租赁收入（租赁企业）、汇兑损益、公允价值变动损益、投资收益、摊回赔付支出（保险企业）、摊回保险责任准备金（保险企业）、摊回分保费用（保险企业）及其他业务收入等。

（三）收入的核算

1. 各项收入确认的核算

（1）利息收入的核算。企业确认或收取利息时，其会计分录为：

借：应收利息、吸收存款等

贷：利息收入

（2）手续费及佣金收入的核算。企业确认手续费和佣金收入时，其会计分录为：

借：吸收存款、库存现金、银行存款等

贷：手续费及佣金收入

（3）汇兑收益的核算。企业确认外汇买卖收益时，其会计分录为：

借：货币兑换

贷：汇兑损益

（4）保费收入的核算。企业确认保费收入时，其会计分录为：

借：银行存款、应收保费等

贷：保费收入

（5）分保费收入的核算。再保险分入人收到分出人的保费时，其会计分录为：

借：应收分保账款等

贷：分保费收入

（6）公允价值变动损益的核算。企业有价证券等资产公允价值上涨时，其会计分录为：

借：交易性金融资产等

贷：公允价值变动损益

（7）投资收益的核算。企业投资变现价大于成本价发生收益时，其会计分录为：

借：银行存款等

贷：投资收益

（8）摊回赔款的核算。从再保险分入人处收到赔款及相关费用时，其会计分录为：

借：应收分保账款等

贷：摊回赔付支出、摊回分保费用

（9）其他业务收入的核算。企业确认除以上主营业务收入以外的其他经营活动实现的收入，包括出租固定资产、出租无形资产、销售材料等实现的收入时，其会计分录为：

借：银行存款等

贷：其他业务收入

2. 收入的结转核算

金融企业通常在期末，要将各项收入发生额转入“本年利润”科目贷方，结转后各收入科目应无余额。其会计分录为：

借：利息收入

手续费及佣金收入

保费收入

分保费收入

汇兑损益

公允价值变动损益

投资收益

摊回赔付支出

摊回保险责任准备金

摊回分保费用

其他业务收入等

贷：本年利润

二、费用业务核算

想一想

甲公司将购买的一批价值2万元的练功券和“百张传票翻打机”传票赠送给一合作院校，财务部将这一活动作为“业务及管理费”处理。请问这一处理正确吗？为什么？

（一）费用的确认

费用是指企业在日常活动中发生的会导致所有者权益减少的、与向所有者分配利润无关的经济利益的总流出。

费用的确认至少应当符合以下条件：

第一，与费用相关的经济利益应当很可能流出企业。

第二，经济利益流出企业的结果会导致资产的减少或者负债的增加。

第三，经济利益的流出额能够可靠地计量。

（二）费用的分类

金融企业的费用包括：利息支出、手续费及佣金支出、业务及管理费、税金及附加、其他业务成本、资产减值损失、汇兑损益（损失）、投资收益（损失）、公允价值变动损益（跌价）、所得税费用、赔付支出（保险企业）、提取保险责任准备金、退保金、保单红利支出、分出保费等。

（三）费用的核算

1. 费用日常核算

（1）利息支出的核算。金融企业发生利息时，其会计分录为：

借：利息支出

　贷：应付利息或吸收存款等

（2）手续费及佣金支出的核算。金融企业发生各种手续费及佣金支出时，其会计分录为：

借：手续费及佣金支出

　贷：吸收存款、银行存款等

（3）业务及管理费的核算。金融企业在业务经营和管理过程中所发生的各项费用，包括折旧费、业务宣传费、业务招待费、电子设备运转费、钞币运送费、安全防范费、邮电费、劳动保护费、外事费、印刷费、低值易耗品摊销、职工工资、差旅费、水电费、修理费、职工教育经费、工会经费、税金、会议费、诉讼费、公证费、咨询费、无形资产摊销、长期待摊费用摊销、取暖降温费、聘请中介机构费、技术转让费、绿化费、董事会费、财产保险费、劳动保险费、待业保险费、住房公积金、物业管理费、研究费用等。各项营业费用开支必须按规定列支，经批准后列账，其会计分录为：

借：业务及管理费

　贷：银行存款等

（4）税金及附加的核算。税金及附加是指金融企业经营收入负担的各种税金，包括城市维护建设税和教育费附加等。

应纳城市维护建设税＝实际缴纳的增值税和消费税×适用税率

教育费附加＝实际缴纳的增值税和消费税×适用税率

计提税金及附加时，其会计分录为：

借：税金及附加

　贷：应交税费

实际缴纳税金及附加时，其会计分录为：

借：应交税费

　贷：银行存款

（5）其他业务成本的核算。金融企业除主营业务活动以外的其他经营活动所发生的支出，包括销售材料的成本、出租固定资产的累计折旧、出租无形资产的累计摊销、采用成本模式计量的投资性房地产的累计折旧或累计摊销等。

发生其他业务成本时，其会计分录为：

借：其他业务成本

　贷：银行存款等

（6）资产减值损失的核算。企业根据资产减值等准则确定资产发生的减值时，按应减记的金额，进行如下会计处理：

借：资产减值损失

　贷：坏账准备

　　　长期股权投资减值准备

　　　持有至到期投资减值准备

　　　固定资产减值准备

　　　在建工程——减值准备

　　　无形资产减值准备

　　　贷款损失准备

　　　抵债资产——跌价准备

　　　损余物资——跌价准备等

（7）所得税费用的核算。企业的所得税费用包括当期所得税和递延所得税两个部分，其中当期所得税是指当期应交所得税。

1）应交所得税的计算。应交所得税是指企业按照税法规定计算确定的针对当期发生的交易和事项，应向税务部门缴纳的所得税金额，即当期应交所得税。应纳税所得额是在企业税前会计利润（即利润总额）的基础上调整确定的，其计算公式为：

应纳税所得额＝税前会计利润＋纳税调整增加额－纳税调整减少额

纳税调整增加额主要包括在税法规定允许扣除的项目中，企业已计入当期费用但超过税法规定扣除标准的金额（如超过税法规定标准的职工福利费、工会经费、职工教育经费、业务招待费、公益性捐赠支出、广告费和业务宣传费等），以及企业已计入当期损失但税法规定不允许扣除项目的金额（如税收滞纳金、罚金、罚款）。

纳税调整减少额主要包括按税法规定允许弥补的亏损和准予免税的项目，如前 5 年内的未弥补亏损和国债利息收入等。

企业当期所得税的计算公式为：

应交所得税＝应纳税所得额×所得税税率

【例 12-1】 假设华睿公司 2020 年度按企业会计准则计算的税前会计利润为 1 980 万元，所得税税率为 25%。华睿公司全年实发工资、薪金为 200 万元，职工福利费 30 万元，工会经费 5 万元，职工教育经费 10 万元。经查，华睿公司当年在营业外支出中有 12 万元为税收滞纳罚金。假定华睿公司全年无其他纳税调整因素。

按税法的有关规定，企业发生的合理的工资、薪金支出准予据实扣除；企业发生的职工福利费支出，不超过工资、薪金总额 14%的部分准予扣除；企业拨缴的工会经费，不超过工资、薪金总额 2%的部分准予扣除；除国务院财政、税务主管部门另有规定外，企业发生的职工教育经费支出，不超过工资、薪金总额 2.5%的部分准予扣除，超过部分准予结转以后纳税年度扣除。税收滞纳金不准予扣除。

纳税调整数＝（30－200×14%）＋（5－200×2%）＋（10－200×2.5%）＋12
＝20（万元）

应纳税所得额＝1 980＋20＝2 000（万元）

当期应交所得税额＝2 000×25%＝500（万元）

【例 12-2】 华睿公司 2020 年全年利润总额（税前会计利润）为 1 030 万元，其中包括本年收到的国债利息收入 30 万元，所得税税率为 25%。假定华睿公司全年无其他纳税调节因素。

按税法的有关规定，企业购买国债的利息收入免交所得税，即在计算应纳税所得额时可将其扣除。华睿公司当期所得税的计算如下：

应纳税所得额＝1 030－30＝1 000（万元）

当期应交所得税额＝1 000×25%＝250（万元）

2）所得税费用的账务处理。企业应根据会计准则的规定，计算确定当期所得税和递延所得税，两者之和即为应从当期利润总额中扣除的所得税费用。

所得税费用＝当期所得税＋递延所得税

其中：

$$\text{递延所得税}=\left(\begin{array}{c}\text{递延所得税}\\\text{负债的期末余额}\end{array}-\begin{array}{c}\text{递延所得税}\\\text{负债的期初余额}\end{array}\right)-\left(\begin{array}{c}\text{递延所得税}\\\text{资产的期末余额}\end{array}-\begin{array}{c}\text{递延所得税}\\\text{资产的期初余额}\end{array}\right)$$

企业应通过“所得税费用”账户，核算企业所得税费用的确认及结转情况。

【例 12-3】 华睿公司当期应交所得税额为 300 万元，递延所得税负债的年初数为 20

万元，年末数为 30 万元，递延所得税资产的年初数为 15 万元，年末数为 10 万元。华睿公司的会计处理如下：

华睿公司所得税费用的计算如下：

“递延所得税负债”发生额＝30－20＝10（万元）

“递延所得税资产”发生额＝10－15＝－5（万元）

递延所得税费用＝10＋5＝15（万元）

所得税费用＝当期所得税＋递延所得税＝300＋15＝315（万元）

华睿公司编制会计分录如下：

借：所得税费用	3 150 000	
贷：应交税费——应交所得税		3 000 000
递延所得税负债		100 000
递延所得税资产		50 000

2. 费用结转核算

金融企业期末要将所有费用结转至“本年利润”科目借方，结转后所有费用科目应无余额，其会计分录为：

借：本年利润

贷：手续费及佣金支出

利息支出

税金及附加

业务及管理费

其他业务成本

资产减值损失

汇兑损益（损失）

投资收益（损失）

公允价值变动损益（跌价）

所得税费用

赔付支出

提取保险责任准备金

退保金

保单红利支出

分出保费

想一想

华睿公司将一款退役的软件出售给一所高职院校用于教学模拟实训，公司财务部门认为这一业务与日常活动无关，于是将出售所得款项 3 万元记入“营业外收入”科目。请问该公司的处理是否正确？你认为应该如何处理？

三、利润及利润分配业务核算

（一）利润的计算与核算

1. 利润的计算

利润是指企业在一定会计期间内的经营成果。利润包括收入减去费用后的净额、直接计入当期利润的利得和损失等。其中直接计入当期利润的利得或损失，是指应当计入当期损益、会导致所有者权益发生增减变动的、与所有者投入资本或者向所有者分配利润无关的利得或损失，即营业外收入和营业外支出。

（1）营业利润。其计算公式为：

$$\text{营业利润}=\text{营业收入}-\text{营业成本}-\text{税金及附加}-\text{销售费用}-\text{管理费用}-\text{财务费用}-\text{资产减值损失}+\text{公允价值变动收益}\left(-\text{公允价值变动损失}\right)+\text{投资收益}\left(-\text{投资损失}\right)+\text{资产处置收益（－资产处置损失）}+\text{其他收益（－其他损失）}$$

对于金融企业来说，营业收入是指企业经营业务所确认的收入总额，包括利息收入、手续费及佣金收入、保费收入和其他业务收入等。营业成本是指企业经营业务所发生的实际成本总额，包括利息支出、手续费及佣金支出、赔付支出、其他业务成本、业务及管理费等。

（2）利润总额。其计算公式为：

利润总额＝营业利润＋营业外收入－营业外支出

（3）净利润。其计算公式为：

净利润＝利润总额－所得税费用

2. 营业外收支的核算

（1）营业外收入的核算。营业外收入是指企业发生的与其日常经营活动无直接关系的各项利得。包括债务重组利得、与企业日常活动无关的政府补助、盘盈利得、捐赠利得等。

金融企业发生各种营业外收入时，其会计分录为：

借：银行存款等

　贷：营业外收入

期末，将“营业外收入”科目发生额转入“本年利润”科目贷方，结转后本科目应无余额。其会计分录为：

借：营业外收入

　贷：本年利润

【例 12－4】 华睿公司 6 月 30 日清理账务，发现有一笔 30 万元的欠款无法支付，经批准转销。其会计处理如下：

借：应付账款	300 000	
贷：营业外收入		300 000

（2）营业外支出的核算。营业外支出是指企业发生的与其日常经营活动无直接关系的各项

损失，包括债务重组损失、公益性捐赠支出、非常损失、盘亏损失、非流动资产毁损报废损失等。

期末，应将“营业外支出”科目发生额转入“本年利润”科目，结转后本科目无余额。

金融企业发生各项营业外支出时，其会计分录为：

借：营业外支出

　贷：银行存款等

【例 12－5】华睿公司用银行存款支付税款滞纳金 30 万元。其会计分录为：

借：营业外支出　　300 000

　贷：银行存款　　300 000

3. 本年利润的核算

（1）结转本年利润的方法。

会计期末结转本年利润的方法有表结法和账结法两种。

1）表结法。在表结法下，各损益类科目每月月末只需结计出本月发生额和月末累计余额，不结转至“本年利润”科目，只有在年末时才将全年累计余额结转至“本年利润”科目。但每月月末企业要将损益类科目的本月发生额合计数填入利润表的本月数栏，同时将本月月末的累计余额填入利润表的本年累计数栏，通过利润表计算反映各期的利润（或亏损）。在表结法下，年中损益类科目无须结转至“本年利润”科目，从而减少了转账环节和工作量，同时并不影响利润表的编制及有关损益指标的使用。

2）账结法。在账结法下，企业每月月末均需编制转账凭证，将在账上结计出的各损益类科目的发生额结转至“本年利润”科目。结转后“本年利润”科目的本月余额反映当月实现的利润或发生的亏损，“本年利润”科目的本年余额反映本年累计实现的利润或发生的亏损。账结法在各月均可通过“本年利润”科目提供当月及本年累计的利润（或亏损）额，但增加了转账环节和工作量。

（2）结转本年利润的会计处理。

期末，企业将所有损益类科目发生额结转至“本年利润”科目，其会计分录为：

借：利息收入

　　手续费及佣金收入等

　贷：本年利润

借：本年利润

　贷：利息支出

　　　手续费及佣金支出等

结转后“本年利润”科目如为贷方余额，表示当年实现的净利润；如为借方余额，表示当年发生的净亏损。

年度终了，企业还应将“本年利润”科目的本年累计余额转入“利润分配——未分配利润”科目。“本年利润”科目如为贷方余额，结转分录为：

借：本年利润

　贷：利润分配——未分配利润

“本年利润”科目如为借方余额，作相反的会计分录。结转后“本年利润”科目应无余额。

【例 12－6】华睿公司 2020 年有关损益类科目的期末余额见表 12－1（该企业采用账结法年末一次结转损益类科目，所得税税率为 25%）。

表 12－1　有关损益账户余额表　　单位：万元

科目名称	借或贷	结账前余额
利息收入	贷	600
其他业务收入	贷	70
公允价值变动损益	贷	15
手续费及佣金收入	贷	400
营业外收入	贷	5
利息支出	借	400
其他业务成本	借	40
税金及附加	借	8
手续费及佣金支出	借	200
业务及管理费	借	72
资产减值损失	借	10
营业外支出	借	20

华睿公司 2020 年年末的会计处理如下：

(1) 将各损益类科目的年末余额结转至“本年利润”科目：

第一，结转各项收入、利得类科目，其会计分录为：

借：利息收入	6 000 000	
其他业务收入	700 000	
公允价值变动损益	150 000	
手续费及佣金收入	4 000 000	
营业外收入	50 000	
贷：本年利润		10 900 000

第二，结转各项费用、损失类科目，其会计分录为：

借：本年利润	7 500 000	
贷：利息支出		4 000 000
其他业务成本		400 000
税金及附加		80 000
手续费及佣金支出		2 000 000
业务及管理费		720 000
资产减值损失		100 000
营业外支出		200 000

(2) 经过上述结转后，“本年利润”科目的贷方发生额合计 1 090 万元减去借方发生额合计 750 万元即为税前会计利润 340 万元。

(3) 假设华睿公司2020年度不存在所得税纳税调整因素。

(4) 计算应交所得税金额：

应交所得税＝340×25％＝85（万元）

第一，确认所得税费用，其会计分录为：

借：所得税费用　　850 000

　贷：应交税费——应交所得税　　850 000

第二，将所得税费用结转至“本年利润”科目，其会计分录为：

借：本年利润　　850 000

　贷：所得税费用　　850 000

(5) 将“本年利润”科目年末余额255（1 090－750－85）万元转入“利润分配——未分配利润”科目贷方，其会计分录为：

借：本年利润　　2 550 000

　贷：利润分配——未分配利润　　2 550 000

（二）利润分配的核算

1. 利润分配及其顺序

利润分配是指企业根据国家有关规定和企业章程、投资协议等，对企业当年可供分配的利润所进行的分配。可供分配的利润的计算公式为：

$$\begin{matrix}\text{可供分配}\\\text{的利润}\end{matrix}=\begin{matrix}\text{年初未}\\\text{分配利润}\end{matrix}\text{（或年初未弥补亏损）}+\begin{matrix}\text{当年实现}\\\text{的净利润}\end{matrix}+\begin{matrix}\text{其他}\\\text{转入}\end{matrix}\left(\begin{matrix}\text{即盈余}\\\text{公积补亏}\end{matrix}\right)$$

利润分配的顺序依次是：

第一，提取法定盈余公积。

第二，提取一般风险准备。

第三，提取任意盈余公积。

第四，向投资者分配利润。

2. 利润分配核算

(1) 年末，将“本年利润”余额结转至“利润分配——未分配利润”。

“本年利润”科目若为贷方余额，则其会计分录为：

借：本年利润

　贷：利润分配——未分配利润

“本年利润”科目若为借方余额，则会计分录相反。

(2) 提取法定盈余公积时，其会计分录为：

借：利润分配——提取法定盈余公积

　贷：盈余公积——法定盈余公积

(3) 提取一般风险准备时，其会计分录为：

借：利润分配——提取一般风险准备

　贷：一般风险准备

(4) 宣告分派现金股利时，其会计分录为：

借：利润分配——应付现金股利或利润

　贷：应付股利

(5) 实际分派股票股利时，其会计分录为：

借：利润分配——转作股本的股利

　贷：股本

(6) 盈余公积补亏时，其会计分录为：

借：盈余公积

　贷：利润分配——盈余公积补亏

(7) 年末，将“利润分配”账户的其他明细转入“未分配利润”明细时，其会计分录为：

借：利润分配——未分配利润

　贷：利润分配——提取法定盈余公积

　　　　　　——提取任意盈余公积

　　　　　　——提取一般风险准备

　　　　　　——应付现金股利或利润

　　　　　　——转作股本的股利

借：利润分配——盈余公积补亏

　贷：利润分配——未分配利润

【例 12-7】 华睿公司本年利润实现贷方余额 100 万元，提取法定盈余公积 10%，提取任意盈余公积 5%，提取一般风险准备 10%，向投资者分配利润 20 万元。

华睿公司的利润分配处理如下：

(1) 结转本年利润。

借：本年利润	1 000 000	
贷：利润分配——未分配利润		1 000 000

(2) 进行利润分配。

第一，提取法定盈余公积：

借：利润分配——提取法定盈余公积	100 000	
贷：盈余公积——法定盈余公积		100 000

第二，提取一般风险准备：

借：利润分配——提取一般风险准备	100 000	
贷：一般风险准备		100 000

第三，提取任意盈余公积：

借：利润分配——提取任意盈余公积	50 000	
贷：盈余公积——任意盈余公积		50 000

第四，向投资者分配利润 20 万元：

借：利润分配——应付现金股利或利润	200 000	
贷：应付股利		200 000

(3) 将利润分配的其他明细科目转入“未分配利润”明细科目。

借：利润分配——未分配利润	450 000	
贷：利润分配——提取法定盈余公积		100 000

——提取任意盈余公积 50 000

——提取一般风险准备 100 000

——应付现金股利或利润 200 000

任务十三 年度决算和财务报告编制

【任务分析】本任务介绍年度决算和财务报告的内容，在此基础上重点介绍了资产负债表、利润表等报表的编制。

一、年度决算工作

想一想

华睿银行财务部的小王是刚从企业调来的会计，小王认为年度决算应该就是编制一张试算平衡表，处理结账，没有什么复杂的。12 月 30 日财务部长检查年度决算准备工作情况，结果发现小王负责的好多工作没有提前准备，于是召集全部科室人员紧急加班准备 31 日的决算。请问：

1. 银行和企业的年度决算有何不同?

2. 年度决算工作如何才能做好?

(一) 年度决算前的准备工作

年度决算是运用会计核算数据与资料，通过年度会计报告，对全年各项业务和财务活动进行的总结反映。金融企业年度决算是指金融企业运用日常会计核算资料，对一年来的业务活动和财务活动所进行的数字总结和文字说明。

年度决算的准备工作包括：

(1) 对各项临时性和过渡性账户，如暂收款项、暂付款项、待清理资产和待清理负债等应及时清理。

(2) 对库存现金、发行基金、有价单证及重要空白凭证、固定资产等，应根据有关账簿进行全面清查盘点，盘盈或盘亏的财产经审批后及时处理。

(3) 与开户单位书面核对存、贷款账户余额，及时办理各种年度资金的上划，核实各项财务收支，清理联行往来的未达账项，处理账务悬案，核对总账、分户账余额。

(4) 根据 11 月份总账各科目自年初累计发生额，编制试算平衡表，与 11 个月的月计表合计数进行核对。如有不符，应立即查明更正。

(5) 做好决算附表、附注等有关资料的数据统计核实工作。

(二) 年度决算日的主要工作

根据《中华人民共和国会计法》的规定，金融企业以每年 1 月 1 日—12 月 31 日为一个会计年度。每年的 12 月 31 日为年度决算日，办理当年的年度决算，其主要工作包括：

（1）将当日全部账务处理完毕。

（2）办理损益结转，将各项财务收支账户余额分别转入“本年利润”科目，结出当年纯损或纯益。

（3）结转当月账务，编制 12 月份月计表。

年终决算日后，应办理年度账务结转，并编制年终决算报表，对全年业务状况、经营成果等进行分析，编写决算说明书连同决算报表报上级行汇总。

新年度营业日开始后，各级行应按时将年度上划款项上划管辖行，逐级汇总后上划总行。

二、财务报告编制

想一想

甲公司管理层拟开发一个大型项目，让财务部提供公司近期财务信息资料。财务部刚入职的会计小王觉得这应该是管理层想了解财务状况，于是便打印了几份资产负债表交给领导。

请问：

1. 小王提供的资料准确吗？
2. 针对这一情况，你认为应该提供哪些财务信息资料？

（一）财务报告认知

1. 财务报告的概念

财务报告是指企业对外提供的反映企业某一特定日期的财务状况和在某一会计期间内的经营成果、现金流量等会计信息的文件。财务报告包括财务报表和其他应当在财务报告中披露的相关信息和资料。

按财务报告编报期间的不同，财务报告可以分为中期财务报告和年度财务报告。中期财务报告是指以短于一个完整会计年度的报告期间为基础编制的财务报表，包括月报、季报和半年报等。中期财务报告至少应当包括资产负债表、利润表、现金流量表和附注，其中：中期资产负债表、利润表和现金流量表应当是完整报表。

2. 财务报告的构成

金融企业财务报告至少应当包括资产负债表、利润表、现金流量表、所有者权益（或股东权益，下同）变动表以及附注。

3. 附注

附注是财务报表不可或缺的组成部分，是对在资产负债表、利润表、现金流量表和所有者权益变动表等报表中列示项目的文字描述或明细资料，以及对未能在这些报表中列示的说明等。

（1）附注披露的基本要求。

1）附注披露的信息应是定量、定性信息的结合，能从量和质两个角度对企业经济事项进行反映，从而满足信息使用者的决策需求。

2）附注应当按照一定的结构进行系统分类，有顺序地披露信息。由于附注的内容繁多，因此更应按逻辑顺序排列，分类披露，条理清晰，具有一定的组织结构，以便于信息使用者理解和掌握，也可以更好地实现财务报表的可比性。

3）附注相关信息应当与资产负债表、利润表、现金流量表和所有者权益变动表等报表中列示的项目相互参照，以有助于信息使用者联系相关联的信息，并由此从整体上更好地理解财务报表。

（2）附注披露的内容。

附注应当按照以下顺序披露有关内容：

1）企业的基本情况。

a. 企业注册地、组织形式和总部地址。

b. 企业的业务性质和主要经营活动，如企业所处的行业、所提供的主要产品或服务、客户的性质、销售策略、监管环境的性质等。

c. 母公司以及集团最终母公司的名称。

d. 财务报告的批准报出者和财务报告批准报出日，或者以签字人及其签字日期为准。

e. 营业期限有限的企业，还应当披露有关其营业期限的信息。

2）财务报表的编制基础。持续经营是会计的基本前提，是会计确认、计量及编制财务报表的基础。

3）遵循企业会计准则的声明。企业应当声明编制的财务报表符合企业会计准则的要求，真实、完整地反映了企业的财务状况、经营成果和现金流量等有关信息。以此明确企业编制财务报表所依据的制度基础。

如果企业编制的财务报表只是部分地遵循了企业会计准则，在附注中不得作出这种表述。

4）重要会计政策和会计估计。根据财务报表列报准则的规定，企业应当披露采用的重要会计政策和会计估计，不重要的会计政策和会计估计可以不披露。

a. 重要会计政策的说明。企业在发生某项交易或事项允许选用不同的会计处理方法时，应当根据准则的规定从允许的会计处理方中选择适合本企业特点的会计政策。例如，固定资产折旧可以选择年限平均法、工作量法、双倍余额递减法、年数总和法等。为了有助于报表使用者理解，企业有必要对这些会计政策加以披露，包括：

第一，财务报表项目的计量基础。会计计量属性包括历史成本、重置成本、可变现净值、现值和公允价值，这直接、显著地影响报表使用者的分析，这项披露要求便于使用者了解企业财务报表中的项目是按何种计量基础予以计量的，如存货是按成本还是成本与可变现净值孰低计量等。

第二，会计政策的确定依据，主要是指企业在运用会计政策的过程中所做的对报表中确认的项目金额最具影响的判断。例如，金融企业应当根据本企业的实际情况说明确定金融资产分类的判断标准等；这些判断对在报表中确认的项目金额具有重要影响。因此，这项披露要求有助于报表使用者理解企业选择和运用会计政策的背景，增加财务报表的可理解性。

b. 重要会计估计的说明。财务报表列报准则强调了对会计估计不确定因素的披露要求，金融企业应当披露会计估计中所采用的关键假设和不确定因素的确定依据，这些关键假设和不确定因素在下一会计期间内很可能导致对资产、负债账面价值进行重大调整。

在确定报表中确认的资产和负债的账面金额过程中，金融企业有时需要对不确定的未来事项在资产负债表日对这些资产和负债的影响加以估计。例如，固定资产可收回金额的计算需要根据其公允价值减去处置费用后的净额与预计未来现金流量的现值两者之间的较高者确定，在计算资产预计未来现金流量的现值时需要对未来现金流量进行预测，并选择适当的折现率，应当在附注中披露未来现金流量预测所采用的假设及依据、所选择的折现率为什么是合理的等。

5）会计政策和会计估计变更以及差错更正的说明。金融企业应当按照《企业会计准则第 28 号——会计政策、会计估计变更和差错更正》的规定，披露会计政策和会计估计变更以及差错更正的情况。

6）报表重要项目的说明。企业应当尽可能以列表形式披露重要报表项目的构成或当期增减变动情况。

对重要报表项目的明细说明，应当按照资产负债表、利润表、现金流量表、所有者权益变动表的顺序以及报表项目列示的顺序进行披露，采用文字和数字描述相结合的方式进行披露，并与报表项目相互参照。其中商业银行的重要项目包括：

第一，现金及存放同业款项的披露。

第二，存放中央银行款项的披露。

第三，拆出资金的披露。

第四，交易性金融资产（不含衍生金融资产）的披露。

第五，衍生工具的披露。

第六，买入返售金融资产的披露。

第七，发放贷款及垫款的披露。

第八，可供出售金融资产的披露。

第九，持有至到期投资的披露。

第十，其他资产的披露。

第十一，同业存放款项的披露。

第十二，拆入资金的披露。

第十三，向中央银行借款的披露。

第十四，交易性金融负债（不含衍生金融负债）的披露。

第十五，卖出回购金融资产款的披露。

第十六，吸收存款的披露。

第十七，应付债券的披露。

第十八，其他负债的披露。

第十九，一般风险准备的披露。

第二十，利息净收入的披露。

第二十一，手续费及佣金净收入的披露。

第二十二，投资收益的披露。

第二十三，公允价值变动损益的披露。

第二十四，分部信息的披露。

第二十五，担保物的披露：

担保物为金融资产的，应披露本期和上期作为负债或有负债的担保物的金融资产的账面价值、与担保物有关的期限和条件。

收到的担保物（金融资产或非金融资产），在担保物所有人没有违约时就可以出售或再作为担保物的，应披露所持有担保物的公允价值、与担保物使用有关的期限和条件。已将收到的担保物出售或再作为担保物的，还应披露该担保物的公允价值，以及企业是否承担了将担保物退回的义务。

第二十六，金融资产转移（含资产证券化）的披露：

对于满足金融资产终止确认条件的金融资产转移，应披露的内容包括：所转移金融资产的性质；因转移形成的新金融资产或新金融负债、服务资产或服务负债的公允价值等。

对于不满足金融资产终止确认条件的金融资产转移，应披露的内容包括：所转移金融资产的性质；仍保留的与所有权有关的风险和报酬的性质；继续确认所转移金融资产整体的，披露所转移金融资产的账面价值和相关负债的账面价值；继续涉入所转移金融资产的，披露所转移金融资产整体的账面价值、继续确认资产的账面价值以及相关负债的账面价值；因转移形成的新金融资产或新金融负债、服务资产或服务负债的公允价值等。

第二十七，其他项目的披露。

7）或有和承诺事项的说明。

a. 或有事项的说明。具体披露信息应当比照一般企业进行处理。

b. 承诺事项的说明。

第一，信贷承诺的披露。

第二，资本支出承诺。披露本期期末和上期期末已授权并尚未发生的资本支出，包括已订立合同和未订立合同的情形。

c. 经营租赁承诺。披露在本期期末和上期期末不可撤销的经营租赁协议下未来最低租赁付款额。

d. 证券承销及债券承兑承诺。披露本期期末和上期期末证券承销余额和债券承兑余额（即承兑责任）。

e. 资产负债表日后非调整事项、关联方关系及其交易的说明。

f. 风险管理。保险公司和证券公司报表重要项目说明具体可以参见《企业会计准则第30号——财务报表列报》应用指南。

8）下列关于其他综合收益各项目的信息披露。

a. 其他综合收益各项目及其所得税影响。

b. 其他综合收益各项目原计入其他综合收益、当期转出计入当期损益的金额。

c. 其他综合收益各项目的期初和期末余额及其调节情况。

（二）资产负债表的编制

1. 资产负债表的定义

资产负债表是指反映企业在某一特定日期的财务状况的报表。资产负债表主要反映资产、负债和所有者权益三方面的内容，并满足“资产＝负债＋所有者权益”平衡式。

2. 资产负债表的结构

资产负债表正表的格式一般有两种：报告式资产负债表和账户式资产负债表。报告式资产负债表是上下结构，上半部列示资产，下半部列示负债和所有者权益，具体排列形式又有两种：一是按“资产＝负债＋所有者权益”的原理排列；二是按“资产－负债＝所有者权益”的原理排列。账户式资产负债表是左右结构，左边列示资产，右边列示负债和所有者权益。我国采用账户式资产负债表。账户式资产负债表中的资产各项目的合计数等于负债和所有者权益各项目的合计数，即资产负债表左方和右方平衡。因此，通过账户式资产负债表，可以反映资产、负债、所有者权益之间的内在关系，即“资产＝负债＋所有者权益”。

3. 商业银行资产负债表项目的填列方法

（1）资产负债表“期末余额”栏的填列方法。资产负债表“期末余额”栏一般应根据资产、负债和所有者权益类科目的期末余额填列。

1）根据总账科目的余额填列。“交易性金融资产”“递延所得税资产”“交易性金融负债”“应付职工薪酬”“应交税费”“应付利息”“预计负债”“递延所得税负债”“实收资本（或股本）”“资本公积”“库存股”“盈余公积”等项目，应根据有关总账科目的余额填列。

有些项目则需根据几个总账科目的余额计算填列：“现金及存放中央银行款项”项目应根据“库存现金”“存放中央银行款项”等科目的期末余额合计数填列；“存放同业款项”“贵金属”“买入返售金融资产”“拆出资金”“向中央银行借款”“同业及其他金融机构存放款项”“拆入资金”“卖出回购金融资产款”“吸收存款”“一般风险准备”项目，应根据相关科目的期末余额填列；资产已计提坏账准备、减值准备的，还应扣减相应的坏账准备、减值准备。“衍生金融资产”项目应根据“衍生工具”“套期工具”“被套期项目”等科目的期末借方余额分析计算填列。“衍生金融负债”项目，应根据“衍生工具”“套期工具”“被套期项目”等科目的期末贷方余额分析计算填列。

2）根据明细账科目的余额计算填列。“未分配利润”项目应根据“利润分配”科目所属的“未分配利润”明细科目期末余额填列。

3）根据有关科目余额减去其备抵科目余额后的净额填列。“可供出售金融资产”“持有至到期投资”“长期股权投资”项目，应根据相关科目的期末余额填列，已计提减值准备的，还应扣减相应的减值准备；“固定资产”“无形资产”项目，应根据相关科目的期末余额扣减相关的累计折旧（或摊销、折耗）填列，已计提减值准备的，还应扣减相应的减值准备，采用公允价值计量的上述资产，应根据相关科目的期末余额填列。

（2）资产负债表“年初余额”栏的填列方法。资产负债表中的“年初余额”栏通常根据上年年末有关项目的期末余额填列，且与上年年末资产负债表“期末余额”栏相一致。企业对首次执行现行准则当年的“年初余额”栏及相关项目进行调整；以后期间，如果企业发生了会计政策变更、前期差错更正，应当对“年初余额”栏中的有关项目进行相应调整。此外，如果企业上年度资产负债表规定的项目名称和内容与本年度不一致，应当对上年年末资产负债表相关项目的名称和数字按照本年度的规定进行调整，填入“年初余额”栏。

商业银行资产负债表的格式见表 13－1。

表 13-1 商业银行资产负债表

会商银 01 表
编制单位： ______年____月____日 单位：元

资　产	期末余额	年初余额	负债和所有者权益（或股东权益）	期末余额	年初余额
资产：			负债：		
现金及存放中央银行款项			向中央银行借款		
存放同业款项			同业及其他金融机构存放款项		
贵金属			拆入资金		
拆出资金			交易性金融负债		
交易性金融资产			衍生金融负债		
衍生金融资产			卖出回购金融资产款		
买入返售金融资产			吸收存款		
应收利息			应付职工薪酬		
发放贷款及垫款			应交税费		
可供出售金融资产			应付利息		
持有待售资产			预计负债		
持有至到期投资			持有待售负债		
长期股权投资			应付债券		
投资性房地产			递延所得税负债		
固定资产			其他负债		
无形资产			负债合计		
递延所得税资产			所有者权益（或股东权益）：		
其他资产			实收资本（或股本）		
			资本公积		
			减：库存股		
			盈余公积		
			一般风险准备		
			未分配利润		
			所有者权益（或股东权益）合计		
资产总计			负债和所有者权益（或股东权益）总计		

4. 保险公司资产负债表的填列方法

保险公司资产负债表的填列方法除下列项目以外的其他项目，比照商业银行资产负债表的列报方法处理：

（1）“应收保费”“应收代位追偿款”“应收分保账款”“应收分保未到期责任准备金”“保户质押贷款”“应收分保未决赔款准备金”“应收分保寿险责任准备金”“应收分保长期健康险责任准备金”“存出资本保证金”“独立账户资产”“预收保费”“应收手续费及佣

金”“应付分保账款”“保户储金及投资款”“未到期责任准备金”“独立账户负债”等项目应根据相关科目的期末余额填列，资产已计提减值准备的，还应扣减相应的减值准备。

（2）“未决赔款准备金”“寿险责任准备金”“长期健康险责任准备金”等负债项目，应根据“保险责任准备金”科目所属相关明细科目期末贷方余额分析填列。

保险公司资产负债表的格式见表 13－2。

表 13－2　保险公司资产负债表

会保 01 表

编制单位：　　　　　　　　　　　　　　＿＿＿年＿＿月＿＿日　　　　　　　　　　　　　　单位：元

资　　产	期末余额	年初余额	负债和所有者权益（或股东权益）	期末余额	年初余额
资产：			负债：		
货币资金			短期借款		
拆出资金			拆入资金		
交易性金融资产			交易性金融负债		
衍生金融资产			衍生金融负债		
买入返售金融资产			卖出回购金融资产款		
应收利息			预收保费		
应收保费			应付手续费及佣金		
应收代位追偿款			应付分保账款		
应收分保账款			应付职工薪酬		
应收分保未到期责任准备金			应交税费		
应收分保未决赔款准备金			应付赔付款		
应收分保寿险责任准备金			应付保单红利		
应收分保长期健康险责任准备金			保户储金及投资款		
保户质押贷款			未到期责任准备金		
定期存款			未决赔款准备金		
可供出售金融资产			寿险责任准备金		
持有待售资产			长期健康险责任准备金		
持有至到期投资			持有待售负债		
长期股权投资			长期借款		
存出资本保证金			应付债券		
投资性房地产			独立账户负债		
固定资产			递延所得税负债		
无形资产			其他负债		
独立账户资产			负债合计		
递延所得税资产			所有者权益（或股东权益）：		
其他资产			实收资本（或股本）		
			资本公积		
			减：库存股		

续表

资　　产	期末余额	年初余额	负债和所有者权益（或股东权益）	期末余额	年初余额
			盈余公积		
			一般风险准备		
			未分配利润		
			所有者权益（或股东权益）合计		
资产总计			负债和所有者权益（或股东权益）总计		

5、证券公司资产负债表的填列方法

证券公司资产负债表的填列方法除下列项目以外的其他项目，比照商业银行资产负债表的列报方法处理：

（1）“结算备付金”“存出保证金”“代理买卖证券款”“代理承销证券款”等项目，应根据相关科目的期末余额填列。

（2）证券公司交纳的交易席位费的可收回金额，应在“无形资产”项目下单独反映；证券经纪业务取得的客户资金存款，应在“货币资金”项目下单独反映；证券经纪业务取得的客户备付金，应在“结算备付金”项目下单独反映。

证券公司资产负债表的格式见表 13－3。

表 13－3　证券公司资产负债表

会证 01 表

编制单位：　　　　　＿＿＿年＿＿月＿＿日　　　　　单位：元

资　　产	期末余额	年初余额	负债和所有者权益（或股东权益）	期末余额	年初余额
资产：			负债：		
货币资金			短期借款		
其中：客户资金存款			其中：质押借款		
结算备付金			拆入资金		
其中：客户备付金			交易性金融负债		
拆出资金			衍生金融负债		
交易性金融资产			卖出回购金融资产款		
衍生金融资产			代理买卖证券款		
买入返售金融资产			代理承销证券款		
应收利息			应付职工薪酬		
存出保证金			应交税费		
可供出售金融资产			应付利息		
持有至到期投资			预计负债		

续表

资产	期末余额	年初余额	负债和所有者权益（或股东权益）	期末余额	年初余额
长期股权投资			持有待售负债		
投资性房地产			长期借款		
固定资产			应付债券		
无形资产			递延所得税负债		
其中：交易席位费			其他负债		
递延所得税资产			负债合计		
其他资产			所有者权益（或股东权益）：		
			实收资本（或股本）		
			资本公积		
			减：库存股		
			盈余公积		
			一般风险准备		
			未分配利润		
			所有者权益（或股东权益）合计		
资产总计			负债和所有者权益（或股东权益）总计		

（三）利润表的编制

利润表是指反映企业在一定会计期间内的经营成果的报表。利润表正表的格式一般有两种：单步式利润表和多步式利润表。单步式利润表是将当期所有的收入列在一起，然后将所有的费用列在一起，两者相减得出当期净损益。多步式利润表是通过对当期的收入、费用、支出项目按性质加以归类，按利润形成的主要环节列示一些中间性利润指标，分步计算当期净损益。我国企业的利润表采用多步式格式。其编制步骤如下：

第一步，以营业收入为基础，减去营业成本、税金及附加、销售费用、管理费用、财务费用、资产减值损失，加上公允价值变动收益（损失以"－"号填列）、投资收益（损失以"－"号填列）、资产处置收益（损失以"－"号填列）和其他收益（损失以"－"号填列），计算出营业利润；

第二步，以营业利润为基础，加上营业外收入，减去营业外支出，计算出利润总额；

第三步，以利润总额为基础，减去所得税费用，计算出净利润（或净亏损）。

普通股或潜在普通股已公开交易的企业，以及正处于公开发行普通股或潜在普通股过程中的企业，还应当在利润表中列示每股收益信息。

1. 商业银行利润表的填列

利润表中的栏目分为"本期金额"栏和"上期金额"栏。

（1）"营业收入"项目，应根据"利息净收入""手续费及佣金净收入""投资收益""公允价值变动收益""汇兑收益""其他业务收入"等项目的金额合计数填列；"营业支出”项目，应根据“税金及附加”“业务及管理费”“资产减值损失”“其他业务成本”等科目的发生额合计数填列。

(2)“利息净收入”项目，应根据“利息收入”项目金额，减去“利息支出”项目金额后的余额分析填列；“手续费及佣金净收入”项目，应根据“手续费及佣金收入”“手续费及佣金支出”等科目的发生额分析填列。

(3)“汇兑收益”“业务及管理费”项目，应根据相关科目的发生额分析填列。

商业银行利润表的格式见表13-4。

表13-4　商业银行利润表

会商银02表

编制单位：　　　　　　　　　　　　______年____月　　　　　　　　　　　　单位：元

项　　目	本期金额	上期金额
一、营业收入		
利息净收入		
利息收入		
利息支出		
手续费及佣金净收入		
手续费及佣金收入		
手续费及佣金支出		
投资收益（损失以“一”号填列）		
其中：对联营企业和合营企业的投资收益		
公允价值变动收益（损失以“一”号填列）		
汇兑收益（损失以“一”号填列）		
资产处置收益（损失以“一”号填列）		
其他收益		
其他业务收入		
二、营业支出		
税金及附加		
业务及管理费		
资产减值损失		
其他业务成本		
三、营业利润（亏损以“一”号填列）		
加：营业外收入		
减：营业外支出		
四、利润总额（亏损总额以“一”号填列）		
减：所得税费用		
五、净利润（净亏损以“一”号填列）		
(一)持续经营净利润（净亏损以“一”号填列）		

续表

项　　目	本期金额	上期金额
（二）终止经营净利润（净亏损以"一"号填列）		
六、其他综合收益的税后净额		
（一）不能重分类进损益的其他综合收益		
（二）将重分类进损益的其他综合收益		
七、综合收益总额		
八、每股收益：		
（一）基本每股收益		
（二）稀释每股收益		

表 13-4 中的"上期金额"栏应根据上年利润表"本期金额"栏内所列数字填列。如果上年利润表规定的各个项目的名称和内容与本期不相一致，应对上年该期利润表各项目的名称和数字按本期的规定进行调整，填入"上期金额"栏。

2. 保险公司利润表的填列

保险公司利润表的填列方法除下列项目以外的其他项目，比照商业银行利润表的列报方法处理：

（1）"营业收入"项目，应根据"已赚保费""投资收益""公允价值变动损益""汇兑收益""其他业务收入"等科目的发生额合计数填列。

"已赚保费"项目，应根据"保险业务收入""分出保费""提取未到期责任准备金"科目的发生额分析填列。

（2）"营业支出"项目，应根据"退保金""赔付支出""提取保险责任准备金""分保费用""税金及附加""手续费及佣金支出""业务及管理费""其他业务成本""资产减值损失"等项目金额合计数，减去"摊回赔付支出""摊回保险责任金""摊回分保费用"等项目金额后的余额填列。

"退保金""赔付支出""提取保险责任准备金""保单红利支出""分保费用""摊回赔付支出""摊回保险责任准备金""摊回分保费用"项目，应根据有关科目的发生额分析填列。

保险公司利润表的格式见表 13-5。

表 13-5　保险公司利润表

会保 02 表

编制单位：　　　　　　　　______年____月　　　　　　　　单位：元

项　　目	本期金额	上期金额
一、营业收入		
已赚保费		
保险业务收入		
其中：分保费收入		
减：分出保费		

续表

项　　目	本期金额	上期金额
提取未到期责任准备金		
投资收益（损失以“—”号填列）		
其中：对联营企业和合营企业的投资收益		
公允价值变动收益（损失以“—”号填列）		
汇兑收益（损失以“—”号填列）		
资产处置收益		
其他收益		
其他业务收入		
二、营业支出		
退保金		
赔付支出		
减：摊回赔付支出		
提取保险责任准备金		
减：摊回保险责任准备金		
保单红利支出		
分保费用		
税金及附加		
手续费及佣金支出		
业务及管理费		
减：摊回分保费用		
其他业务成本		
资产减值损失		
三、营业利润（亏损以“—”号填列）		
加：营业外收入		
减：营业外支出		
四：利润总额（亏损总额以“—”号填列）		
减：所得税费用		
五、净利润（净亏损以“—”号填列）		
（一）持续经营净利润（净亏损以“—”号填列）		
（二）终止经营净利润（净亏损以“—”号填列）		
六、其他综合收益的税后净额		
（一）不能重分类进损益的其他综合收益		
（二）将重分类进损益的其他综合收益		
七、综合收益总额		
八、每股收益：		
（一）基本每股收益		
（二）稀释每股收益		

3. 证券公司利润表的填列

证券公司利润表的填列方法除下列项目以外的其他项目，比照商业银行利润表的列报方法处理：

（1）“营业收入”项目，应根据“手续费及佣金净收入”“利息净收入”“投资收益”“公允价值变动收益”“汇兑收益”“其他业务收入”等项目的合计金额填列。

（2）“手续费及佣金净收入”项目，应根据“手续费及佣金收入”“手续费及佣金支出”等科目的发生额分析计算填列。“代理买卖证券业务净收入”“证券承销业务净收入”“受托客户资产管理业务净收入”等应在本项目下单独反映。证券公司利润表的格式见表 13－6。

表 13－6 证券公司利润表

会证 02 表

编制单位：　　　　　　______年____月　　　　　　单位：元

项　　目	本期金额	上期金额
一、营业收入		
手续费及佣金净收入		
其中：代理买卖证券业务净收入		
证券承销业务净收入		
受托客户资产管理业务净收入		
利息净收入		
投资收益（损失以“－”号填列）		
其中：对联营企业和合营企业的投资收益		
公允价值变动收益（损失以“－”号填列）		
汇兑收益（损失以“－”号填列）		
资产处置收益		
其他收益		
其他业务收入		
二、营业支出		
税金及附加		
业务及管理费		
资产减值损失		
其他业务成本		
三、营业利润（亏损以“－”号填列）		
加：营业外收入		
减：营业外支出		
四、利润总额（亏损总额以“－”号填列）		

续表

项　目	本期金额	上期金额
减：所得税费用		
五、净利润（净亏损以“—”号填列）		
（一）持续经营净利润（净亏损以“—”号填列）		
（二）终止经营净利润（净亏损以“—”号填列）		
六、其他综合收益的税后净额		
（一）不能重分类进损益的其他综合收益		
（二）将重分类进损益的其他综合收益		
七、综合收益总额		
八、每股收益：		
（一）基本每股收益		
（二）稀释每股收益		

（四）现金流量表的编制

1. 现金流量表的定义

现金流量表是指反映企业在一定会计期间内现金和现金等价物流入和流出的报表。编制现金流量表的主要目的，是为财务报表使用者提供企业在一定会计期间内现金和现金等价物流入和流出的信息，以便于财务报表使用者了解和评价企业获取现金和现金等价物的能力，并据以预测企业未来现金流量。

这里所说的现金是指企业的库存现金以及可以随时用于支付的存款，具体包括库存现金、银行存款和其他货币资金（如外埠存款、银行汇票存款、银行本票存款等）。不能随时用于支付的存款不属于现金。

2. 现金流量的分类

现金流量是指企业现金和现金等价物的流入和流出。现金流量表准则将企业在一定期间内产生的现金流量分为三类：经营活动现金流量、投资活动现金流量和筹资活动现金流量。

（1）经营活动。

经营活动是指企业除投资活动和筹资活动以外的所有交易和事项。对于商业银行而言，经营活动主要包括吸收存款、发放贷款、同业存放、同业拆借等。对于保险公司而言，经营活动主要包括原保险业务和再保险业务等。对于证券公司而言，经营活动主要包括自营证券、代理承销证券、代理兑付证券、代理买卖证券等。

（2）投资活动。

投资活动是指企业长期资产的购建和不包括在现金等价物范围内的投资及其处置活动。长期资产是指固定资产、无形资产、在建工程、其他资产等持有期限在 1 年或 1 个营业周期以上的资产。这里所说的投资活动，既包括实物资产投资，又包括非实物资产投资。

（3）筹资活动。

筹资活动是指导致企业资本及债务规模和构成发生变化的活动。这里所说的资本，既包括实收资本（股本），又包括资本溢价（股本溢价）；这里所说的债务是指对外举债，包括向银行借款、发行债券以及偿还债务等。在通常情况下，应付账款、应付票据等属于经营活动，不属于筹资活动。

对于企业除日常活动之外不经常发生的特殊项目，如自然灾害损失、保险赔款、捐赠等，应当归并到相关类别中，并单独反映。例如，对于自然灾害损失和保险赔款，如果能够确指属于流动资产损失，应当列入经营活动产生的现金流量；属于固定资产损失，应当列入投资活动产生的现金流量。如果不能确指，则可以列入经营活动产生的现金流量。捐赠收入和支出，可以列入经营活动产生的现金流量。如果特殊项目的现金流量金额不大，则可以列入现金流量类别下的“其他”项目，不单列项目。

3. 现金流量表的编制方法

（1）直接法和间接法。

金融企业在编制现金流量表时，列报经营活动现金流量的方法有两种：一是直接法，二是间接法。

所谓直接法，是指按现金收入和现金支出的主要类别直接反映企业经营活动产生的现金流量，如吸收存款收到的现金。发放贷款支付的现金等就是按现金收入和支出的类别直接反映的。在直接法下，一般是以利润表中的营业收入为起算点，调节与经营活动有关的项目的增减变动，然后计算出经营活动产生的现金流量。

所谓间接法，是指以净利润为起算点，调整不涉及现金的收入、费用、营业外收支等有关项目，剔除投资活动、筹资活动对现金流量的影响，据此计算出经营活动产生的现金流量。由于净利润是按照权责发生制的原则确定的，且包括了与投资活动和筹资活动相关的收益和费用，将净利润调节为经营活动现金流量，实际上就是将按权责发生制原则确定的净利润调整为现金净流入，并剔除投资活动和筹资活动对现金流量的影响。

采用直接法编报的现金流量表，便于分析企业经营活动产生的现金流量的来源和用途，预测企业现金流量的未来前景；采用间接法编报的现金流量表，便于将净利润与经营活动产生的现金流量净额进行比较，了解净利润与经营活动产生的现金流量差异的原因，从现金流量的角度分析净利润的质量。所以，现金流量表准则规定企业应当采用直接法编报现金流量表，同时要求在附注中提供以净利润为基础调节到经营活动现金流量的信息。

（2）工作底稿法或 T 形账户法。

在具体编制现金流量表时，可以采用工作底稿法或 T 形账户法，也可以根据有关科目记录分析填列。

1）工作底稿法。

采用工作底稿法编制现金流量表，是以工作底稿为手段，以资产负债表和利润表数据为基础，对每一项目进行分析并编制调整分录，从而编制现金流量表。工作底稿法的程序是：

第一步，将资产负债表的期初数和期末数过入工作底稿的期初数栏和期末数栏。

第二步，对当期业务进行分析并编制调整分录。在编制调整分录时，要以利润表项目为基础从“营业收入”开始，结合资产负债表项目逐一进行分析。在调整分录中，有关现金和现金等价物的事项，并不直接借记或贷记现金，而是分别记入“经营活动产生的现金流量”“投资活动产生的现金流量”“筹资活动产生的现金流量”有关项目。借记表示现金流入，贷记表示现金流出。

第三步，将调整分录过入工作底稿中的相应部分。

第四步，核对调整分录。借、贷方合计数均已经相等，资产负债表项目期初数加减调整分录中的借贷金额以后，也等于期末数。

第五步，根据工作底稿中的现金流量表项目部分编制正式的现金流量表。

2）T形账户法。

采用T形账户法编制现金流量表，是以T形账户为手段，以资产负债表和利润表数据为基础，对每一项目进行分析并编制调整分录，从而编制现金流量表。T形账户法的程序是：

第一步，为所有的非现金项目（包括资产负债表项目和利润表项目）分别开设T形账户，并将各自的期末期初变动数过入各相关账户。如果项目的期末数大于期初数，则将差额过入和项目余额相同的方向；反之，则过入相反的方向。

第二步，开设一个大的“现金及现金等价物”T形账户，每边分为经营活动、投资活动和筹资活动三个部分，左边记现金流入，右边记现金流出。与其他账户一样，过入期末期初变动数。

第三步，以利润表项目为基础，结合资产负债表分析每一个非现金项目的增减变动，并据此编制调整分录。

第四步，将调整分录过入各T形账户，并进行核对，该账户借贷相抵后的余额与原先过入的期末期初变动数应当一致。

第五步，根据大的“现金及现金等价物”T形账户编制正式的现金流量表。

4. 商业银行现金流量表的编制

商业银行现金流量表的编制，除下列项目外，应比照一般企业现金流量表编制处理：

（1）客户存款和同业存放款项净增加额。本项目反映商业银行本期吸收的境内外金融机构以及非同业存放款项以外的各种存款的净增加额。本项目可以根据“吸收存款”“同业存放”等科目的记录分析填列。

商业银行可以根据需要增加项目，例如，本项目可以分解成“吸收活期存款净增加额”“吸收活期存款以外的其他存款”“支付活期存款以外的其他存款”“同业存放款项净增加额”等项目。

（2）向中央银行借款净增加额。本项目反映商业银行本期向中央银行借入款项的净增加额。本项目可以根据“向中央银行借款”科目的记录分析填列。

（3）向其他金融机构拆入资金净增加额。本项目反映商业银行本期从境内外金融机构拆入款项所取得的现金，减去拆借给境内外金融机构款项支付的现金后的净额。本项目可以根据“拆入资金”和“拆出资金”等科目的记录分析填列。本项目如为负数，应在经营活动现金流出类中单独列示。

（4）收取利息、手续费及佣金的现金。本项目反映商业银行本期收到的利息、手续费及佣金，减去支付的利息、手续费及佣金的净额。本项目可以根据“利息收入”“手续费及佣金收入”“应收利息”等科目的记录分析填列。

（5）客户贷款及垫款净增加额。本项目反映商业银行本期发放的各种客户贷款，以及办理商业票据贴现、转贴现融出及融入资金等业务的款项的净增加额。本项目可以根据“贷款”“贴现资产”“贴现负债”等科目的记录分析填列。

商业银行可以根据需要增加项目，例如，本项目可以分解成“收回中长期贷款”“发放中长期贷款”“发放短期贷款净增加额”“垫款净增加额”等项目。

（6）存放中央银行和同业款项净增加额。本项目反映商业银行本期存放于中央银行以及境内外金融机构的款项的净增加额。本项目可以根据“存放中央银行款项”“存放同业”等科目的记录分析填列。

（7）支付手续费及佣金的现金。本项目反映商业银行本期支付的利息、手续费及佣金。本项目可以根据“手续费及佣金支出”等科目的记录分析填列。

（8）发行债券收到的现金。本项目反映商业银行发行债券收到的现金净额，本项目可以根据“应付债券”等科目的记录分析填列。商业银行现金流量表的格式见表 13－7。

表 13－7　商业银行现金流量表

会商银 03 表

编制单位：　　　　　　　　　　______年____月　　　　　　　　　　单位：元

项　　目	本期金额	上期金额
一、经营活动产生的现金流量：		
客户存款和同业存放款项净增加额		
向中央银行借款净增加额		
向其他金融机构拆入资金净增加额		
收取利息、手续费及佣金的现金		
收到其他与经营活动有关的现金		
经营活动现金流入小计		
客户贷款及垫款净增加额		
存放中央银行和同业款项净增加额		
支付利息、手续费及佣金的现金		
支付给职工以及为职工支付的现金		
支付的各项税费		
支付其他与经营活动有关的现金		
经营活动现金流出小计		
经营活动产生的现金流量净额		
二、投资活动产生的现金流量：		
收回投资收到的现金		

续表

项　　目	本期金额	上期金额
取得投资收益收到的现金		
收到其他与投资活动有关的现金		
投资活动现金流入小计		
投资支付的现金		
购建固定资产、无形资产和其他长期资产支付的现金		
支付其他与投资活动有关的现金		
投资活动现金流出小计		
投资活动产生的现金流量净额		
三、筹资活动产生的现金流量：		
吸收投资收到的现金		
发行债券收到的现金		
收到其他与筹资活动有关的现金		
筹资活动现金流入小计		
偿还债务支付的现金		
分配股利、利润或偿付利息支付的现金		
支付其他与筹资活动有关的现金		
筹资活动现金流出小计		
筹资活动产生的现金流量净额		
四、汇率变动对现金及现金等价物的影响		
五、现金及现金等价物净增加额		
加：期初现金及现金等价物余额		
六、期末现金及现金等价物余额		

5. 保险公司现金流量表的编制

保险公司现金流量表的编制，除下列项目外，应比照一般企业现金流量表编制处理：

（1）收到原保险合同保费取得的现金。本项目反映保险公司本期收到的原保险合同保费取得的现金净额，包括本期收到的原保险合同保费收入、本期收到的前期应收原保险合同保费、本期预收的原保险合同保费和本期代其他企业收取的原保险合同保费，扣除本期原保险合同提前解除以现金支付的退保费。本项目应根据“库存现金”“银行存款”“应收账款”“预收账款”“保费收入”“退保金”等科目的记录分析填列。

（2）收到再保险业务现金净额。本项目反映保险公司本期从事再保险业务实际收支的现金净额。本项目可以根据“银行存款”“应收分保账款”“应付分保账款”等科目的记录分析填列。

（3）保户储金及投资款净增加额。本项目反映保险公司向投保人收取的以储金利息作为保费收入的储金，以及以投资收益作为保费收入的投资保障型保险业务的投资本金，减去保险公司向投保人返还的储金和投资本金后的净额。本项目可以根据“库存现金”“银行存款”“保户储金”等科目的记录分析填列。

(4) 支付原保险合同赔付款项的现金。本项目反映保险公司本期实际支付原保险合同赔付的现金。本项目应根据“赔付支出”等科目的记录分析填列。

(5) 支付手续费及佣金的现金。本项目反映保险公司本期实际支付手续费及佣金等现金。本项目应根据“应付账款”“手续费及佣金支出”等科目的记录分析填列。

(6) 质押贷款净增加额。本项目反映保险公司本期发放保户质押贷款的现金净额。本项目可以根据“贷款”“银行存款”等科目的记录分析填列。

保险公司可以单独设置“处置损余物资收到的现金净额”和“代位追偿款收到的现金”等项目，或者在“收到其他与经营活动有关的现金”项目中反映。

保险公司现金流量表的格式见表 13－8。

表 13－8　保险公司现金流量表

会保 03 表

编制单位：　　　　　　　　______年____月　　　　　　　　单位：元

项　　目	本期金额	上期金额
一、经营活动产生的现金流量：		
收到原保险合同保费取得的现金		
收到再保险业务现金净额		
保户储金及投资款净增加额		
收到其他与经营活动有关的现金		
经营活动现金流入小计		
支付原保险合同赔付款项的现金		
支付利息、手续费及佣金的现金		
支付保单红利的现金		
支付给职工以及为职工支付的现金		
支付的各项税费		
支付其他与经营活动有关的现金		
经营活动现金流出小计		
经营活动产生的现金流量净额		
二、投资活动产生的现金流量：		
收回投资收到的现金		
取得投资收益收到的现金		
收到其他与投资活动有关的现金		
投资活动现金流入小计		
投资支付的现金		

续表

项　　目	本期金额	上期金额
质押贷款净增加额		
购建固定资产、无形资产和其他长期资产支付的现金		
支付其他与投资活动有关的现金		
投资活动现金流出小计		
投资活动产生的现金流量净额		
三、筹资活动产生的现金流量：		
吸收投资收到的现金		
发行债券收到的现金		
收到其他与筹资活动有关的现金		
筹资活动现金流入小计		
偿还债务支付的现金		
分配股利、利润或偿付利息支付的现金		
支付其他与筹资活动有关的现金		
筹资活动现金流出小计		
筹资活动产生的现金流量净额		
四、汇率变动对现金及现金等价物的影响		
五、现金及现金等价物净增加额		
加：期初现金及现金等价物余额		
六、期末现金及现金等价物余额		

6. 证券公司现金流量表的编制

证券公司现金流量表的编制，除下列项目外，应比照一般企业现金流量表编制处理：

（1）处置交易性金融资产净增加额。本项目反映证券公司本期自行买卖交易性金融资产所取得的现金净增加额。本项目可以根据“交易性金融资产”等科目的记录分析填列。本项目如为负数，应在经营活动现金流出类项目中单独列示。

（2）拆入资金净增加额。本项目反映证券公司本期从境内外金融机构拆入款项所取得的现金，减去拆借给境内外金融机构款项而支付的现金后的净额。本项目可以根据“拆入资金”“拆出资金”等科目的记录分析填列。本项目如为负数，应在经营活动现金流出类项目中列示。

（3）回购业务资金净增加额。本项目反映证券公司本期按回购协议卖出票据、证券、贷款等金融资产所融入的现金，减去按返售协议约定先买入再按固定价格返售给卖出方的票据、证券、贷款等金融资产所融出的现金后的现金增加额。本项目可以根据“买入返售金融资产”“卖出回购金融资产款”等科目的记录分析填列。本项目如为负数，应在经营活动现金流出类项目中单独列示。证券公司可以根据需要将本项目分为“买入返售证券收到的现金净额”“卖出回购证券支付的现金净额”等项目列示。

此外，证券公司还可以根据需要单独设置“代理买卖业务的现金净额”“代理兑付债券的现金净额”等项目，以反映证券公司从事代理业务产生的现金流量。

证券公司现金流量表的格式见表 13－9。

表 13－9　证券公司现金流量表

会证 03 表

编制单位：　　　　　　　　　　　　　　______年____月　　　　　　　　　　　　　　单位：元

项　　目	本期金额	上期金额
一、经营活动产生的现金流量：		
处置交易性金融资产净增加额		
收取利息、手续费及佣金的现金		
拆入资金净增加额		
回购业务资金净增加额		
收到其他与经营活动有关的现金		
经营活动现金流入小计		
支付利息、手续费及佣金的现金		
支付给职工以及为职工支付的现金		
支付的各项税费		
支付其他与经营活动有关的现金		
经营活动现金流出小计		
经营活动产生的现金流量净额		
二、投资活动产生的现金流量：		
收回投资收到的现金		
取得投资收益收到的现金		
收到其他与投资活动有关的现金		
投资活动现金流入小计		
投资支付的现金		
购建固定资产、无形资产和其他长期资产支付的现金		
支付其他与投资活动有关的现金		
投资活动现金流出小计		
投资活动产生的现金流量净额		
三、筹资活动产生的现金流量：		
吸收投资收到的现金		
发行债券收到的现金		

续表

项目	本期金额	上期金额
收到其他与筹资活动有关的现金		
筹资活动现金流入小计		
偿还债务支付的现金		
分配股利、利润或偿付利息支付的现金		
支付其他与筹资活动有关的现金		
筹资活动现金流出小计		
筹资活动产生的现金流量净额		
四、汇率变动对现金及现金等价物的影响		
五、现金及现金等价物净增加额		
加：期初现金及现金等价物余额		
六、期末现金及现金等价物余额		

（五）所有者权益变动表的编制

1. 所有者权益变动表的含义

所有者权益变动表是反映构成所有者权益的各组成部分当期的增减变动情况的报表。所有者权益变动表应当全面反映在一定时期内所有者权益变动的情况，不仅包括所有者权益总量的增减变动，还包括所有者权益增减变动的重要结构性信息，特别是要反映直接计入所有者权益的利得和损失，让报表使用者准确理解所有者权益增减变动的根源。

2. 所有者权益变动表的填列

为了清楚地表明构成所有者权益的各组成部分当期的增减变动情况，所有者权益变动表应以矩阵的形式列示。一方面，列示导致所有者权益变动的交易或事项，改变了以往仅仅按照所有者权益的各组成部分反映所有者权益变动情况，而是按所有者权益变动的来源对一定时期所有者权益变动情况进行全面反映；另一方面，按照所有者权益各组成部分（包括实收资本、资本公积、盈余公积、一般风险准备、未分配利润和库存股）及其总额列示交易或事项对所有者权益的影响。

（1）所有者权益变动表各项目的列报说明。

1）“上年年末余额”项目，反映企业在上年资产负债表中实收资本（或股本）、资本公积、其他综合收益、盈余公积、一般风险准备、未分配利润的年末余额。

2）“会计政策变更”和“前期差错更正”项目，分别反映企业采用追溯调整法处理的会计政策变更的累积影响金额和采用追溯重述法处理的会计差错更正的累积影响金额。

为了体现会计政策变更和前期差错更正的影响，企业应当在上期期末所有者权益余额的基础上进行调整得出本期期初所有者权益，根据“盈余公积”“利润分配”“以前年度损益调整”等科目的发生额分析填列。

3）“本年增减变动金额”项目分别反映以下内容：

a. “净利润”项目，反映企业当年实现的净利润（或净亏损）金额，并对应列在“未分配利润”栏。

b. “其他综合收益”项目，反映企业当年根据企业会计准则规定未在损益中确认的各项利得和损失扣除所得税影响后的净额，并对应列在“资本公积”栏。

c. “所有者投入和减少资本”项目，反映企业当年所有者投入的资本和减少的资本，其中：

“所有者投入资本”项目，反映企业接受投资者投入形成的实收资本（或股本）和资本溢价或股本溢价，并对应列在“实收资本”和“资本公积”栏。

“股份支付计入所有者权益的金额”项目，反映企业处于等待期中的权益结算的股份支付当年计入资本公积的金额，并对应列在“资本公积”栏。

d. “利润分配”下各项目，反映当年对所有者（或股东）分配的利润（或股利）金额和按照规定提取的盈余公积金额，并对应列在“未分配利润”和“盈余公积”栏。其中：

“提取盈余公积”项目，反映企业按照规定提取的盈余公积。

“对所有者（或股东）的分配”项目，反映对所有者（或股东）分配的利润（或股利）金额。

e. “所有者权益内部结转”下各项目，反映不影响当年所有者权益总额的所有者权益各组成部分之间当年的增减变动，包括资本公积转增资本（或股本）、盈余公积转增资本（或股本）、盈余公积弥补亏损等项金额。为了全面反映所有者权益各组成部分的增减变动情况，所有者权益内部结转也是所有者权益变动表的重要组成部分，主要是指不影响所有者权益总额、所有者权益的各组成部分当期的增减变动。其中：

“资本公积转增资本（或股本）”项目，反映企业以资本公积转增资本或股本的金额。

“盈余公积转增资本（或股本）”项目，反映企业以盈余公积转增资本或股本的金额。

“盈余公积弥补亏损”项目，反映企业以盈余公积弥补亏损的金额。

（2）上年金额栏的列报方法。

所有者权益变动表“上年金额”栏内各项数字，应根据上年度所有者权益变动表“本年金额”栏内所列数字填列。如果上年度所有者权益变动表规定的各个项目的名称和内容同本年度不一致，应对上年度所有者权益变动表各项目的名称和数字按本年度的规定进行调整，填入所有者权益变动表“上年金额”栏内。

（3）本年金额栏的列报方法。

所有者权益变动表“本年金额”栏内各项数字一般应根据“实收资本（或股本）”“资本公积”“其他综合收益”“盈余公积”“利润分配”“库存股”“以前年度损益调整”等科目的发生额分析填列。其格式见表13－10。

表 13－10　所有者权益变动表

会商银 04 表

编制单位：　　　　　　　　　　　　　　＿＿＿＿年度　　　　　　　　　　　　　　单位：元

项目	本年金额								上年金额							
	实收资本（或股本）	资本公积	减：库存股	其他综合收益	盈余公积	一般风险准备	未分配利润	所有者权益合计	实收资本（或股本）	资本公积	减：库存股	其他综合收益	盈余公积	一般风险准备	未分配利润	所有者权益合计
一、上年年末余额																
加：会计政策变更																
前期差错更正																
二、本年年初余额																
三、本年增减变动金额（减少以"－"号填列）																
（一）净利润																
（二）其他综合收益																
（三）所有者投入和减少资本																
1. 所有者投入资本																
2. 股份支付计入所有者权益的金额																
3. 其他																
（四）利润分配																
1. 提取盈余公积																
2. 对所有者（或股东）的分配																

续表

项目	本年金额								上年金额							
	实收资本（或股本）	资本公积	减：库存股	其他综合收益	盈余公积	一般风险准备	未分配利润	所有者权益合计	实收资本（或股本）	资本公积	减：库存股	其他综合收益	盈余公积	一般风险准备	未分配利润	所有者权益合计
3. 其他																
（五）所有者权益内部结转																
1. 资本公积转增资本（或股本）																
2. 盈余公积转增资本（或股本）																
3. 盈余公积弥补亏损																
4. 其他																
四、本年年末余额																

模块小结

<table>
<tr><th>项目</th><th>任务</th><th>知识点</th><th>具体内容</th></tr>
<tr><td rowspan="13">金融企业共性业务核算</td><td rowspan="3">资产业务核算</td><td>现金业务核算</td><td>库存现金管理规定、现金收支核算、现金清查</td></tr>
<tr><td>银行存款业务核算</td><td>银行结算制度、银行存款核算、银行存款清查</td></tr>
<tr><td>固定资产业务核算</td><td>固定资产认知、固定资产增加的核算、固定资产折旧的核算、固定资产后续支出的核算、固定资产减少的核算</td></tr>
<tr><td rowspan="2">负债业务核算</td><td>应付职工薪酬业务核算</td><td>应付职工薪酬认知、应付职工薪酬的核算</td></tr>
<tr><td>应交税费业务核算</td><td>应交税费认知、应交税费的核算</td></tr>
<tr><td rowspan="2">所有者权益业务核算</td><td>所有者权益认知</td><td>所有者权益的内容、所有者权益的特征</td></tr>
<tr><td>所有者权益的核算</td><td>实收资本的核算、资本公积的核算、留存收益的核算</td></tr>
<tr><td rowspan="3">损益业务核算</td><td>收入业务核算</td><td>收入的确认、收入的分类、收入的核算</td></tr>
<tr><td>费用业务核算</td><td>费用的确认、费用的分类、费用的核算</td></tr>
<tr><td>利润及利润分配业务核算</td><td>利润的计算与核算、利润分配的核算</td></tr>
<tr><td rowspan="2">年度决算和财务报告编制</td><td>年度决算工作</td><td>年度决算前的准备工作、年度决算日的主要工作</td></tr>
<tr><td>财务报告编制</td><td>财务报告认知、资产负债表的编制、利润表的编制、现金流量表的编制、所有者权益变动表的编制</td></tr>
</table>

模块测评

◎ 思考题

1. 金融企业资产业务如何核算？
2. 金融企业负债业务如何核算？
3. 金融企业投入资本应该如何核算？
4. 什么是留存收益？应该如何核算？
5. 金融企业的利润如何计算？
6. 金融企业如何进行利润分配？
7. 年度决算要做哪些工作？
8. 财务报告包括哪些内容？如何编制？

◎ 实务题

1. 资料：华睿证券公司于2020年3月发生以下业务：

(1) 2日将现金50万元存入开户银行。

(2) 4日从银行提取现金15万元备用。

(3) 8日职工李平出差借差旅费5 000元。

(4) 14日职工李平报销差旅费4 800元，余款200元退回。

(5) 20日因异地消费需要转账签发银行汇票50 000元。

(6) 22日使用上述汇票购买仪器一台48 000元。

(7) 24日收到银行余款通知，汇票余款2 000元已退回。

(8) 30日盘点发现现金短缺300元，经查系出纳员违反规定所致，应由其负责赔偿。

(9) 31日银行存款日记账的余额为353 500元，银行对账单的余额为420 000元，经逐笔核对，发现存在下列未达账项：

1) 3月25日，企业送存转账支票58 000元，银行尚未入账。

2) 3月27日，企业开出转账支票53 000元，持票人尚未到银行办理转账手续。

3) 3月29日，委托银行收款103 000元，银行已收妥入账，但收款通知单尚未到达企业。

4) 3月30日，银行代付水电费31 500元，但银行付款通知单尚未到达该企业。

(10) 购入1台需要安装的设备，设备买价为90 000元，支付运输费500元。在安装设备时，领用价值4 500元的原材料，支付工人工资2 000元。安装完毕后交付使用，所有资金用银行存款支付。

(11) 经批准无偿调入1台设备，原价为200 000元，已提折旧40 000元。在调入过程中发生运杂费1 000元，支付工资2 000元，设备安装完毕后交付使用。

(12) 报废点钞机4台，每台原价为3 500元，已提折旧3 000元，卖给回收公司，收入400元。

(13) 出售不需用的电脑设备，原价10 000元，已提折旧5 000元，售价为2 000元。

(14) 在清查盘点过程中，发现盘亏1台设备，原价为5 000元，已提折旧2 000元，经批准转作损失。

(15) 某项固定资产原价为150 000元，预计折旧年限为5年，预计净残值为1 000元，试采用年限平均法计提每年的折旧额。

(16) 在资产盘点过程中，盘盈机器1台，八成新，同类机器市价为15 000元，经批准后转销。

要求：

(1) 根据上述资料进行会计处理，并编制有关记账凭证。

(2) 根据资料(9)的内容，编制华睿证券公司银行存款余额调节表。

2. 资料：华睿证券公司2020年11月发生如下经济业务：

(1) 按照工资总额的标准分配工资费用，其中营业部人员工资为100万元，总部管理人员工资为30万元，营销部门人员工资为20万元，风险管理部门人员工资为15万元，内部开发部门人员工资为35万元(符合资本化条件)。

所在地政府规定：按照工资总额的10%、12%、2%和10.5%计提医疗保险费、养老保险费、失业保险费和住房公积金。按照工资总额的2%和8%计提工会经费和职工教育经费。

根据2019年实际发放的职工福利情况，华睿证券公司预计2020年应承担职工福利费义务金额为工资总额的4%。

(2) 本公司发放上述工资、奖金、津贴和补贴。其中代扣职工房租2万元，公司代垫职工家属医药费8万元。

(3) 本公司以福利费支付食堂补贴7.5万元，职工生活困难补助0.5万元。均通过银行存款支付。

(4) 本公司将一批米、面、油发放给职工作为福利。该批食品的市场售价为12万元。

(5) 为本公司经理级别以上的职工每人提供一辆汽车供其免费使用，该公司总部共有部门经理级别以上的职工10名，假定每辆汽车每月计提折旧0.2万元。

(6) 预缴所得税30万元。

(7) 购买汽车一辆，增值税专用发票上价款为20万元，税金为2.6万元。

(8) 购入办公楼一栋，价款为1 000万元，增值税为130万元。

(9) 提供金融服务，应交增值税60万元。

(10) 计算城市维护建设税7万元，教育费附加3万元。

(11) 转让一块土地，应缴纳土地增值税8万元。

(12) 代扣代缴职工个人所得税10万元。

(13) 补交企业所得税15万元。

要求：根据上述业务进行相应的会计处理。

3. 资料：华晋银行发生以下所有者权益业务：

(1) 收到振华集团公司投资1 000万元，按该公司持股比例应投入880万元，溢价120万元。

(2) A公司、B公司、C公司共同投资本行，总额为3 000万元，A公司、B公司、C公司的持股比例分别为60%、25%和15%。按照章程规定，A公司、B公司、C公司投入资本分别为1 800万元、750万元和450万元。本行已如期收到各投资者一次缴足的款项。

(3) 本行于2020年11月18日收到乙公司作为资本投入的一套门面房，合同约定该门面房价值为2 340万元（与公允价值相符）。收到的增值税专用发票上注明：价款为2 000万元，增值税税额为260万元。按规定该进项税额允许抵扣。

(4) 本行资本公积账面余额为1.5亿元，经批准转增资本金1亿元。

(5) 本行委托乙证券公司发行普通股股票，股票面值总额为4 000万元，发行总额为16 000万元，发行费按发行总额的2%计算（不考虑其他因素），股票发行净收入全部收到。

(6) 年终按规定提取法定盈余公积43万元。

(7) 按规定提取一般风险准备36万元。

要求：根据上述业务进行账务处理，并编制记账凭证。

4. 资料：华泰公司2020年11月月末“本年利润”账户的贷方余额为2 000 000元。12月份，该公司有关账户余额见表13-11（结转前）。

表 13-11 该公司有关账户余额（结转前） 单位：元

账户名称	借方余额	贷方余额
手续费及佣金收入		3 000 000
利息收入		500 000
其他业务收入		90 000
营业外收入		45 000
手续费及佣金支出	2 000 000	
利息支出	300 000	
税金及附加	250 000	
业务及管理费	300 000	
营业外支出	10 000	

本公司的所得税税率为 25%。假设“利润分配——未分配利润”的年初余额为 320 000 元。年度终了，股东大会决议按税后利润的 10%和 5%分别提取法定盈余公积和一般风险准备，并向投资者分配利润 495 000 元。

要求：

(1) 编制收支结转分录。

(2) 计算该公司 2020 年度利润总额和所得税，并进行相应的会计处理。

(3) 结转 2020 年度净利润。

(4) 进行 2020 年利润分配。

(5) 结转利润分配各明细账户，并计算未分配利润金额。

◎ 实战训练

目的：财务报告的编制和分析。

资料：在网上或社会上查找任意一个金融机构的年度财务报表。

要求：针对获取的报表审核编制是否规范，并进行简单总结。

参考文献

1. 志学红．银行会计．4 版．北京：中国人民大学出版社，2019.

2. 徐克哲．企业会计准则汇编与详解（上、下册）. 北京：企业管理出版社，2019.

3. 关新红，李晓梅．金融企业会计．3 版．北京：中国人民大学出版社，2018.

4. 丁贵英．金融企业会计实务．大连：东北财经大学出版社，2018.

5. 中华人民共和国财政部．中华人民共和国增值税暂行条例. 北京：中国财政经济出版社，2017.

6. 中华人民共和国财政部会计司．企业会计准则第 16 号——政府补助. 北京：中国财政经济出版社，2017.

7. 中华人民共和国财政部会计司．企业会计准则第 37 号——金融工具列报. 北京：中国财政经济出版社，2015.

8. 中华人民共和国财政部会计司．企业会计准则第 9 号——职工薪酬. 北京：中国财政经济出版社，2014.

9. 中华人民共和国财政部会计司．企业会计准则第 30 号——财务报表列报. 北京：中国财政经济出版社，2014.

10. 中华人民共和国财政部会计司．企业会计准则第 39 号——公允价值计量. 北京：中国财政经济出版社，2014.

11. 吴胜．商业银行会计. 北京：高等教育出版社，2014.

12. 施晓春，周江银．商业银行会计学. 北京：中国财政经济出版社，2014.

13. 中华人民共和国财政部会计资格评价中心．初级会计实务. 北京：中国财政经济出版社，2013.

14. 中国证券业协会编写组．证券从业资格考试教材——证券市场基础知识. 北京：中国金融出版社，2012.

15. 中华人民共和国财政部会计司编写组．企业会计准则讲解 2010. 北京：人民出版社，2010.

图书在版编目（CIP）数据

金融企业会计/丁贵英主编. --北京：中国人民大学出版社，2021.5
21世纪高职高专规划教材. 金融保险系列
ISBN 978-7-300-29075-1

Ⅰ.①金… Ⅱ.①丁… Ⅲ.①金融企业一会计一高等职业教育一教材 Ⅳ.①F830.42

中国版本图书馆CIP数据核字（2021）第035256号

21世纪高职高专规划教材·金融保险系列
金融企业会计
主编 丁贵英
参编 白仙红 赵 翔 王新玲 王瑞梅 荆睿峡
Jinrong Qiye Kuaiji

出版发行	中国人民大学出版社		
社　　址	北京中关村大街31号	**邮政编码**	100080
电　　话	010－62511242（总编室）		010－62511770（质管部）
	010－82501766（邮购部）		010－62514148（门市部）
	010－62515195（发行公司）		010－62515275（盗版举报）
网　　址	http://www.crup.com.cn		
经　　销	新华书店		
印　　刷	北京玺诚印务有限公司		
规　　格	185 mm×260 mm 16开本	**版　　次**	2021年5月第1版
印　　张	14	**印　　次**	2021年5月第1次印刷
字　　数	333 000	**定　　价**	39.00元